TRESCH ATTILA

BOLDOGSÁGTÉRKÉP

novum pro

Ez a könyv
e-könyvként
is elérhető

www.novumpublishing.hu

© 2023 novum publishing

ISBN 978-3-99146-021-3
Lektor: Sósné Karácsonyi Mária
Borítókép és illusztrációk: Tresch Attila
Borító, tördelés & nyomda:
novum publishing

A szerző által a kiadó rendelkezésére bocsátott képek a legjobb minőségben kerültek nyomtatásra.

www.novumpublishing.hu

Nyomtatva az Európai Unióban környezetbarát, klór- és savmentes, fehérített papírra.

Climate neutral
Print product
ClimatePartner.com/16547-2201-1002

Tartalomjegyzék

Ajánlás

Fiamnak, Márknak, és lányaimnak, Jázminnak és Nikolnak küldöm ezt a könyvet sok szeretettel azokra a napokra, ha már nem leszek mellettetek. Bízom benne, hogy hasznos útmutatást találtok benne, ha eltévelyednétek az úton. Tudom, hogy általa bármikor eltaláltok hozzám.

Bízom bennetek,

Apa

Bevezető

Húszéves koromban úgy éreztem, hogy verseket szeretnék írni. Nekiláttam, de néhány után úgy gondoltam, hogy még élettapasztalatokat akarok gyűjteni, mielőtt folytatom. Elhatároztam, hogy félreteszem költői és írói vágyaimat, és majd úgy ötvenéves korom felé újra előveszem. Mindig is tudtam, hogy egy nap megírom ezt a könyvet.

Hiszem, hogy az élet két legcsodálatosabb tevékenysége a tanítás és a gyógyítás. Mivel a spirituális könyvek képesek ötvözni ezt a kettőt, ezért választottam ezt a csodálatos műfajt.

Mivel egy nagyon komplex rendszer feltárása e könyvben felvállalt küldetésem, arra kérem az olvasót, hogy legyen türelemmel. Az egyes fejezetekben egy-egy kirakósdarabot fogok „csak" átnyújtani, de ígérem, a végére összeáll majd a kép egy értelmezhető, a gyakorlatban is jól használható egésszé. Könyvem sorainak végére egy könnyedén értelmezhető térképet kapunk ajándékba, amely egyértelmű útmutatást ad majd számunkra arról, hogy mit kell tennünk boldogságunk eléréséhez és fenntartásához.

A könyvben prózai részek és versek követik egymást. Ennek oka az, hogy egyszerre szólhassak az olvasó tudatához és a lelkéhez. Úgy szerkesztettem meg a könyvet, hogy 53 vers szerepeljen benne – pontosan annyi, ahány hétből áll egy év.

Buddhistának vallom magamat, de alkotásomban gyakran kitekintek a keresztény tanokra is. Teszem ezt két okból is. Olvasóimnak valószínűleg leginkább ezen a téren vannak ismeretei, illetve nagyon fontos és ma is használható, érdekes és értékes gondolatok vannak eltemetve benne.

Nem rendelkezem mély keresztény hittan-ismeretekkel, ezért csak remélni merem, hogy gondolataim, belső elmélyüléseim eredményei nem bántóak senki számára.

Bár fel-feltűnik az „Isten" szó az alkotásomban – amely alatt én mindig tág értelemben a világunkat mozgató törvényszerűségeket is értem –, végig maximálisan arra törekedtem, hogy írásom legyen annyira racionális, amennyire csak lehetséges.

Célom az volt, hogy segítségére legyek az eltévelyedetteknek, akik nem találják az utat saját boldogságukhoz és szabadságukhoz.

A könyv megírásának minden sora hatalmas öröm volt számomra. Nagyon izgalmas és felemelő érzés volt értelmes dolgokon gondolkodni.

Felmerült bennem, hogy név nélkül vagy álnéven jelenjen meg alkotásom, mert biztosítani akartam önmagam számára, hogy célom tiszta. Ezt végül elvetettem, két ok miatt. Fontosnak tartom, hogy kapcsolatba léphessen velem az, aki szeretne. A másik ok az az álmom, hogy egy nap olyan iskolák jönnek létre, ahol a mindennapi élet valós problémáinak kezelésére is tanítják a fiatalokat. Örömmel lennék tanár az egyik ilyen intézményben.

Végezetül hadd hangsúlyozzak egy dolgot! Írásom egyetlen sora sem kinyilatkoztatás. Én azt írtam le, hogy szerintem mi zajlik le bennünk. Biztosan sok mindenben tévedek, amelyekért elnézést kérek mindenkitől. Bízom benne, hogy minden olvasó talál majd valami hasznosat és értékeset is a könyvben. Azon fáradoztam, hogy így legyen. Remélem, sikerült.

I. A kiindulópont

Az élet picit olyan, mintha kerékpároznánk: ha lassan megyünk, ugyan rácsodálkozhatunk lenyűgöző szépségeire, de könnyebben el is eshetünk. Az örömöket nem kapjuk ingyen, egy nap fájdalommal kell fizetnünk érte. Ilyenkor nyüszítünk, mint a kutyák. Nem csoda hát, hogy a többségünk a fékevesztett rohanást választja az érzései helyett. A munka átveszi a hatalmat, ahogy beszédünkben az „akarom"-ot a „kellene". Életünk nem egy békében megélt csoda lesz többé, hanem elszenvedett kényszerek sorozata. Egy önként vállalt börtön, ahova mi zárjuk be magunkat. Furcsa ellentmondás, hogy döntéseink mélyén talán a haláltól és a pusztulástól való félelem áll, mégsem lassítunk, csak rohanunk végzetünk felé szakadatlan.

Miért teszi a többség mindezt? Egyáltalán, az ember érzelmileg tudatos lény? Ha megkérdeznének minket, hogy mire vágyunk, a többségünk talán azt felelné, hogy a boldogságra. Ám van-e a boldogságra pontos meghatározásunk? Nem lenne megdöbbentő, ha kiderülne, hogy nem is igazán tudjuk pontosan, hogy mi az? Ha választanunk kellene boldogság és szabadság között, melyiket választanánk?

Egy hétemeletes házat látok magam előtt. Az alsó három szinten borzasztó dolgok történnek, mégis úgy vélem, itt él az emberiség nagy része. Mi van a felső négy szinten, és ami a legfontosabb, hogyan lehet feljutni oda?

Erről fog szólni a könyv. Egy boldogságtérképet próbálok meg felrajzolni, amely valójában sokkal inkább szabadságtérkép.

Én is az alsó három szinten éltem, és még most is sokszor visszazuhanok oda. Ám voltam már odafent, és szeretnék mesélni nektek róla, miként jutottam oda, mit tapasztaltam, és hogyan látom most a világomat.

Kezdjük az első lépéssel, hogy honnan indultam sok évvel ezelőtt.

Az 1. vers címe:

Őszi láng

Jössz szembe a sárga ködben
te pislákoló őszi láng,
és összetört forró álmok,
hideg kéz, hamu és szilánk.

Te vagy, ki fájdalom ellen
magad ástad ki sáncaid,
ki börtönödben viseled
emlékeid nyakláncait.

Megsirattad, mi elveszett,
s köszönöd, mit az élet meghagyott,
megkeményített, ahogy könnyed
nem lefolyt, csak rád fagyott.

Félsz már forró vágyat érezni,
család, munka neked a béke,
egyikből rohansz a másikba,
ők a stabilitás két szentélye.

Kezedben még lant van,
de csak suttognak a húrok,
síri csendben bujkálnak
a bókok s trubadúrok.

Nemrég oly tüzes érzelmek,
most alig egynéhány szikra,
testeden bárhova tekintve,
mindenütt csak nyugvó szikla.

A család minden számodra,
érte önmagadat árultad,
tetted, mit kell, s cserébe
a szerelmet elárultad.

Mi régen izzó pezsgő volt,
ma már csak aludttej,
a szenvedély benned
gyermekeidtől aludt el.

Mi egykor férfi és nő volt,
most csak apu és anyu,
a keserű és édes
mára sós és savanyú.

Haverokkal sörözés,
bor és pálinka vagy konyak,
elégedett, alvó negyvenes,
délben eljött az alkonyat.

De kővé meredt testedet
mégis feszítik rések,
ahogy szivárognak felszínre
vágyak, álmok, érzések.

Hisz' tudod, ha majd hóhér közeleg,
s ott leszel könnyben, vérben, térden,
egy igazi, forró csókban az élet
békét és értelmet nyer egészen.

Mégis feladtad egy részed,
aki tudod jól, hogy vagy,
oltáron feszül a tested,
s érzed, ahogy sorvad.

Ahogy telnek a napok,
szökik belőled a hő,
mosolyogsz és szeretsz,
de halkan vérzik a kő.

S néma éjszakán hallod,
ordít neked és nem örömből,
aki a szívedben rekedt,
s hogy felébredj, vadul dörömböl.

Tresch Attila, 2018.12.27

II. Az ébredés

Alszom. Álmomban mintha egy kék tenger mélyén lebegnék. Suttogást hallok. Érzem, hozzám beszél. Nem értem tisztán. Lágyan megölel, és elkezd felhozni a fényre. Rám mosolyog, majd hirtelen elenged. Felérek a felszínre, és levegőért kapkodok. Felébredtem. Lehet, hogy életemben először igazán? Nem tudom visszaidézni az arcát, csak azt, amit a végén kérdezett tőlem: „olyan sokszor leírtad már őket, de vajon mit üzennek neked a számok?"

Felültem. Jobbra fordultam. Feleségem látszólag édeset álmodott mellettem mozdulatlan. Hajnali három óra volt. Próbáltam visszaaludni, de nem ment. Ott zakatolt az agyamban valami, amely már felnyitotta érdeklődésemet, és éreztem, már nem tudom soha többet visszazárni. Megadtam magamat. Hagytam, hogy átjárja a teljes lényemet, és szinte öntudatlan azonnal feltettem magamban a következő kérdéseket:

· miért pont tíz számjegy?
· miért olyan az egyes számjegyek alakja, amilyen?
· miért ismétlődnek újra és újra?
· lehet, hogy bizonyos ciklusok – mint az élet törvénye – követik egymást, és az egyes számjegyek – mint egyfajta kötelező ösvény – megmutatják, hogy mi fog történni?

Tudtam, hogy ennek igen, így kell lennie. Nem lehet véletlen. Végtelenül izgalmas volt, ahogy egy felém elküldött, több mint ezer éves üzenet végre célba talált. Megtalált. Most éppen engem.

Éreztem, hogy ez az üzenet jószándékú, nem bántani akar, hanem megölelni. Áldás volt. Benne volt a múlt, a jelen és a jövő is. Meghatódtam. Korábban még sosem éreztem azt, hogy a tér és idő elférhet egyetlen pillanatban.

Úgy vetettem rá magamat a számokra, mint a kisgyermek a karácsonyi ajándékokra. Hallottam, ahogy a szívem – ez a csodás és végtelen dob – „táncba" hív. Zenéjével a csengőszót eszembe juttatva kért arra, hogy végre csomagoljam ki őket. Megadtam magamat neki, és halkan suttogtam: „egyes".

1

„Mi a legszembetűnőbb jellegzetessége?" – tettem fel magamban a kérdést. Az, hogy hegyes. Mutat valamerre, mintha egy irányt jelölne ki. Nincs benne metszéspont, sem lágy kanyarok. Kemény és határozott, nagyon férfias. Bármi is, mint a szikla, áll a helyén rendíthetetlenül. Lehet, hogy egy kard vége, és egy hadvezér döntésére utal? Vagy egy fáklya, esetleg gyertya lángja, amely mutatja az utat az eltévelyedetteknek? Majd egy mély lélegzetet vettem és éreztem, hogy egy erő elhessegeti az előző gondolatokat és segít, hogy megértsem. Felszínre hozott egy újabb kérdést: – hát mivel foglalkozott az emberiség leginkább a bölcs kultúrák születésekor? A földműveléssel – válaszoltam rögtön. Akkor lehet, hogy a két vonal találkozása a lényeg? Beugrott az a hegyes fa eszköz, amelyet nagymamámék használtak ültetéshez. Megéreztem az igazságot és szinte felszisszentem, ahogy kiszakadt belőlem: „az egyes a mag". Ebből indul ki minden, Ő a születés.

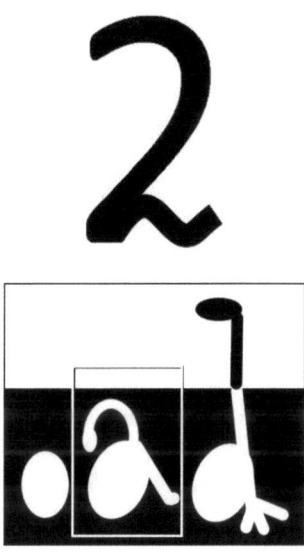

Vajon mit jelent a kettes? Gyönyörű szám. A lehajtott fej az alázatra utal. Kecses, behódoló jegy. Olyan, mint egy csapat, amely meghajol a vezér utasításai előtt és mindenben követi. A hullámos vége talán a vizet mutatja, amely csodálatosan képes felvenni mindennek az alakját. A tökéletes alkalmazkodást juttatta az eszembe. Na de ha az egyes a mag, akkor lehet, hogy a számok az élet, és így minden másnak is a körforgását mutatják? Mi lesz a magból, ha elültetjük és fejlődni kezd? Csíra. Úristen, de hiszen az pont így néz ki. Olyan, mint egy anya, amely a föld alatt csendben végzi a dolgát, és egy nap majd felszínre tör belőle az élet.

„Hármas" – mondtam ki magamban. Szép szimmetria van benne. Olyan izgalmas, játékos, gyermeki szám. Mintha az örömről szólna. Egy a tavaszban futkározó gyermeket képzeltem magam elé, aki egyszer itt van, egyszer ott, és közben azt üvölti: „nézd, apu!". Semmi rendkívüli nem történik közben – vagy mégis? Mintha valaki a mozdulatlanból, az élettelenből – a föld alól – feljött volna a fényre, és élvezné a tavasz első napsugarait. Ha a játszótéren légi felvételt készítenénk, vagy a rovarok röppályáját vizsgálnánk, biztosan sok ilyen alakot kapnánk. Végtelen kanyarok látszólag céltalanul, mégis az egészet áthatja a játékosság és a boldogság. Olyan, mintha ünnepelne valamit. Mit is? Hiszem, hogy az első eredményeket. A csíra nincs többet a föld alatt, „világra" jött, és szétkürtöli a mindenségnek saját dicsőségét. Lehet, hogy a hármas a rügy?

A négyes – léptem tovább. Hihetetlenül izgalmas szám: van benne 45 fok, derékszög és egymást keresztező vonalak is, amely csak a hetesben van még. Olyan az egész, mint egy asztalosműhelyben készülő csapolás. Azonnal beugrottak a templomos lovagok és a szabadkőművesség, amelyek szimbólumai (körző, derékszög) talán ugyanazon múltból merítettek. Szinte hallottam a lázas munkát, ahogy a dolgos emberek építik a lakásukat, otthonukat, amelynek még csak a fele van kész. A számot tükrözve egy házszerű építményt kapunk, vagy még inkább egy fát. Lehet, hogy a szám a növekedésre utal, arra, ahogy a rügyből hajtás lesz, és kiteljesedik a természet?

5

Az öt következik. Meglepő módon szembe megy az uralkodó iránnyal. Nem balról jobbra, hanem jobbról balra indul, hirtelen irányt változtat, majd ezt fokozva – ha ez nem lenne még elég – kör alakot vesz fel. A kör végtelen irányt képvisel. Úgy tűnik, hogy nem szereti a szabályokat és a kialakult rendet. Olyan, mintha azt hirdetné: „semmi sem lesz pontosan úgy, ahogy szeretnéd. Én vagyok a váratlan, én vagyok a változás. Szabad akarok lenni, és te semmit sem tehetsz ellene". Lehet, hogy a szám a váratlan és kiszámíthatatlan csapásra utal, amely jellemző módon lesújt ránk – mint egy forgószél –, és egy utolsó próbatétel elé állít minket, mielőtt célba érnénk? A filmekben már hozzászoktunk ehhez, mégis, a műveinkben vajon miért követjük ezt a mintázatot? Miért van szükségünk erre? Lehet, hogy érezzük, hogy a dolgok egyszerűen így működnek? A hajtásnak ki kell állni az aszály, a fagy vagy a kórokozók támadásait a „végső" győzelemhez.

6

Feleségem, mintha csak meghallotta volna gondolataimat, álmában váratlanul hasra fordult mellettem. Egy pillanatra kizökkentett utazásomból. Felemeltem a fejemet, ránéztem, és jól hallottam mély lélegzetvételeit. Örömmel töltött el, hogy itt van a közelemben. Visszafeküdtem, bár nem is igazán tudom, hogy hová. Az ágyamba vagy a mindenség óceánjába, majd folytattam utamat a számok nyomát követve. Halkan kimondtam: „hat". Valahogy ösztönösen éreztem, hogy itt valami rendkívüli dolognak kell történnie, hiszen a ciklusnak a másik középső száma. Megtanultam már, hogy a közép valahogy mindig kiemelkedik a két végponthoz képest. Na, de a hat miben is rendkívüli? Van egy kerek, körülhatárolt rész, benne egy ahhoz kapcsolódó szárral. Nem olyan az egész, mint egy gyümölcs, csak mintha a könnyebb, folytonos írás miatt a szár kikerült volna a szélére? Akkor a körülhatárolt rész lehet, hogy a termés maga? Igen, tudtam, hogy nem lehet más. Fáradtságos munkánk beérett. Célba értünk. Igen, nem értem, hanem értünk, mert éreztem, nem vagyok egyedül. Ott voltunk mi mindannyian, és így ott volt velem a sok ezer évi küzdelemből és szenvedésből táplálkozó közös megérkezés végtelen öröme. Egy könnycsepp csordult ki a szememből. Meghatódtam. Éreztem a nap fényét és erejét. A hamvas gyümölcsök ízét és a nyár meleg takaróját, amely rám feküdt. Maradni akartam még, és fürkészni a hegytetőről a végtelen tájat. Álljunk meg! – kérleltem. Nem is igazán tudtam, hogy kit, mégis éreztem, hogy nem lehet, mert valami gurított tovább, le a hegyről árnyékosabb vidékek felé...

7

Lelki utazásom autóján a „Hét" nevű településre hajtottam be. Első lépésben az jutott az eszembe, hogy a párkapcsolatokban erre az évre mondják, hogy viharos, és ilyenkor gyakoriak a szakítások. Lehet, hogy arra utal, mintha megállnánk egy pillanatra. Számot vetnénk a múlttal, és „kidobnánk" azokat a dolgokat, amelyek nem életünk fő céljának irányába mutatnak. Ah, hiszen pont így írjuk le a számot is. Balról jobbra húzunk egy vonalat (fő cél). A másik ágat, amely nem erre halad – picit visszafelé, ráadásul lefelé –, azt áthúzzuk, vagyis lemetsszük, mert arra nincs már szükségünk. A hét lenne az elmúlás első lépése, az ősz, amikor lehullajtjuk a leveleinket, hogy egy nap majd újra megújulhassunk? Ha ez így lenne, akkor a tíz számjegy arra hívja fel a figyelmet, hogy ez nem minden hetedik ciklusban, hanem minden tízes ciklus hetedik szakaszában történik meg.

8

Éreztem, hogy messze van már a napsütötte táj, és süppedek bele a hó-takarta természetbe. Nyakig betakaróztam és kimondtam: „nyolc". Szép szimmetrikus szám. Olyan, mintha azt sugallná: mindegy hogy merre – felfelé vagy lefelé – mész, úgyis mindig visszatérsz oda, ahonnan indultál. Alakra egy csontot felidéző szám. Nincsen már rajta zamatos gyümölcshús, csak a keménység árad belőle, amely lehet, hogy a tél kopárságának közeledtét jelzi. Érdekes, hogy a matematikában a végtelent is így jelöljük, illetve oly sokszor kimondtuk már: „nekem nyolc". Miért is? Lehet, hogy bölcsen tudjuk, hogy úgyis itt kötünk ki majd újra, hát teljesen felesleges aggódnunk?

9

Ugyan mi lényeges lehet még a tél kezdete és a következő ciklus tavasza között, amelynek rendkívül fontos üzenete lenne felénk? „Kilences" – hangzott a válasz. Két dolog jutott rögtön az eszembe. A hatosnak a tükörképe, amely az eredményt jelképezte. A másik, hogy úgy néz ki, mint egy visszatekintő alak. Lehet, hogy a bölcsességre utal, mint a küzdelem egyetlen maradandó ajándékára? Mind elindultunk, folyamatosan szenvedünk, és egy nap talán révbe érünk, de hiába minden, elkezdünk zuhanni és visszajutunk a kezdetekhez. Utunk során csak annyi maradhat nekünk, hogy élettapasztalattal gazdagodunk, és egy új, már magasztosabb látásmódon keresztül tekinthetünk rá elkerülhetetlen, de már általunk elfogadott sorsunkra? Talán. Én hittem, hiszem, hogy így van.

Vajon hol ér véget minden élet és utazás? Csakis az origóban, ott, ahol minden elkezdődött. Nulla. Kimondani is dermesztően nyomasztó, mert mintha azt mondanánk: „hulla". Alakja egy római fogathajtás pályára emlékeztet, ahol körbe-körbe megyünk, de mindig visszatérünk a startkockához. Belegondoltam a szám matematikai tulajdonságaiba is, és nem volt kétség bennem. A nulla a halál.

Éreztem, hogy mindennek igaznak kell lennie, mégis újabb kérdés bukkant fel bennem, látszólag a semmiből. Hogyan lehet, hogy tíz számot használunk, mégis tizenkét hónapra osztjuk az évet? A napot is kétszer tizenkét órára bontjuk. A ciklus mégis csak elválaszthatatlan az időtől. Éreztem, hogy valahogy ellentmondás feszül a tíz és a tizenkettes számrendszer használata között. No, de várjunk csak! Nem lehet, hogy az ősi megfigyelés tízes bontású szakasza és a csillagászat egy nap ellentmondásba került egymással?

A szeptember szó jelentése hetedik (seven, sieben), az októberé nyolcadik (oktaéder), a novemberé kilencedik (nine, neun), és a decemberé tizedik (deka). Döntő bizonyítéka ez a tíz hónap egykori használatának. Arra utal az is, hogy valószínűleg a középső hónapokat nevezték el a legtekintélyesebb császáraikról, mint Julius Caesar és Augustus, amelyek most a hetedik és nyolcadik hónapok. Lehet, hogy a január és február a két legfiatalabb hónapunk? Ez megmagyarázná, hogy miért a február hónap hossza változik a csillagászati ciklus pontos követése céljából. Valószínűleg ez az oka.

Ha ez így van, akkor a január az 1 (mag, születés), február a 2 (csíra), március a 3 (rügy), április a 4 (hajtás), május az 5 (aszály, fagy, nehézségek). A június, július, augusztus a 6 (termés, gyümölcs). Szeptember a 7 (ősz), október a 8 (elmúlás kezdete), november a 9 (visszatekintés, mit tanultunk), és december a tíz (a vég).

Újabb kérdés szakadt ki belőlem: ha a növekedés az egyestől a hatosig tart, akkor utalnak-e erre a számok? Igaz-e az, ha a számokat kiegyenesítenénk és egymás mellé tennénk, akkor egyre hosszabb szakaszokat kapnánk? Rögtön tudtam a választ, hogy igen, igaz.

Hihetetlen érzés volt, ahogy rádöbbentem az egészre. Végig itt volt előttem. Százezerszer leírtam őket, mégsem láttam, éreztem a jelentésüket. Tudtam, ez ott és akkor megváltozott számomra mindörökre. Még hogy nem voltam vak? Elmosolyodtam.

Ha mindez így van, vajon vannak-e erre utaló nyomok a nyelvünkben, hiszen a nyelv az, amely leginkább őrzi a történelmünket és ősi bölcsességeinket.

Vajon, hogyan hívjuk a belőlünk váratlanul kitörő gondolatot?

„Ötlet" (5let) – mondtam.

Hogyan kérdezünk rá arra, hogy például a gyógyszer elmulasztotta-e a fejfájásunkat? A gyógyszer egy, kettő, három, négy, öt vagy a gyógyszer hat(6)-e? Megdöbbentő, ugye? Ez is igazolja, hogy a hat a célba érést, az eredményt jelenti.

Mi a pokol hívószáma? 666. Lehet, hogy arra utal, hogy nem lehet csak az élvezeteknek élni, hanem helyes csak az lehet, ha végigjárjuk az utat, azaz ha meg is küzdünk az eredményeinkért (egytől a hatig). Minden más tévútra vezet.

Hány évig élt Matuzsálem? 969. Ha meg akarnánk határozni a bölcsesség számát, valószínűleg a 96-ot mondanánk, hiszen arra utal, hogy az illető az élettapasztalat, a visszatekintés eredményeit használja fel. A harmadik szám – a kilences – főként ezt hangsúlyozza újra, illetve kellően öreggé teszi a bölcset ahhoz, hogy életkora alapján meghajoljunk vitathatatlan életlátása előtt.

A gyermeki mondókában a „nyolc, üres a polc" véletlen lenne? A polc nyilván a rím miatt van, na de miért pont üres?

A fejlődés a hatosig tart. Véletlen lenne, hogy a legelterjedtebb dobókocka 1-től 6-ig tartalmaz számokat?

A 2. vers címe:

A számjegyek

A legősibb szimbólumok,
melyek táncot járnak velünk,
a forma és sorrend beszél,
de vajon mit súgnak nekünk?

Semmiből született csecsemő,
a sötétben fáklya és mag,
vezérünk, hited követjük,
egy: célunk és irányunk vagy.

Fejed lefelé hajtod,
így csillapítod a lázat,
törékeny gyermeki csíra,
kettes, te vagy az alázat.

Az első eredményt hozod el,
az örömünk a három,
csacsogó tavaszi kamasz
rügyet fakasztasz a fámon.

Majd elindul a fejlődés,
nőnek hajtások és ágak,
négyes, a kemény munka vagy,
izzadnak felnőtti vágyak.

Már közel a finom termés,
de ekkor fagy, aszály vagy köd,
szembe jössz velem, hogy taníts,
te vagy számomra az öt.

Megérett a fán a gyümölcs,
zamatos almát, szilvát ad,
boldog család gyermekkel,
nyári idillben fürdik a hat.

Középkorú ősz köszön,
gyorsan elrepül a meleg,
hetes, lemetszed, mi nem kell,
a levél lehullik veled.

Öreg, téli gyász rombol,
mi elpusztít mindent, gyomot,
nyolcassal visszatér a kezdet,
fekete hó fedi lábnyomod.

Lehet bármilyen célod,
arra az élet legyint,
csak a tanulás marad,
a kilences visszatekint.

Minden belőled születik,
az idő életet kaszál,
nulla, hazatérünk hozzád,
te vagy a sötét, a halál.

Utunk tűnhet egyenesnek,
de valójában görbe,
bármit építünk, pusztul,
forgunk hát körbe-körbe.

Tán sokkolhat e rossz hír,
vagy vigaszt nyújthat magunknak,
élhetsz már békében, vagy
hiszed, a számok hazudnak?

Szeressünk és imádkozzunk, hogy
Isten ne hagyjon cserben,
de az élet nem más, mint
remény a nagy számok ellen...

Tresch Attila 2020.12.27.

Már reggel volt ekkor. Hat óra múlott. Éreztem, hogy még egy dolgot meg kell „fejtenem", de nem nagyon maradt életenergiám. Könyörögtem, hogy csak ezt az egy kérdést még hadd tegyem fel.

Sosem értettem, hogy mi a rejtély a huszonegyes szám mögött, pedig mintha folyamatosan ezt dobná az élet az arcunkba. Ha életmódot akarsz változtatni, akkor tedd ezt meg ezt huszonegy napig. A tibeti 5 jóga huszonegy ismétlést ír elő mind az öt gyakorlatnál. A 21. századot írjuk most. A híres kártyajáték is a huszonegy, pedig semmi a lapokból vagy szabályokból következő igazán ésszerű magyarázata ennek nincsen. Miért nem húsz vagy tizenkilenc? Hosszú ideje üzen ez valamit mindanynyiunknak. Ott van a tavaszi napéjegyenlőség, amely március 21-re esik. A csillagászati tavasz első napja, az újjászületésünké. Végül állítólag megmérték az embereknek a halál előtti és utáni testtömegét, és ebből „megállapították", hogy a lélek súlya huszonegy gramm.

Éreztem, végem van. Már csak arra volt erőm, hogy elcsukló hangon azt suttogjam: „huszonegy egyenlő háromszor hét, háromszor hét, háromszor hét". Elaludtam...

III. A három

Hány és hány mese kezdődik a következőképpen: „volt egyszer egy szegény ember, és annak három fia". Három. Újra és újra mindig minden vagy hét, vagy három. Miért éppen három? A kettő kevés, hogy valaminek hangsúlyt adjunk, de a négy már unalmas és sok? Lehet, hogy ennek is üzenete van? Az első fiú elbukik. A második is. Mindig csak a harmadik jár sikerrel. Hogyhogy? Ő a legkisebb. Miért éppen ő lenne a legokosabb és legügyesebb? Lássuk be, hogy ez nem feltétlenül logikus, hacsak nem lapul meg itt is egy mélyebb tartalom. Tudjuk, hogy mi?

III. 1. A belső monológ-megközelítés

Azt mondják, hogy aki beszél magában, az bolond. Meglepően mókás kijelentés, mert úgy értjük, hogy csakis az, aki ki is mondja a szavakat, holott valójában pont nem az a lényeg, hogy kimondjuk-e vagy sem. Márpedig nagyon ritka az, hogy valaki nem beszél magában. Világunk a belső zaj és a káosz korában él. A buddhizmus szeret mindent megszámolni, és állítólag egy átlagos embernek egy nap tizenhétezer gondolata van. Ez azt jelenti, hogy öt másodpercenként egy újabb. Hát ki is az őrült, vagy éppen ki is nem az? Fontos kérdés annak a megértése, hogy egyáltalán ilyenkor ki beszélget kivel. Ha az illetőt idegennek és nem saját magunknak hinnénk, vajon hogyan reagálnánk? Képzeljünk el valakit, aki megy mellettünk és be nem áll a szája. Soha nem hagyja abba, csak mondja és mondja. Folyton bírál és ítélkezik. Mindent mindenkinél jobban tud. Nos, ki ő? (Erről majd később lesz szó.)

Van, hogy nehéz döntési helyzetbe kerülünk, és megszólal valaki. Állítólag a lelkiismeretünk. Érezzük, hogy belső csata dúl, de vajon kik között? Ha az ember egyetlen egység, akkor minden helyzetben egyetlen nézőpontja kellene, hogy legyen. Hogyan lehetséges mégis, hogy valakik harcolnak bennünk?

Az „egészség" szó vajon mire utal? Ha egy leejtett és darabokra tört vázát újra összeillesztünk, akkor az egész lesz? Az egészség nem azt jelenti, hogy nincsenek darabokra hullott önálló részek, csak egy egyben lévő, önálló és homogén egység? Gondolom, igen. Ha bennünk valaki vitatkozik valakivel, akkor az az egészség ellentéte? Határozottan igen.

III. 2. A nyelv és a betűk-megközelítés

Az ember vizuális lény. Gondoljuk, hogy az írás keletkezésének hajnalán olyan jeleket használt, amelyeknek semmi köze nem volt annak valós jelentéséhez? Nem az tűnne észszerűnek, ha minden lényeges tartalmat egy képhez (betűhöz) és egy hanghoz rendelnénk? Ha egy tárgyat, fogalmat pontosan jellemezni tudunk, akkor ahhoz hozzárendelhetjük az ehhez a tulajdonságokhoz tartozó hangokat, betűket (kép), esetleg azok kölcsönös használatának komplexebb jelentését (több hang és betű). Figyelve a sorrendre, mint egyfajta hangsúlyra, képezhetjük le a szavainkat. Én így „csinálnám". A legősibb szavaink, meggyőződésem, hogy őrzik ezt a logikát.

Mire utal például a „H" betű alakja? Nem arra, hogy összekötünk két dolgot? Lehetne-e a „Híd" jelentését szebb betűvel kezdeni, mint a „H"? A magyar nyelv fantasztikusan gyönyörű. Sok minden más mellett én emiatt is imádom, hogy ebbe az országba születtem.

III. 2. 1. Az „m"

A mantrázás egy olyan gyógyító eljárás, amikor bizonyos szavakat újra és újra ismétlünk, és ezzel adunk életenergiát bizonyos testi, lelki energiaközpontoknak. A hét legfontosabb ilyen energiapontnak (később lesz róla szó) a mantra-szavai: lam, vam, ram, jam, ham, ksham, aum. Állítólag a gyógyító eljárás a frekvenciákkal van kapcsolatban, és azokon keresztül fejtik ki áldásos hatásukat.

Nem különös, hogy mindben ott van két hang: az „m" és az „a"?

A legősibb és talán legelső szavaink – mint „mater", „materia" (anya és anyag) – is pont ezekkel a hangokkal kezdődnek. A katolikus egyházban használt „ámen" is véletlen lenne?

Az „m" a magyar ABC-ben pont a huszonegyedik helyet foglalja el (miért is lenne máshol), az angolban pedig a 26 betűből az „n"-nel alkotják a két középső betűt.

Mindezek arra utalnak, hogy az „m" betűnek és hangnak kiemelkedően fontos szerepe van. Lehet, hogy a legelső hangunk az „m"? Ha ez így lenne, akkor bizonyosan minden tulajdonságának nagyon fontos jelentősége van.

Mit látunk, ha jól megnézzük az alakját?

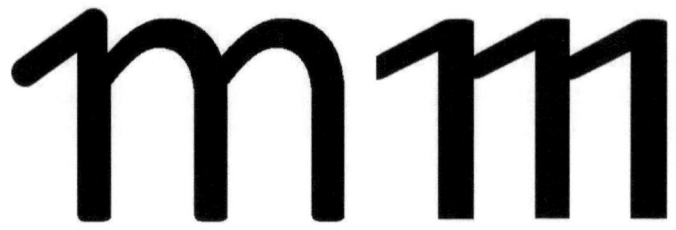

Az írott „m" nem olyan, mintha három darab egyest írnánk le, amelyek egymáshoz kapcsolódnak. Mintha három dolog kéz a kézben járna. Már megint három.

Nem tartozik közvetlen a tárgyhoz, de a dolog érdekessége, hogy az ABC az „a"-val kezdődik, mintha az „a" jelentőségét ki akarná emelni. Lehet, hogy az első magánhangzó pedig az „a" volt? Az első férfi neve is „a"-val kezdődik: Adam (Ádám). Persze itt is itt az „m".

III. 2.2. Az „N" és az „I"

A gondolatmenetünket folytatva az „m" mellett az angol ABC másik középső betűje az „n".

Ennek biztos, hogy szintén fontos jelentősége van.

Nagyon sok nyelvben a tagadás szava „N"-nel kezdődik: no, not, nor, nyet, nein, ne, nem. Nézzük meg a betű alakját pontosan. Három vonalból áll. Olyan nekem, mint egy összedőlt épület. Mintha egy korábban szép görög oszlopsor pusztulására utalna. Nincs szabályos rendezőelv, hanem az egyik oszlop ledőlve a két másik között. Nem lehet, hogy az egészség, teljesség és egység hiányára utal? Véletlen lenne, hogy a nulla (angol nil) szintén „n"-nel kezdődik?

Mélyen hiszem, hogy a nyelv nagyon fontos üzeneteket hordoz. A magyar nyelvben a „Nem" ellentéte az „Igen", azaz lehet, hogy az „N" párja az „I"? Nem lehet az „I"-ben ott van ugyanaz a három oszlop, csak egymás mögött, szép egységben? Nem lehet, hogy az „I" a teljességre utal, amikor a darabok egy összefüggő, egymásba olvadó egészet alkotnak?

Mi lenne az „I"gazság definíciója? Nem az, amikor különböző belső nézőpontok érzékelése azonos, azaz létezik a belső egység? Az ügyész, az ügyvéd és a bíró ugyanúgy látja a történéseket.

Lássuk be, hogy bizonyos esetekben beszélhetünk tényekről: valaki késett vagy sem, megjelent egy partin vagy sem.

Ám mi van azokkal a helyzetekkel, amikor két ember – mondjuk a férj és a feleség – beszélget, és az igazság már nem a tények, hanem az érzékelések azonosságán múlik? Ha pedig az nincs, akkor csak az egyik félnek lehet-e igaza?

Nézzünk meg egy ártalmatlan, de talán tipikus élethelyzetet az előzőek vizsgálatára.

A feleség arra gondol, hogy „segítsen már a férjem, és vigye ki a szemetet most". Azt mondja a férjének: „ki kellene vinni a szemetet". A férj ezt hallja, de úgy fordítja, hogy a „párom örülne neki, ha kivinném a szemetet. Rendben, persze, segítek. A film szünetében majd kiviszem". Nézi tovább a tévét, de pár perc múlva a felesége a fejére olvassa: „Kértelek, hogy vidd ki a szemetet és mégsem vitted ki! Semmit sem segítesz!"

Nos, kinek van igaza? Valójában szerintem mindenkinek, mert a belső nézőpontokban nincs önellentmondás. Persze az életben az erősebbnek lesz sajnos, pont ezért is éli meg „igazságtalannak" ezt az elszenvedő fél.

Nem arra utal az „I", hogy alapvetően létezik bennünk több nézőpont, és ha azok azonos módon látják a dolgokat, akkor minden rendben, jó úton járunk, mert az a mi érzékelésünk szempontjából igaz? Ha ez nincs meg, az probléma, mert akkor önellentmondás van. Valami ál és hamis, azaz „N". Másképpen no, not, nor, nyet, nein, ne, nem. A váza ilyenkor több darabból áll.

Ha a rossz megtestesítője az „N", amelynek az ellenpólusa az „I", akkor a kettő betű alakja közötti különbség fontos üzenetet hordoz. Lehet, hogy azt, hogy nagyon fontos cél, hogy legyen meg az egység a három oszlop között, azaz a belső nézőpontok legyenek azonosak. Hiszem, hogy így van. Na, de kinek a nézőpontjai?

III. 3. Az eredendő bűn-megközelítés

Mi is a biblia talán legismertebb és bizonyosan az egyik legfontosabb története?

Ádám és Éva evett a tiltott gyümölcsből, ezért az Úr kiűzte őket a Paradicsomból. Van tehát Ádám, Éva és a Paradicsom, meg szerintem egy rejtvény is.

Mind számtalanszor éreztük már, hogy ott él bennünk egy nemes szív, egy velünk született jóság, amely elpusztíthatatlan és örök. Néha lelkiismeretnek hívjuk, máskor szeretetnek. Nem lehet, hogy ő a mélyen elbújt Paradicsom, amelyből kiűzték Ádámot és Évát? Nem lehet, hogy nincs is messze tőlünk, hanem mindig is oly közel maradt hozzánk?

Őt keressük folyton, ide akarunk eljutni újra. Sajnos kifelé nézünk, holott belül van a megoldás. Lehet, hogy az oly fontos hármas szám egyik eleme a mennyország, amely bennünk van elrejtve?

Szerintem igen. Hívjuk őt léleknek.

Ki lehet akkor a másik kettő?

Ádám és Éva.

Na de ki Ádám, és ki Éva?

Meggyőződésem, hogy Éva a test és Ádám a tudat. Igen, hiszem, hogy ez a rejtvény megoldása.

Miért kerültünk ki a Paradicsomból?

Mert ettünk egy fáról. Sokáig azt hittem, hogy a büntetést azért kaptuk, mert nem tartottuk be a szabályokat. Nos, nem így van. Azért kaptuk a büntetést, mert egy bizonyos fáról ettünk. Melyikről is?

A tudás fájáról.

Mit hozott az el nekünk?

A folyamatos okoskodást, versenyt és az EGO-t, amely életre kelt. Pandora szelencéje kinyílt, és már nem lehetett azt visszazárni. Fontos, hogy a kiűzés valójában nem büntetés, hanem egy tett egyenes következménye. Oh, mennyi ideig hittem azt, hogy a történet tanulsága az, hogy a szabályokat be kell tartani. Árnyékban éltem, amelyet egy fa vetített rám. Egy nap valahogy kisétáltam alóla, és most már látom őt. Most már tudom, hogy a mese kulcsmondata a „tudás" fája – vagy hívjuk „EGO" fájának? Őt nem szabadott volna életre kelteni, de most már késő.

Madách Imre Az embert tragédiája című műve csodálatosan mutatja be, hogy az ember hogyan támadja be bármely kor ideáit. Soha semmi nem jó és tökéletes. Élhetünk egyetlen emberért, a demokráciáért, az élvezetekért, a hitünkért, a szabadságunkért vagy a fejlődésért, nekünk semmi nem elég. Fura, hogy a tökéletesre nincs is az embernek definíciója, így evolúciós utunk során nem is valami óhajtott felé megyünk. Sokkal inkább valamitől el, újra és újra elpusztítva a jelen kor struktúráit és társadalmi építőköveit.

Mi tehát akkor a megoldás? Az egyén kövesse ezt a társadalmi utat? Tudjuk, hogy hova vezet, vagy nem hiszünk Madáchnak vagy a belső hangnak?

A szabadságunkhoz nem létezik más megoldás, mint megteremteni az egységet a test, a tudat és a lélek között. Másképpen: Ádám és Éva kézen fogva találjon rá újra a Paradicsomra, amely oly közel van hozzájuk.

Meggyőződésem, hogy az ember nem más, mint három összefonódott virágszál, három lélegző „én", amely szövetsége a teljesség, az „I", az „m", az egészség és a szabadság.

Ameddig ez nem sikerül, három darabra törött vázák vagyunk sajnos már születésünktől fogva.

A darabokat csak mi tudjuk összeilleszteni.

Addig Éva és Ádám (a test és a tudat) kifelé tekintve kóborol egy nagy pusztaságban, kielégíthetetlen élvezeteket keresve, ahol nem találhatja meg azt a „fényt", amely oly közel „dobog" hozzá.

Pedig a megoldás nem is olyan bonyolult, csak jó helyen kellene keresni...

A 3. vers címe:

A teremtés

Koccintsanak betűim,
igyunk egyet a létre,
ember, fogadd el sorsod,
hogy nem hozhatsz semmit létre.

Oly nagyra tartod magadat,
de tudós teremthet-e értelmet,
és hiszed, nélküled e világ
nem ismeri a félelmet?

Alkothatunk-e teret, időt,
hozhatunk-e létre tavaszt,
napfényt, esőt, óceánt,
inkább fájdalmat és ravaszt.

Lehet, hogy másképp gondolod,
biztos létezik rá ármány,
de a könny, mosoly és humor
ám nem saját találmány.

Minden szabadnak születik,
mi végtelen utat jelenthet,
ezt csak korlátozni lehet,
ember csak börtönt teremthet.

Szobrász, festő csak megmutat,
de már létezett a szépség,
előttünk is itt volt mind,
ahogy a hang, színek és éhség.

Zenész, táncos felszínre hozza,
de velünk születik a vágy,
ahogy a csók és szerelem is,
melyben ég a hitvesi ágy.

Megfáradt test képes-e
nem az álmot szólítani,
tudhat-e az alvásnál
bármi jobban gyógyítani?

A szomjad nem olthatod mással,
muszáj, hogy igyál édes vizet,
bölcsességet nem adhatsz másnak,
s mondd: teremthetsz-e hitet?

S hogy miért írom le mindezt,
hogy felébresszelek a mából,
jól figyelj rám, testvérem,
Bábel-tornyot építesz fából.

Oh, balga, nem létrehozni,
hanem bizony megtalálni kell,
hát légy fáklya és keresd,
szorítsd, és ne engedd el!

Tresch Attila, 2021.05.01

IV. A hét

A három mellett a hét az a másik szám, amely szembejön, bármerre is megyünk. Hófehérke és a hét törpe; a hét mesterlövész; a hét krajcár; a hetedhét országon is túl, ahol a kurta farkú malac túr; a hét főbűn; a hét áldás; a hétfejű sárkány stb.

Isten hét nap alatt teremtette a földet, talán ennek az emlékét és tiszteletét őriznék ezek az elnevezések?

Ezt el tudnám fogadni. Ami viszont nagyon érdekes jelenség, az a hét, mint időegység. Itt valami nagyon nem stimmel. Egy év az pontosan addig tart, amíg a Föld megkerüli a Napot. Egy nap pontosan addig tart, amíg a Föld egyszer megfordul a saját tengelye körül. A hónapokról korábban volt szó. Hiszem, hogy a tízes számrendszerek határozták meg őket egykoron: tíz hónap, hónaponként háromszor tíz nap. Később kénytelenek voltak hozzáigazítani az évhez, ezért lett két új hónap, harmincegy napos hónapok, és egy rövidebb és olykor változóan hosszú február.

Ám honnan jön a hét, mint időegység? Független az egyes égitestek mozgásától. (Hold forgási ideje 27 nap.) A legérdekesebb mégis az, hogy nagyon mély gyökere, múltja van, és úgy tűnik, mégsem változott vagy idomult semmihez az idők során. A csillagászat fejlődése kihatással volt az időszámításunkra. A hét mégis egy olyan időegységnek tűnik, aminek nincs semmivel sem egyértelmű függőségi kapcsolata, ám töretlen és legmeghatározóbb egysége az életünknek. Vagy minden hónap vagy év hétfővel kezdődik? Nem. Úgy metszi át az idő homokját, mint egy uralkodó, amely előtt minden más hajbókol. Honnan ered ez az erő? Mi vívta ki ezt a tiszteletet? Mi a jelentése, amely előtt meghajoltunk talán a kezdetek óta? Tényleg pusztán annyi, hogy

ez szerepel a Bibliában, vagy van másik ok is? Talán egy ősi böl-
csesség az emberiség hajnalából?

IV. 1. Az őselemek

Platón ott állt a tengerparton és feltette magában azt a kérdést,
hogy mik azok az erők, tulajdonságok, amelyek minden anyagban
megtalálhatóak. Úgy tapasztalta, hogy az anyagokat meg lehet
gyújtani, azaz égnek. Így ott kell, hogy legyen minden anyag-
ban a tűz. Igen ám, de az égés közben láthatóan távozik valami,
amelyet levegőnek nevezett el. Azt tapasztalta, hogy nincs olyan
tűz, amelynél ne maradna vissza valami. A fennmaradó anyag-
nak a föld elnevezést adta. A negyedik elem – amelyet nem tu-
dott meggyújtani – pedig a víz lett, amely oly uralkodóan ölelte
körül a megannyi kis görög szigetet.

Az őselemekkel kapcsolatos elképzelés a keleti kultúrákban is
alapvető jelentőségű. Én találkoztam vele az Ájurvéda és a budd-
hizmus tanulmányozása során is.

Ha megfigyeljük szokásainkat, észrevettük már, hogy szeretünk
leülni a földre vagy a fűbe, vagy kimenni a természetbe? Ugye
imádjuk nézni a tengert, a tüzet és a csillagos éjszakát? Úgy
tűnik, ez minden emberben és élőlényben közös. Nem olyan,
mintha a bennünk lévő négy őselem szövetsége lenne az élet,
és ha őket látjuk, mintha picit hazamennénk?

A dolog másik érdekessége számomra, hogy négy őselemre jutott
Platón, nem ötre vagy többre, hiszen vannak elméletek, amelyek
megkülönböztetik az étert, fát vagy aranyat is, mint őselemeket.

A négyes szám valahogy mindig a teljesség és az egyensúly száma
volt. Megfigyeltük már, hogy aki szereti a szimmetriát, öntudat-
lanul négyzeteket vagy téglalapokat rajzol, sosem háromszögeket

vagy kört? Ezeknek az alakzatoknak négy csúcsuk és négy ol-
daluk van, és legkönnyebben le tudjuk fedni velük a síkot. Kép-
zeljünk el egy lakberendezési feladatot csak kerek tárgyakkal!
Kihívás lenne, ugye?

Ha a sík háromdimenziós, akkor valahogy nekem az lenne logi-
kus, hogy az autóknak három kerekük legyen, de négy van. Az
ágynak, asztalnak, széknek négy lába, és ez biztosítja a tényleges
egyensúlyt. Négy végtagunk van nekünk is, embereknek. Vélet-
len lenne, hogy a francia és magyar kártyában is négy-négy szín
van, és nem három vagy öt? Ráadásul úgy tudom, nincs olyan
terület a Földön, ahol négynél több évszak lenne. Nekünk, ma-
gyaroknak ebben is szerencsénk van, hogy ilyen sokarcú, idő-
járásban „gazdag" vidéken élünk.

Végül gondolatmenetünk szempontjából a legfontosabb kérdés.
Platón elmélete miért nem veszett homályba? Egy szerethető
mese csupán, vagy van benne valami racionális, megtapasztal-
ható, amely kapcsolatba hozható az emberi működéssel?

IV. 2. A 7 energiaközpont

A keleti kultúrák az emberi testben az izom- és vázrendszer, a
nyirokrendszer, a légzőrendszer, az emésztőrendszer, a kivá-
lasztórendszer, az idegrendszer és a belső elválasztású mirigy-
rendszer mellett megkülönböztetnek egy úgynevezett meridi-
ánrendszert is, másnéven csakrarendszert. A csakra szó kereket
jelent. Az elképzelés szerint vannak a szervezetünkben olyan
felfelé és lefelé mozgó energiák, amelyek bizonyos pontokon
találkoznak. Onnan kapta az elnevezését, hogy ilyenkor a fel-
felé és lefelé irányuló két félkör alakja felülről nézve egy forgó
kerékre emlékeztet.

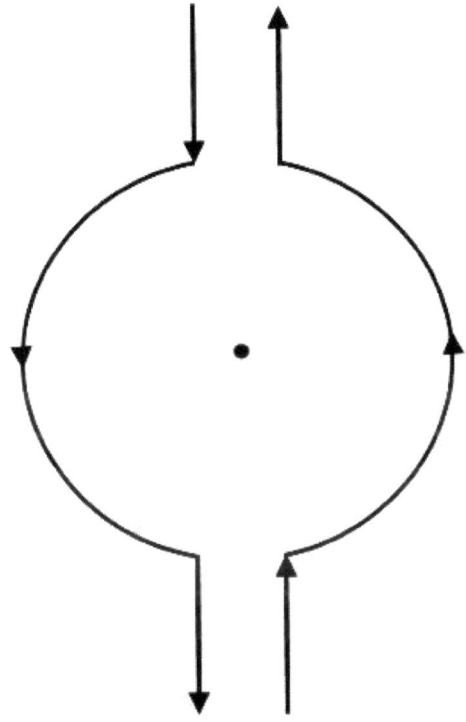

Sok ilyen energiaközpont van, de kiemelkedik közülük hét olyat, amely megkülönböztetett jelentőséggel bír.

Az emberi test közel hetven százaléka víz. Érdekes egybeesés, hogy a Föld felületének 71%-át víz borítja. Vannak elméletek, amelyek párhuzamba állítják a Föld sós- és édesvíz készletének arányát az emberi testben megtalálható víz és vér aránynyal. Mivel a víz ilyen kimagasló mértékben alkotja az emberi testet, bizonyos, hogy az emberi működés szempontjából érdemes tanulmányozni.

A víznek van egy nagyon különleges tulajdonsága, amelyet szivárvány idején figyelhetünk meg. A fénytörés hét különböző színre osztja az elénk táruló gyönyörű látványt: pirosra, narancssárgára, citromsárgára, zöldre, világoskékre, sötétkékre és lilára. A keleti kultúrák szerint a hét fő csakrapont is ezt a hét színt követi.

Az egyes csakrák helyük és színük szerint:

Cs.	Elnevezés	Hely	Szín
7.	Koronacsakra	fej tetején	lila
6.	Harmadik szem cs.	szemöldökök között	sötétkék
5.	Torokcsakra	torok aljánál	világoskék
4.	Szívcsakra	mellkas közepén	zöld
3.	Napfonatcsakra	köldök felett négyujjnyira	citromsárga
2.	Szakrális csakra	köldök alatt 2 hüvelyk	narancssárga
1.	Gyökércsakra	gerinc alapjánál	piros

Mindez hogyan kapcsolódik az őselemekhez?

A gyökércsakra, ahogy a neve is egyértelműen utal rá, a föld elemhez kapcsolódik. Lábainknak és kezeinknek kapcsolata a talajjal pontosan olyan „szimbiózist" hoz létre, mint amit a növények és a Föld alkotnak együtt. A föld elem képviseli a szilárd alapzatot, amely végtelenül erős, merev és mozdulatlan.

A szakrális csakra területén, közvetlenül a gerinc alsó pontja felett találhatóak a nemi szervek és a vese. Azok a szervek, amelyek a folyékony víz elemhez kapcsolódnak.

Mit is képvisel a víz?

A folyamatos mozgást, ahogy áramlik rendíthetetlenül.

Ha az alsó két csakrát nézzük, akkor úgy is fogalmazhatnánk, hogy a szilárd anyag találkozása a mozgással.

Mit gondolunk, mire van szükség ahhoz, hogy ez végbemehessen?

Természetesen energiára.

Milyen folyamatra van szükség ennek biztosításához?

Égésre.

Hol zajlik ez le az emberi testben?

A gyomorban, amely a tűz elem központja, és az emberi test legmelegebb pontja.

Hol is helyezkedik ez el pontosan? Érdekes módon pont a második csakra felett.

Mi kell az égéshez?

Oxigén.

Ez hol található meg az emberi testben?

A tüdőben.

Hol található meg a tüdőnk?

Éppen a gyomrunk felett...

Az anyagátalakulási folyamatban eljutottunk a szilárdtól (1. csakra), a folyékonyig (2. csakra), majd az égés során (3. csakra) a légnemű halmazállapothoz (4. csakra). Ezzel nincs vége.

Mi történik a levegővel?

Kifújjuk, és beszédhangot adunk ki.

Hol van a szánk?

Az 5. csakránál, a tüdő felett.

Az anyagátalakulás folyamatának mi a következő lépése? Mi az, ami még a hangnál is gyorsabb?

A fény.

Hol van a szemünk, amivel képesek vagyunk érzékelni a fényt?

A hatodik csakránál, a szánk felett.

Végül mi az egyetlen dolog, ami még a fénynél is gyorsabb?

Nos, a gondolat. Igen, szemünk felett, a fejünk tetején „csücsül" a hetedik csakra.

Tekintsük át újra, hogy hogyan is néz ki akkor ez pontosan!

A szilárdból folyékony lesz, majd abból az égés eredményeképpen légnemű, majd abból hang, fény és gondolat. Az egyes csakrapontok mintha az egyes anyagátalakulási folyamatok leglényegesebb állomásai lennének.

Ha ez így van, akkor ebből egy nagyon fontos dolog következik: testünk nem egy bőrönd, ahova mindenféle dolgot, szervet bepakolunk, hanem egy tökéletesen összeállított remekmű, amelyben mindennek nagyon pontos helye és funkciója van. Nem lehet semmit sem felcserélni benne.

Olyan, mintha az emberi testben egy folyamatos kétirányú áramlás lenne a szilárd anyag és a gondolat között, a test és az elme között.

Nézzük ezt meg a gyakorlatban a visszairányuló ágra is!

Ha valami az életben megvalósul, akkor nem a következő folyamaton megy keresztül?

Első lépés a gondolat, amelyben meghatározzuk a célunkat (7. csakra).

Azt elképzeljük, vizualizáljuk (szem, 6. csakra).

Megpróbáljuk leírni, elmondani (beszéd, 5. csakra).

Majd mindez egy képlékeny állapotból folyamatosan testet öltve konkretizálódik, és egy nap fizikailag is megvalósul.

Ugye így van? Én legalábbis ezt tapasztalom, így működöm.

Ebből következik az, hogy a megértésnek fontos része a beszéd és a vizualizáció?

Igen. Ha nem értek valamit, de beszélek róla, képes vagyok rá, hogy jobban felfogjam. Elég sokat oktattam életemben, és az elején megdöbbentő volt számomra, hogy minden egyes tanításom során a megértésem mindig tovább mélyült. Bizonyos, hogy a saját előadásaimból mindig én voltam az, aki a legtöbbet tanult. Bár mindez ellentmondásnak tűnhet, de most már jól értem, hogy miért van ez így.

Lehetséges lenne tehát, hogy ugyanazon erők munkálkodnak mindenben, ami él, és általa mind kapcsolódunk egymáshoz?

A 4. vers címe:

A táj

Magányosan ülsz egy szobában,
úgy érzed, egyedül vagy, fáj,
kopogtat az ajtón a szél,
„gyere haza" – suttogja a táj.

Kocsiba ülsz és gázt adsz,
az aszfalt alattad dübörög,
kerékbe törnéd, mi szomorú,
de a múltad jobbodon ücsörög.

Folyton kerestél valamit,
megannyi céltalan túra,
ám kintről köszönnek neked,
hát kilátsz a szélvédőn túlra.

A hegyek némán letérdelnek,
és kacsintanak a dombok,
magukhoz ölelnek téged,
s integetnek feléd a lombok.

Zöldbe öltözött sereg,
neked tisztelegve is lágyak,
várat ostromló mezőben
meghajolnak a fűszálak.

Olyan ismerős minden,
ámuldozva nyílik a szád,
csodálkozol, mert mintha
lábnyomaid néznének rád.

Veszel egy mély levegőt
s nagyot sóhajtozol,
kezded lassan érteni,
hogy hova is tartozol.

Hálás vagy mindenért,
most már nem is szenvedsz,
mert menjél hát bárhova,
táj, te magadba engedsz.

S ha az otthonról kérded,
hogy hát vajon az merre,
kitárja karját, hogy gyere,
s susogja mind, hogy erre.

A motorban méhraj börrög,
ficánkoló halastó csobog,
megrepedt a jég odabent,
érzed, hogy „valaki" zokog.

Az esőben oly tiszta minden,
az örök itt van a mában,
napsugár miséje simogat
a szivárvány templomában.

Repce-óceán tündököl,
s gyermeki, pajkos rét,
hisz' kacag már, mert tudja,
hogy megkaptad üzenetét.

Sosem vagy egyedül többé,
felfogtad végre az eszeddel,
magadat nézed a tájból
szerető, tengernyi szemeddel...

Tresch Attila 2021.07.15.

IV. 3. Az életfa

Az egyes csakrapontok nem pusztán a test és a tudat közötti energiaáramlás meghatározó jelentőségű központjai, hanem az életünk korszakainak, állomásainak képviselői is.

Mire van szükségünk születésünkkor? Biztonságra, stabilitásra, alapvetően szilárd alapokra. Ez életünkben a család által testesül meg, és a föld elem, a gyökércsakra képviseli mindezt. Nem véletlen, hogy ezt a csakrát alapcsakrának vagy törzsnek is hívják. Ha nem kapjuk meg aputól és anyutól a szükséges szeretetet és gondoskodást, az az egész életünkre kihatással lesz. A gyökércsakra a tűzhely, a biztonság, a meleg otthon, ahová bármilyen gond és probléma esetén vissza tudunk húzódni. A menedéket képviseli, amelyre mindannyiunknak szüksége van egy életen át. Ez a korszak a kisgyermekkor végéig tart.

A második csakra a vízzel van kapcsolatban, amelynek három nagyon fontos tulajdonsága van: mindig mozgásban van; hozzátapad mindenhez; illetve folyton pusztít és épít egyszerre. A csakra három kulcsszava: mozgás, kapcsolatok és kreativitás. Amikor azt tapasztaljuk, hogy gyermekünk csak rohanva képes menni bárhová, folyton áthívja a barátját vagy barátnőjét, biztosak lehetünk benne, hogy ebben az életszakaszban van. Megkezdődik a gyermeki elszakadás, de ilyenkor még folyamatos a szülő közelségének igénye (hiszen az első és második csakra egymás mellett van), mert a biztonság továbbra is nagyon fontos. Az elején még csak lerombolják a játéktornyokat, de szép lassan elkezdenek építeni is. Ez az „anyu, apu, nézd milyen szépet rajzoltam" időszak, amikor napjában tíz-húsz irkafirka remekmű is kiköt a szülők asztalán, komoly kihívásokat okozva mindazok tárolásában. Ez a korszak a kamaszkor elejéig tart.

A harmadik csakra őseleme a tűz, amely forró, heves, lobbanékony és pusztító. A tűz átalakít mindent. Nos, ez zajlik le ilyenkor a kamasz gyermekeinkben is, és ez zajlott le bennünk is annak idején. Az öntudatra ébredésnek és az elszakadásnak a korszaka ez. A kamasz önálló döntéseket akar hozni, és nehezen tűri a továbbiakban a szülői irányítást. A szülők gyakran nehezen élik meg mindezt, különösen akkor, ha a gyermeki döntések komoly ellentétben állnak a saját elképzeléseikkel. A beszélgetések ilyenkor sokszor olyanok, mint mikor a heves szél (szülő) fújja meg a tüzet (kamasz). A tűz ilyenkor sosem nyugodhat meg, csak fellángolhat. Gondolom, tapasztaltuk is, hogy általában pontosan ez történik. Vagy a szülő elpusztítja a tüzet és ezzel elnyomja az egészséges öntudat kialakulását, vagy hagynia kell égni és nem felkorbácsolni. Nem tehetünk mást, mint bízni abban, hogy ha egy nap lecsitul, akkor a gyermeki kovácsműhelyben egy edzettebb acél marad meg végtermékként. Egy olyan megkeményedett jellem, amely kimehet már az életbe, és szilajan állja majd a sokkal keményebb ütéseket és megpróbáltatásokat.

A baráti társaságban ez a kor a folyamatos versengésben és állandó vitatkozásban jelenik meg. Nem létezhet semmilyen kijelentés, amelybe a többiek ne „kötnének" bele. Ezek a viták és kihívások nagyon fontosak, mert szerintem nem mások, mint a kovácsmester csapásai az acélon. Erősítik a jellemet, mert mindenki azt gyakorolja, hogy meg tudja állni a helyét, ki tud állni az igazáért, képviselni tudja a saját érdekét és nézőpontját. Mindezek a küzdelmek, ha eredményesek, akkor az önbizalomhoz vezetnek el, amely óriási és nélkülözhetetlen áldásként szegődik hozzánk, kezünkbe adva a kulcsot, hogy beléphessünk a felnőttkor kapuján.

A negyedik csakra eleme a levegő, amely egy könnyed anyag, kitölti a teret, szinte láthatatlan, mégis „tápláló", és nélkülözhetetlen része az életnek. A felnőtté válás eleme, amely a családalapításban és a gyermekvállalással kapcsolatos áldozatvállalásban teljesedik ki. A szívcsakra nagyon szépen fejezi ki azt a szeretetet, amely szükséges, hogy a szülők kibírják a hajnali virrasztásokat, a teljesen átalakult napirendben és fontossági sorrendben történő változásokkal kapcsolatos kihívásokat. A gyermek kihordása, a szülés fájdalma, a karrier időszakos feladása nagyon komoly női áldozatok. A gyermek megszületésével a férfi kikerül a legbelső érzelmi körből. Oda a gyermek és az anya szimbiózisa lép, amely nagyon komoly érzelmi hiányérzetet okoz a férfi számára, hiszen a feleség bizonyos elvesztésének érzésével jár együtt. A „teremtés koronája" a második helyre szorul vissza, amely óriási különbséget jelent a korábbi győztes helyhez képest, és jól tudja, hogy már soha többet nem lehet a legfontosabb.

Az ötödik csakrát a tudás ajándékának is nevezik, és a hanggal, a beszéddel van kapcsolatban. A gyermekeink már nagyok ilyenkor, a legfontosabb életcélunk az ő támogatásuk, de már csak a háttérből. Szaladunk, ha hívnak minket, csomagolunk nekik az ebédből. Vigyázunk az unokákra és jótanáccsal látjuk el őket, akár kérik, akár nem. A még egészségben talált boldog öregkor korszaka ez. Ilyenkor már szabadok vagyunk, mint a kiáramló hang, hiszen már teljesítettük küldetésünket és életcélunkat. Nem maradt már más, mint a fiatal generációknak elmesélni a vicces történeteinket, és megénekelni a daliás hőskölteményeinket. Ha helyesen éltünk, tele vagyunk örömmel és nevetéssel.

Ahogy telik az idő, elkerülhetetlenül előjönnek az egészségügyi problémák. Először még talán humorral, de később egyre nagyobb kétségbeeséssel tapasztaljuk meg, hogyan veszítjük el az uralmunkat saját testünk irányítása felett. A hatodik csakra a szemmel, azon belül is a könnyel van kapcsolatban. Ezt a csakrát a bölcsesség ajándékának is szokták nevezni. Ennek a korszaknak a legnagyobb kihívása annak elfogadása, hogy nem leszünk már fiatalok és szépek. Lassan elmúlik felettünk az élet. A gyermekeink és unokáink is egyre kevesebbet keresnek minket. Egyre nehezebben találunk motiváló életcélt. Azt, hogy hogyan éljük meg ezt a kort, az dönti el, hogy képesek vagyunk-e békét és megnyugvást találni.

Végül párunk elvesztésével a mindennapokban egyedül maradunk. Fel kell tennünk magunknak a kérdést: volt értelme az életünknek? Egyáltalán van értelme a létezésnek? Itt már nem lehetnek észszerű elméletek, amelyek segítségünkre siethetnek. Nem hazudhatunk magunknak. Csakis a hit maradhat nekünk...

Az 5. vers címe:

Apu

Álmaim hőse te vagy,
ki felneveltél,
ki hamuból belém
életet leheltél.

Mehettél bárhova,
követlek téged,
nem számít, merre,
Én eljövök érted!

Mert az otthon ott van
mindig, ahol te vagy,
nincs máshol biztonság,
ki másképp látja, vak.

Ha esti csillagként ragyogsz,
a fénylő égbolton van az,
ha pedig egy magas hegyen,
mászom, csak legyünk egy helyen!

S ha a sötét tenger mélyén,
már merülök is le bátran oda,
egy utolsó levegőt veszek, és
nem jövök vissza nélküled soha.

A kék égbe is követlek,
és egyek leszünk az Úrban,
majd boldogan elmerülünk
a végtelen azúrban.

Folyton keresem majd,
te vajon merre mentél,
piros kis zászlót nekem
magad után hová tettél?

Döntéseid, hited
térképem az úton,
s egyben iránytűm is,
mely hozzád visz, tudom.

Az arcomon érzem
a gondoskodó szemedet,
ahogy távolról fürkészed,
őrized léptemet.

Reménnyel boldogító árnyak,
folyton csak téged várlak,
hogy életre kelsz a sötétben,
s egy nap mellém bújsz egészen.

Még adj egy kis időt,
hogy szeressek és éljek,
és hogy egy nap
hozzád visszaevickéljek.

Apró részként
tartom, apu, az egészet,
teljesítve missziónk,
míg elnyel az enyészet.

Nevelésed, meséid
fényszóróm a ködben,
mely világítja lépteid
a Mindenható Örökben...

Tresch Attila 2017.05.13.

IV. 4. Az emberiség korszakai

Sokszor észlelhettük már, hogy világunk teljesen összefonódik, és mindaz, ami megtalálható kicsiben, az megtapasztalható nagyban is. Az egyes csakrapontok tetten érhetőek az emberiség korszakaiban is.

Az őskor természetesen a gyökércsakrához köthető, amikor az emberiség néhány évmilliós küzdelembe kezdett a biztonsága megteremtéséért. Nem volt még magántulajdon, csak közös célok és állandó harc a fennmaradásért. A törzs egy egységként néz szembe a kemény és zord élet mindennapi kihívásaival. Figyelme még nem fordul a belső önkifejezés felé.

A második csakra, a szakrális vagy szexcsakra, a termékenységhez illetve a kreativitáshoz kötődik. Megjelenik életünkben a földművelés, amely a víz elemhez kapcsolódik, és függősége is tőle a legerősebb. Gondoljunk csak bele az ókori nagy kultúrákba, amelyek kiemelkedésének szükséges feltételét egy-egy nagy folyó áldása teremtette meg. Egyiptomban a Nílus, Mezopotámiában a Tigris és az Eufrátesz, Kínában a Huangho és a Jangce, Indiában a Gangesz. Fennmaradásunk alapja többé már nem az, hogy elvesszük a környezetünkből, ami számunkra szükséges, hanem nekiállunk megtermelni, létrehozni mindazt. A tűz tudatos használatával célszerszámok készülnek. Ez az a korszak, amikor megjelenik az írás. Kialakulnak a társadalmi csoportok és kapcsolatok, elindul a kereskedelem. Végül az emberi önkifejezés megkezdi végtelen útját, és megjelennek a művészetek. A görögök már kilenc múzsát különböztettek meg, amelyek jól mutatják érdeklődési körük kiteljesedését: csillagászat (Uránia), ékesszólás (Kalliopé), történetírás (Kleió), drámaírás – tragédia (Melpomené), drámaírás – komédia (Thália), lírai költészet (Polühümnia), tánc (Terpszikhoré), ének (Euterpé) és szerelem (Erato). Az ember szemléli az eget, és keresi helyét a hatalmas Univerzumban. Önmagát kicsinek és jelentéktelennek találva felüvölt benne az elmúlás fájdalma, és hősköleteményeivel

(Homérosz) és drámai önfeláldozással (Thermopüla – Leonidas) küzd ellene. Létrehozza a színházat, ahol már saját magát megfigyelve mutatja be érzékelt konfliktusait az élet számára új területén, amelyet a társadalom és az emberi kapcsolatok hoznak felszínre. Olykor annak fájdalmát, máskor annak humoros oldalát domborítja ki. Megkezdődnek a politikai csatározások, felértékelődik az ékesszólás ereje. Mindezt pedig áthatja az élet szeretete: a zene, a tánc és a szerelem. A gyermeki rácsodálkozás és érdeklődés korszaka ez, amelyben óriási fejlődés megy végbe. Sajnos az időszak sajátja – pont úgy, mint a játszótéren –, hogy az erősebb elnyomja a gyengébbet és elveszi játékait. A gyermeki kegyetlenség is sajnos otthagyja nyomát a történelmünkben, és a „sötét" középkorban a leghangosabb. A második csakra időszaka, úgy vélem, a reformáció kezdetéig tehető.

A harmadik csakra az öntudatra ébredés időszaka, és a kamaszkor megjelenése a történelmünkben. 1517. október 31-én Luther Márton kitűzi tételeit és követeléseit a Wittenberg-vár falára, és elkezdődik a reformáció. Párhuzamban ezt gyermekünknél a „tessék kopogni" ajtófelirattal tapasztalhatjuk meg. A gyermeknek elege van a szülői dogmákból és folyamatos tanmesékből. Nem tudja még pontosan, hogy mit akar, de azt biztosan tudja, hogy szét kell zúznia azokat a struktúrákat és kereteket, amelyek eddig az életét meghatározták. Ledönti az eszméit, látja már szülei hibáit is. Ebben a korban a szülő és a gyermek közötti viták értelmetlenségét jól mutatják történelmünkben az ellenreformáció véres küzdelmei, amikor az egyház egy utolsó rohamra indult hatalmi pozíciójának megtartásáért. A szülő – ahogy az egyház sem – nem nyerhet, csak egyet tehet: csendben teszi a dolgát és bízik abban, hogy egy nap gyermeke visszatalál az általa képviselt értékekhez. Önként fel kell adnia hatalmát azért, hogy ne égesse fel a kapcsolatot, és egy nap gyermeke hazatalálhasson azokhoz a valós értékekhez, amelyeket a család és az erény jelentenek.

Az egyén saját útjának keresése soha nem látott gazdagságot hozott el a gondolkodásban. Ez a vállalkozói kiteljesedés találmányokhoz, ipari forradalomhoz, és a tőkés társadalom létrejöttéhez vezetett, amely ma is áthatja életünket. Az ősközösségi törzsek (alapcsakra) előbb családra (szakrális csakra), ebben a korban viszont individuumokra estek szét. Létezik ugyan a család, de tagjai alig találkoznak. A gyermekek az iskolában vannak, a szülők naphosszat dolgoznak. Öntudatlan és őrült lüktetés mindenhol. Mindig mindenki fáradt és túlterhelt. Mindent áthat az önzés és az egyéni érdek. Semmi nem elég jó. Mindenki folyton mindent jobban tud, folyamatosak az internetes bíráló és kritizáló állásfoglalások. Alig érhető tetten a pozitív életszemlélet. A verseny és az összehasonlítás az alapja mindennek. A korszak jelmondata: „nem számít igazán, hogy mennyi gazdagság jut nekem, csak az, hogy másnak vajon még több jut-e". Igen, sajnos az emberiség jóléti társadalmai fejlődésük kamaszkorában vannak jelenleg is, amely jellege természetes, elkerülhetetlen, és végpontjához közeleg.

Akarjuk tudni, hogy mi várható? Mi fog következni? Ehhez nincs más teendőnk, mint figyeljük meg testünk működését, az élet korszakainak sajátosságait. Fogadjuk el, hogy nem mi irányítunk. Az emberiség halad a ciklusainak elkerülhetetlen útján rendíthetetlenül.

Az élet negyedik korszaka a szívcsakra, és a szeretetről szól. A jó hír, hogy az emberiség legszebb időszaka közeleg. A rossz az, hogy ahhoz, hogy eljussunk ide, egy világméretű katasztrófán kell, hogy átessünk. Nem tudni, hogy ez a háború, a migráció, a vírus, a természeti katasztrófa vagy az éhezés lesz-e, esetleg mind egyszerre. Talán nem is lényeges. A fő, hogy lesznek áldozatai, de szerencsére túlélői is, és az emberiség ebből a fájdalomból merítve visszatalál majd a szeretethez. Mikor félünk gyermeket szülni erre a világra, jusson ez is eszünkbe.

Kíváncsiak vagyunk, hogy mi lesz azután? Olvastuk Az ember tragédiáját? Madách Imre fantasztikus, számomra a magyar Verne Gyula. Ahogy Verne Gyula olyan, még nem létező eszközöket jelenített meg könyveiben, amelyeket később feltaláltak, úgy Madách Imre még olyan meg nem tapasztalt korokról írt, amelyek szerintem bizonyosan következnek. Legyünk rá nagyon büszkék, és forgassuk könyvét úgy, mint nem pusztán a magyarság, hanem az emberiség egyik legmeghatározóbb alkotását.

Emlékszünk művében a tizenkettedik színre, a falanszterre? Hiszem, hogy ahogy az emberiség kezd kifogyni az erőforrásaiból, létrejönnek majd a mérnöktársadalmak. Az üvegházhatás eredményezte óriási sugárzás miatt már nem töltünk időt a szabadban. Mindent áthat a tudomány, és semmi egyéb nem számít. Az érzelemmentes, tudás-használta túlélés az egyetlen, ami számít. Itt már átsodródtunk a testi örömökről (alsó csakrák) a gondolatok (felső csakrák) tartományába. Komoly kihívást jelent a korábbi életünk feladása, az öregkori, beteges életünk elfogadása (hatodik csakra), és a remény megtalálása (hetedik csakra) az elkerülhetetlen pusztulásban.

Kérlek, ne aggódjunk! Nem lesz ezzel vége semminek. Az emberiség újrakezdi életét egy nap, és végigmegy ugyanezen a pályán újra és újra. Számomra mindig megdöbbentő az a hibásnak vélt feltételezés, hogy ami időben korábban van, az bizonyosan „fejletlenebb" is. Nem lehetséges, hogy ez a tévedés az oka annak, hogy nem értjük, hogyan volt lehetséges a múlt számtalan, megmagyarázhatatlan építménye és azok valós céljai és szerepei? Elképzelhetetlen, hogy nálunk már fejlettebb kultúrák (későbbi ciklusok) letűnt idejéből valók? Megdöbbennénk, ha kiderülne, hogy némelyek sokkal korábbiak is, mint gondolnánk?

Itt érünk vissza a könyv elején található, számoknál levont következtetéshez: ami épül, az egy nap pusztul is. A számok ciklusai és körforgása, a természet évszakai, a nappalok és az éjszakák, a bennünk áramló energia, az életünk szakaszai és az emberiség korszakai mind ugyanannak a végtelen körforgásnak az időszakos megtestesülései, amelyek elkerülhetetlenek. Ez az Univerzum törvénye. Feltehetjük a kérdést, hogy akkor mi az egész értelme?

Szerintem nem lehet más, mint a tanulás: „a kilences visszatekint…"

A 6. vers címe:

Az időhöz

Te voltál az első itt,
s te vagy az élet vászna,
mind rád festjük sorsunk, s
tiéd a pusztulás gyásza.

Nem kötődsz már semmihez,
felejted a dicső tettet,
csak rohansz előre, hisz'
mindenkidet elvesztetted.

Te aztán tudod jól, hogy
a múlt egy dögevő sakál,
mi felzabálja jelenünk,
az emlék a mostban halál.

Érzéketlen lennél talán,
aki a szenvedésre vak,
a te büntetésed érte,
hogy örökké egyedül vagy.

Nagyon fáradt lehetsz már,
nem tudhatom, hogy mi hajszol,
lehet csendes, néma minden,
de te fent vagy, sosem alszol.

Nem tudom, hogy velem vagy-e,
jóbarát vagy ellenség,
egyik kezed elvesz mindent,
másik gazdag eleség.

Ha nem lennél, minden mindegy,
szombatnak hívják vagy keddnek,
az örök sóvárogja létünket,
hát odafenn irigykednek.

Hogy feláldozhatjuk magunkat,
mi, akik az álmaik hordárai,
nélküled súlytalan minden,
kezedben az emberek oltárai.

Ott vagy mindig mindenhol,
tartod a gyertyát szótlan,
vonzódom hozzád, Anyám, hisz'
te tudsz legtöbbet rólam.

Lehet, hogy itt vagy közel,
a táv karnyújtásnyira nagy,
fogócskázunk veled, de
mindünknél gyorsabb vagy.

Fuss! Kérlek, rohanj!
Űzünk! Sose állj az úton meg!
Az értelem veled pusztulna,
féltelek, hát nem nyugszom meg.

Az ember folyton fejlődik,
mindenen keresztülgázol,
hogy egy nap Isten legyen,
egyedül csak te hiányzol...

Tresch Attila, 2020.05.31

V. A test (Éva)

Gondolom, a többségünk azon a véleményen van, hogy köztünk és a saját testünk között nincsen semmiféle elkülönülés: a testem én vagyok, és kész.

Hadd kérdezzek párat!

- Meg tudjuk parancsolni magunknak, hogy ne fájjon a fogunk, hasunk, fejünk?
- Hogy ne legyünk másnaposak?
- Hogy ne recsegjen és ropogjon a térdünk?
- Hogy ne nőjön a körmünk, a hajunk, és ne kelljen borotválkozni újra és újra?
- Hogy ne legyünk allergiásak?
- Hogy ne izzadjunk?
- Hogy ne legyünk fásultak?
- Hogy ne álmosodjunk el?
- Hogy ne tüsszentsünk?
- Hogy ne őszüljünk meg? És főként, hogy ne öregedjünk meg?

A válasz mindegyik esetben: nem, sajnos nem tudjuk.

Elég nyilvánvaló akkor, hogy sokkal inkább bérlői vagyunk ennek a háznak, és nem maga a ház vagyunk. Ha utóbbi lenne, képesek lennénk parancsolni neki, de sajnos vagy szerencsére – mindenki döntse el, hogy melyik – nem tudunk.

Ha túlterheljük magunkat, egy darabig tűr valaki odabent, majd egy nap leszabályoz minket és azt mondja: „állj!". Még szerencse. Különben mi lenne ezzel a világgal? Egyszer csak hirtelen, minden előjel nélkül összeesnénk. Ismerve az emberi önfegyelmet, bizonyos, hogy ez történne. Szerencsére ilyenkor valaki akaratunk ellenére ágyba dönt minket, hogy pihenjünk egy kicsit, és visszanyerjük erőnket és egyensúlyunkat.

Nos, hogyan nevezzük azt a valakit, aki ilyenkor felülbírál minket, és helyettünk és felettünk dönt?

Olyan is van, amikor energiát tartalékolunk egy jövőbeli kihívásra. Érezzük, hogy kérünk valakit, hogy tegyen félre egy kis erőforrást, és mozgósítsa akkor, amikor a nagy pillanat eljön.

Versenyszerűen sportoltam és gyakran éreztem, hogy az erőnléti edzés napjain már reggel elindult bennem ez a folyamat, hogy délutánra készen álljak a fárasztó megmérettetésre. Kit kérünk ilyenkor? Magunkat? Ennek lenne értelme, ha teljes lenne az egyezés?

A kérdésekre a válasz elég nyilvánvaló: a testünk az, ami mindezt teszi velünk. A testünk, ami részben azonos is az énnel, részben el is különül tőle.

Olyanok vagyunk, mint egy repülőgép és egy robotpilóta. Egyik sem tud szárnyalni a másik nélkül. Csak a mi esetünkben a robotpilóta általában valahogy „szentül" hiszi, hogy ő maga a repülőgép is. Óriási tévedés.

Emberi jelenség, hogy amit már birtoklunk, azt természetesnek vesszük, figyelmünk egyáltalán nem irányul rá. Egészen addig, ameddig fel nem merül, hogy elveszíthetjük. Akkor elképesztően nagyot fordul a világ, mert sokkal nehezebben viseljük bárminek a hiányát, mint az újdonságról való lemondást. Mit gondolunk, értékeljük-e saját testünket igazán?

Képzeljük el, hogy szellemek vagyunk, nincs tehát testünk. Régóta bolyongunk ebben a nagyvilágban, de semmit nem tudunk megérinteni, semmin nem tudunk változtatni. Egy partira tévedünk, ahova éppen megérkeznek a csinosan felöltözött vendégek. Férfiak elegáns ingben és nyakkendőben, a hölgyek csodálatosan „megkomponált" frizurákkal, szépen sminkelve és kirúzsozva. Gazdagon terített asztalhoz ülnek és beszélgetni kezdenek, közben rengeteget nevetnek. Mi játszódna le bennünk, ha az egyik pillanatban meglátnánk a saját testünket, aki szintén éppen megérkezik erre az estélyre? Mit vennénk észre magunkon? Vajon azt, amit nem szeretünk, vagy mindazt, ami szép és értékes? Biztos vagyok benne, hogy az utóbbit. Furcsa érzés lenne, picit olyan, mintha udvarolnánk. A testünk közelébe akarnánk férkőzni mindenáron. Látni, érezni, közelről a szemébe nézni, és megszólítani. Tudnunk kellene, hogy mi is hiányzunk neki, hiszen hozzánk tartozik. Összeomlanánk, ha nem kapnánk meg a figyelmét.

Nos, megkapjuk. Mindennap, minden pillanatban.

Végiggondoltuk már, hogy hány nyelven beszél hozzánk?

Ásítunk, tüsszentünk, köhögünk, sápadunk vagy éppen elpirulunk, fázunk vagy izzadunk. Néha szúr, vagy éppen lüktet, dobog vagy éget. Ropog vagy kattog. Merev, feszes vagy puha. Rugalmas vagy száraz. A felsorolás végeláthatatlan.

Jelenleg a Föld lakossága 8 milliárd fő körüli. Nem különleges, hogy mindannyiunk testhőmérséklete – ha egészségesek vagyunk – belefér egy 1-1,5 fokos tartományba? Mégis milyen intenzitású testi üzenetnek tekinthető akkor az, amikor a szervezetünk egy mondjuk három fokos testhőmérséklet-emelkedést produkál? Nem olyan, mintha megszólalna egy végtelenül hangos sziréna, amely jelezné, hogy baj van, tessék pihenni? Többségünk mégis – ha nem vagyunk elviselhetetlenül rosszul – teszi a dolgát változatlanul, mintha semmi sem történt volna. Az idegen gépek bombáznak, mindenhol harc és küzdelem, láz és gyulladás, és mi csak folytatjuk a napi rutin tevékenységeinket rendíthetetlenül. Látszólagos érzéketlenségünk, tipikus reakciónk megdöbbentő.

Magunkban bízunk ilyenkor, vagy benne, hogy megoldja, ahogy eddig is mindig? Miért nem segítünk neki? Miért nem figyelünk rá jobban?

Lássuk be, hogy egy csoda ő, amely képes gyógyulni. Egyszerre érezzük őt egy gondoskodó anyának és egy nagy tanítómesternek.

A test egy anya, aki csendben végzi a dolgát. Támogat bennünket mindenben, és általában nem szól egy hangos szót sem. Főként női értékeket képvisel. Egyáltalán nem kényes, kitart, ameddig csak bír. Rendkívül hálás, és nagyra értékeli, ha törődünk vele. Minden apró figyelmünket ezerszeresen adja vissza.

A test másik fontos tulajdonsága ugyanakkor, hogy az élet legnagyobb és talán egyetlen tanítómestere, mert képes fájni. Igen, a fájdalom nélkül talán semmi nem számítana nekünk. Nem lenne egyensúly, nem lenne az örömnek ellenpólusa. Vajon képesek lennénk-e gondolkodni, mérlegelni, döntéseket hozni, ha soha semminek nem lennének, vagy lehetnének negatív következményei? A félelem és a fájdalom a tanáraink, akiknek már képesek vagyunk meghallani a szavait. Mivel a félelem is a fájdalom lehetőségével van kapcsolatban, ezért gyakorlatilag egyetlen tanárunk van két alakban.

Végül a test amellett, hogy anya és a tanárunk, egyben egy aggódó gyermek is. Jól tudja, hogy pusztulhat, nem úgy, mint a tudat és a lélek. A test öregszik és vele együtt hanyatlik, és egy nap képtelen lesz ellátni korábbi feladatait. A tudat és a lélek kortalan, és képes folyamatosan fejlődni. Nem csoda, hogy a három „én" (test, tudat és lélek) egész másképp látja a világot. Belső párbeszédük heves és hosszúra nyúló vitái a testben csapódnak le, félelmet és fájdalmat okozva benne. Egy darabig képes gyógyulni, de csak akkor lehet ez tartós, ha meghalljuk szavát és segítünk neki. Különben betegségre ítéljük magunkat.

Kérem a kedves olvasót, hogy tanuljunk meg jobban odafigyelni őrá, mert megérdemli. Az emberi test a legtökéletesebb útitárs, hogy tanulhassunk és fejlődjünk. Ha picit is úgy vigyáznánk rá, ahogy ő ránk, megéreznénk rezdüléseit, simogatnánk, óvnánk, ez az „apróság" is hatalmas változást eredményezne életünkben. Keljünk fel úgy minden reggel, hogy köszönünk neki, és megkérdezzük tőle: „hogy vagy?". Fejben repüljünk végig felette, mint egy hatalmas birodalmon és kérdezzük meg tájait, hogy minden rendben van-e? Higgyük el, válaszolni fog. Ha egy tárgyaláson vagyunk, és nem minden úgy alakul, ahogy szeretnénk, érezni fogjuk jelzéseit, ahogy a nyakunk feszülni kezd. Vegyünk ilyenkor pár nagy levegőt, érezzük, ahogy a feszültség csökken, és köszönjük meg neki, hogy őrt áll annak a birodalomnak a kapujában, amelyet egészségnek nevezünk. Kívánom, hogy a kifelé fordulás helyett találjunk végre haza, arra a földre, ahova tartozunk.

Van a fürdőszobánkban egy hatalmas tükör. Néhány naponta elé állok, és a saját szemembe nézek hosszasan, de úgy, mintha az előttem álló valaki egy másik lény lenne. Annak életérzése jár át ilyenkor, hogy tudom, hogy én vagyok, ahogy azt is, ahogy az illető egyben másvalaki is. Ezekben a pillanatokban nagyon kellemes érzés futkos a hátamon. Olyan, mint amikor pozitív katarzist élünk át. Hihetetlenül intenzív és megható tényleg látni magunkat a fényben. A kölcsönösen egymásra irányuló tekintet olyan, mintha két ismerős szorosan megölelné egymást. Tudom, hogy az a másik valaki is néz engem. Ez a fajta meghitt egymásra találás csak egyetlen dologból táplálkozhat: hogy ott ragyog közöttünk a hála, hogy vagyunk egymásnak...

A kis bolygóm

Álmodom egy bolygóról,
melyet bejár egy vágy és én,
hogy kifejezzem hálámat,
hát elindul a sarki fény:

Barna, fényes fenyőerdő,
e kies tajgának nyája,
göndör lankáit fedi
e tájék hókoronája.

A legkeményebb hely van erre,
a vidéken páncélban fekszik,
a hidegben is meztelen,
hatalmas, kopár fennsík.

Mellette egy páros,
olykor könnyező tó,
vízesése oly tiszta,
látványa mámorító.

Mindig csak táplál,
belőle nő minden virág,
s benne tükröződik
az egész világ.

A szomszédját itatja,
e hely érzéseket terem,
ráncos iker szántóföldjén
minden nyom emlék nekem.

Közte büszke barlang,
párás, szeles, de meleg,
elsőként jelzi zászlóin
ha a mindenségem beteg.

Délre titkos cseppkőbarlang,
dolgos, mint a hangya,
finom gondolatát szövi,
ő a környék visszhangja.

Benne folyvást vágyakozó,
forró, vörös „szőnyeg",
érintése gyönyört hoz
mind asszonynak és nőnek.

E táj egy-egy szélén lapul,
hol sosincs csend, ez törvény,
két kíváncsian fodrozódó,
cimpás, morajló örvény.

E hideg északi földről
létezik délnek átjáró,
kitárja ösvényét előttem,
csábít egy tápláló hágó.

Átérve kitárul előttem
valami sugárzó zöld,
hatalmas, lüktető rét,
nagy, lélegző alföld.

Két oszlop áll rajta,
mik bájának jegyei,
tündökölnek rajta, mint
gyönyörnek tanúhegyei.

Mögötte egy vad vidék,
edzett gránit egység,
bordázott gerincekkel
magasodik egy lánchegység.

Kettő között lombos dombok,
hajladoznak ágaim,
alkotnak és integetnek,
s teljesítik álmaim.

Tovább folytatva utamat,
már a forró égöv alatt,
izmos homokdűnéken sistereg
egy örökkön korgó sivatag.

Benne egy kiapadt árok,
e kráter tele csönddel,
ám most is összebújik
lágyan az anyafölddel.

Az egyenlítőhöz érve
sűrű őserdő tárul elém,
az élet forrása ered itt,
mely násztáncát küldi felém.

A legnagyobb övezet jön,
partja homokos porcelán,
egy-egy eveződ e folyton
vándorló, hullámzó óceán.

Alatta bujkál a mélyben,
titkaiból nem lehet elég,
csak kevesen érinthetik,
üledékes tengerfenék.

Zord, kemény küzdelem helye,
átérve a nagy vízen túlra,
dagadt, sarkvidéki szikla,
kékes, eres, hideg tundra.

Végül tízágú, karmos gleccser,
köztük nagyon szűk fjord,
zsibbadt, ropogós hómező,
a szél lábnyomokat hord.

Az utam végéhez értem,
meghatódva térdre estem,
könnyek köszönik ez otthont,
mit te nyújtasz, én testem...

Tresch Attila, 2020.11.30.

V. 1. Test – 1. csakra – föld és mozgás

A sport

Mindannyian ismerjük a híres görög gondolatot: „ép testben ép lélek". Szerintem nem nagyon van olyan a Földön, aki ezt vitatná. Veszekedünk a táplálkozással kapcsolatban, hogy a vegetáriánus étrend vagy éppen a paleo-e az egészségesebb. Másként gondoljuk, hogy este mikor célszerű lefeküdni, különböző zenéket hallgatunk. Eltérőek a nézetek szinte az élet minden területén, mégis, a mozgással kapcsolatban felemelő az egyetértés. A különbség sokkal inkább csak abban mutatkozik meg, hogy valaki közülünk képes-e elindulni és szorgalmasan csinálni, vagy sem. Nem különös mindez? Mintha minden ember felismerte volna, hogy a testi egészség hatalmas és erős talapzata a sport. Ha a Tűzszekerek című 1981-es filmet nézem, mindig meghatódom és átjár a katarzis. Úgy érzem, az üzenet időtlen: a földanya szeretete ott dobog mindannyiunkban, érezzük a közelségét, halljuk hívó szavát, amely mozgásra szólít bennünket.

Szerencsére olyan családba születtem, amelyet áthatott a sport. Apu NB1-es labdarúgó volt Komlón egy olyan időben, amikor még Albert Flóriánok „szaladgáltak" a gyönyörű gyepen. Apu délelőtt és délután edzésekre járt, de rengeteg szabadideje volt, amelyet velünk töltött a friss levegőn. Folyton játszottunk hármasban, vele és bátyámmal. Ha apu éppen nem ért rá, kiváló társaságot nyújtott a lakótelepi környezet a rengeteg focizni vágyó haverral és jóbaráttal. Az időszakot áthatotta egy önfeledt szabadság és öröm, illetve a folyamatos versengés egymás között. Napokat töltöttünk odalent, melegítőfelsők képezte kapuk közt rohangálva, alkalmi, lankás és hepehupás pályákon. Néha félórákat veszekedtünk, hogy ki hozzon le pumpát, vizet, vagy éppen valami harapnivalót. Tökéletes volt minden, egyensúlyban éltünk a természettel. Ha elutaztunk nyaralni, nekem akkor is mindig ott volt a testvérem. Sosem voltam egyedül. A folyamatos játék tette ki az életem minden cseppjét.

Hét éves voltam, amikor apu belépett a fürdőszobába és a következőt kérdezte: „Holnaptól fociedzéseket fogok tartani általános iskolás felsősöknek. Lenne kedved hozzá?" Azonnal igent mondtam. Furcsa, hogy miért maradt meg ez az emlék ennyire mélyen a gyermekkoromból, de most is vissza tudom idézni. Elkezdődtek hát a tréningek, és imádtam. Ugyan én voltam a legkisebb, de nem zavart, hogy mindenki sokkal magasabb, erősebb, gyorsabb és okosabb volt nálam. Az edzések végén, ha a két, az adott alkalomra kijelölt csapatkapitány választott magának, mindig én maradtam utoljára. Ha páratlanul voltunk, csak annyit mondtak: „állj oda!". Nem bántott a dolog. Csúsztam-másztam, hogy fejlődjek. Ha a foglalkozásnak vége volt, általában elsírtam magamat. Nagyon nehezen dolgoztam fel, hogy mondjuk kedd estétől várjak csütörtök délutánig az újabb edzésre. Úgy éreztem, mégis mi értelme lenne az életnek addig? A mozgás örömével keltem és feküdtem. Az iskolában a futballról ábrándoztam. Ha megkérdezték, hogy „mi leszel, ha nagy leszel?", természetesen azt feleltem, hogy focista.

Tizennégy éves lettem, amikor apu elvállalta egy felnőtt csapat irányítását. Új edzőm lett, Lajos bá'. A váltás jókor történt, mert ez az az életkor, amikor a testnek új kihívásokra van szüksége. A játékosságot fel kell, hogy váltsa az erőnléti terhelés és a munka. Szerencsénkre Lajos bá' ebben kiemelkedően jó volt. Tanulmányozta a német és a holland edzésmódszereket, a korosztályos „világszint"-elvárásokat, és a mércénket is ide tette. Egy milliméterrel se lejjebb. A csapat, akivel nekivágtam ennek az új kihívásnak, egy nagyon jó, baráti társaság volt. Folyton ugrattuk egymást, de aki sportolt, az tudja, hogy a fiúknál az öltözőben és a pályán ez a kötelező beszélt nyelv. Egy rendkívül összetartó közösség voltunk.

A legelején Lajos bá' összehívott minket és pontosan emlékszem, hogy mit mondott akkor nekünk. „Fiúk! Ebben az életkorban négy dologra szánhatjátok rá az időt: iskola, sport, lányok és a pihenés. Sajnos ebből csak kettőre lesz időtök, hogy azt szívvel-lélekkel csináljátok. Akkor induljunk el együtt ezen a közös úton, ha vállaljátok, hogy a tanulás és a sport lesz ez a kettő." Mi felvállaltuk ezt a nem kis próbatételt. Szerintem nagyon jó döntés hoztunk, amely meghatározó volt egész eddigi életemben.

Megkezdődött hát a munka, és nem is akármilyen. Két héttel a nyári szünet kezdete után elindult az alapozás. Napi két edzés, reggel kilenctől tizenkettőig, és délután háromtól hatig. Igen, három-három óra, egyetlen perccel sem rövidebb. Mindez salakon, 40 fokban. Árnyék sehol. Mivel csak az edzések végén ihattunk, ezért a legelején – egyfajta közös szertartásként – együtt helyeztük el a kapuk mögött az ötliteres, teletöltött demizsonokat. Sok különböző fajta gyakorlatot végeztünk. Többségük labdás, de nagyon sokat futottunk labda nélkül is. Itt találkoztunk először az intervallumos mozgással, amikor száz, kétszáz vagy négyszáz métereket kellett futni iramban, amelyeket száz méteres kocogó szakaszok követtek. Még most is álmodom Lajos bá'-val, amikor egy stopperrel a nyakában látom, ahogy „finoman" jelzi: „már itt kellene lenned!" Szinte hozzászoktunk a folyamatos izomlázhoz, görcsökhöz, légszomjhoz, fuldokláshoz, száznyolcvanas pulzushoz, szédüléshez és hányingerhez. Mindennapos volt – mintha ők lettek volna a csapat kiegészítő tagjai.

A közös munka végén általános volt az a „levezető", hogy kifussunk Sikondára – a szomszédos településre – és vissza. Ha nagyon siettem, negyvenöt perc alatt tudtam teljesíteni a távot úgy, hogy én a legjobbak közé tartoztam. Nagyon fáradtak voltunk már ilyenkor, de valahogy húztuk, bátorítottuk egymást. Egyedül messze nem lettem volna erre képes, de csapatban igen. Amikor Lajos bá' jelezte, hogy az edzésnek vége, hatalmas üdvrivalgás keretében rohantunk a vizespalackok felé. Mindenki mosolygott és önfeledten boldog volt, miközben ittunk és egymást locsoltuk – pont úgy, ahogy a Forma–1-es versenyek végén a győztesek.

Az elvégzett munka hatalmas volt minden egyes napon. Ha valaki lesérült, meghúzódott valamije, könnyített edzést végezhetett, ami napi kétszer tizenkét kilométer kocogást jelentett (30-30 kör). Az alapozásnak vége lett, de nem csökkent az elvégzett munka később sem. Sokkal inkább szép lassan hozzászoktunk. Lábaink elkezdtek rendkívüli mértékben izmosodni, és elindult a győzelmi szériánk. Innentől fogva nagyon ritka volt, hogy kikaptunk akárkitől is. Egy kisváros körülbelül húsz fős csapata egy hollywoodi sikertörténetet írt. A csapatban szinte mindenki megyeválogatott lett, és Gábor barátomat és engem behívtak az országos ifjúsági válogatottba is.

A valódi eredményei a munkánknak azonban nem oklevelekben és serlegekben, vagy elnyert címekben mérhetőek. Barátokat és gyönyörű emlékeket kaptunk, amelyek sokkal értékesebbek. Végül mind ezek felett kaptunk még egy hatalmas ajándékot is: az önmagunkba vetett hitet, mert megtanultuk, hogy jöhet bármilyen kihívás, mi meg fogjuk állni a helyünket.

A sport egy olyan szobába ad beengedést, amelyben az önbizalom, a humor, a fegyelem és a szorgalom lakik. Ha valaki sokat lakik egy ilyen szobában ezekkel a lakótársakkal, akkor hiába jön ki egy nap onnan, magával viszi őket egy életen át...

A futás öröme – szaladni a széllel

A probléma folyton mögötted fut,
s álmait mindenki maga előtt tolja,
hogy múlttól és jövőtől szabadulj,
önmagad rab gondolata gátolja.

Kijöttem hozzád, természet,
hogy gyógyítsam, miket tettem,
itt találom csak meg,
miket benn elvesztettem.

Ki ide kimerészkedik,
az mindig nagyon bátor,
szemben önmagával áll
egy harcos gladiátor.

Elindul a kétes küzdelem,
a test nekifeszül a póráznak,
ami visszaránt minket a földre,
s porzó lábnyomok cikáznak.

Kint napsütötte, fényes,
de bent viharlik, dörög,
„megálljak vagy folytassam?"
izzó gőzmozdony dübörög.

Torkán orkán morajlik,
s izmokat látni remegőt,
tested fuldoklik, küszköd,
de lelked így kap levegőt.

S ha kiállod a próbát,
eljő a fényes virradat,
rátalálsz, mi tényleg fontos:
hogy veled szalad a pillanat.

S ahogy kint süvít a zaj,
belül szalad az „én",
csak ekkor halljuk tisztán
mi a lét, cél és erény.

S megszűnik a gyötrelem,
mintha álmodnál, csak ébren,
megölöd az önzésedet,
ahogy feloldódsz a létben.

S ilyenkor végre rájössz,
hogy te magad vagy a szél,
mely kibontja gyűrött vitorláit,
és önmagát hajtja, míg él.

S hogy te vagy a víz is, mire
előbújnak rejtekükből a cseppek,
hisznek már benned és ünneplik
győzelmed, s hogy megszülettek.

S ekkor mindenhol rajtad
gőzölgő tábortüzet ülnek,
ragyognak rád, s a fájdalmak
belső fénnyé szelídülnek.

Az anyaföldön állsz,
rajtad színpompás lepel,
ölel téged és áld,
a lélek hálásan térdepel.

S ekkor megérted végre,
hogy miért hajt ki ide a vad,
hogy visszakapjad ezt újra,
s belélegezzed önmagad...

Tresch Attila, 2019.03.31.

A tánc

Életünkre kiemelkedő hatással van a tánc. Ha azt mondjuk, hogy „bulizzunk egy jót", akkor ennek a kijelentésnek mindenképpen a része, sőt leginkább a többfogásos este desszertje. Szépen felöltözünk, majd találkozunk valahol. Megvacsorázunk, közben jókat beszélgetünk, nevetgélünk, a gátlások oldására iszogatunk. Ha mindezek után hazamegyünk, mondhatjuk, hogy nagyon szép esténk volt, de valahogy érezzük, hogy nem volt teljes. Össze sem hasonlítható egy olyan élménnyel, mint amikor táncolunk egy hatalmasat a végén.

Úgy vélem, a tánc az első és a második csakra határvonalán húzódik meg. Úgy is mondhatnám, hogy a mozgás és az udvarlás, a szenvedély és az erotika közös területein. A föld és a víz elem kapcsolódik hozzá. Egy olyan testi ünnepről beszélünk, amikor a kemény, szilárd és merev lazává, rugalmassá, könnyeddé és folyékonnyá válik, miközben megőrzi határtalan erejét és dinamikáját. Igen, a tánc ennek az átalakulásnak az ünnepe. A táncok két nagy kategóriája is szépen visszatükrözi mindezt. Ott vannak a merev tartást is magukban hordozó, eleganciát sugárzó sztenderd táncok, úgymint az angol keringő, tangó, bécsi keringő, slowfox és quickstep. A másik halmazt képezik – persze sok más mellett – a rendkívüli csípőmozgásukról híres, latinos temperamentumú csacsacsa, szamba, rumba, paso doble és jive.

Szerencsére az életemben a foci mellett a tánccal is kapcsolatba kerültem közelebbről – igaz, csak meglehetősen rövid ideig. Tizenöt éves voltam, elsős gimnazista, amikor megláttam egy hirdetést az iskola falitáblájára kifüggesztve. Szeptember volt, új környezet és barátok, gyönyörű lányok, és hatalmas lelkesedés égett bennem, amelyet a kamaszkor lüktető szenvedélye táplált.

A hirdetésben kezdő latin-amerikai és lambada tánctanfolyamra kerestek jelentkezőket. Ahogy megláttam, azonnal tudtam, hogy én erre megyek, mert nagyon érdekelt a dolog. Egy évvel korábban, még nyolcadikban, elvégeztem egy alapfokú sztenderdtánc-tanfolyamot, és azt is nagyon szerettem. Megdöbbenésemre, amint tájékoztattam a részvételi szándékomról a haverjaimat, azonnal mondták, hogy jönnek ők is. Persze megtudták – szerencsére – a lányok is az osztályból, és ők is lelkesen csatlakoztak a tanulni kívánó nagyközönséghez.

Hétfőn este voltak a gyakorló esték, azon a napon, amikor nem voltak edzéseim. A helyszín a komlói úttörőház volt. Mivel a lányok valamivel többen voltak, ezért az első alkalommal folyamatos partnercsere volt. A fiúk negyedóránként egymás mögött kezdtek el masírozni körben a teremben, és az lett az új „társuk", akivel szemben álltak, amikor a tanárunk megálljt parancsolt. Én így találkoztam az első szerelmemmel, Rékával.

Számomra elég felfoghatatlan, hogyan lehetséges, hogy amint Réka lett a partnerem, megszűntek a partnercserék, és állandósultak az akkori párok. Sokszor volt már ilyen látszólag megmagyarázhatatlan élményem, amikor azt érzékeltem, mintha a teljes Univerzum támogatná, vagy éppen gátolná bizonyos dolgok megtörténését. Ekkor még támogatott minket...

Most is emlékszem, ahogy az első néhány perces közös tánc után Réka nézett rám. Ragyogott. Nagyon jólesett bimbózó férfiönbizalmamnak ez az áhítatos tekintet. Bátorítására – és a tánc együttes hatására – teljesen feloldódtam és ellazultam. Elkezdtem mondani neki azt a rengeteg hülyeséget, ami úgy általában eszembe szokott jutni, és hallottam, amint jókat mosolyog a poénokon. Sodródtunk egymás felé, már-már megállíthatatlanul. Végül is hova menekülhet két vonzó fiatal, miközben egymás kezét fogja, egymás szemébe néznek, mosolyognak, olykor elpirulnak, és mindezt áthatja a zene, amely megszüntet minden lázadást, és harmóniába szervez minden ellenállást?

Teltek-múltak a hetek, és mi csodálatosan éreztük magunkat. Gyakoroltuk a rumbát, a mambót, a csacsacsát, a szambát, és az utolsó órákon lambadáztunk is. Közeledtünk a záróakkordhoz, a tanfolyamot záró koszorúcskához, amely során a szülőknek mutattuk meg az újonnan megszerzett tudásunkat. Sokat izgultunk előtte, ám ez a teljesítményünkön egyáltalán nem látszott. Nagyon jól sikerült, ráadásul a végén tartott két táncversenyből – általános latin és lambada – Rékával mind a kettőt megnyertük. Hihetetlen élmény volt, egy nagyon boldog és emlékezetes este számomra. Még nyereményt is kaptunk: a Kaoma együttestől egy Lambada-kazettát, és egy rózsaszín lambada-szoknyát.

Véget értek a gyakorló órák, szélhullott az a keret, amely öszszetartott minket Rékával, hát megkezdődött az a kamaszkori bénázás, amelyben én valószínűleg szintén különösen jó lehettem. Mivel osztálytársak voltunk és a szünetekben nem lehettünk bent a magyarteremben, ezért én mindig a sor elejére álltam, ő pedig a végére. Így, amikor bementünk az órára, én már a helyemről figyelhettem, ahogy Réka jön be, és zavartalanul egymásra nézhettünk. Milyen szép a szerelem! Titkolóztunk, bár most már úgy vélem, hogy egymás iránti vonzódásunk az osztályban teljesen nyilvánvaló lehetett mindenkinek.

Egy nap levelet találtam az iskolatáskámban. Kézzel készített boríték, és Réka kézírása. Ezzel egy nagyon romantikus és izgalmas fejezet kezdődött az életünkben. Általában az edzésekről este hatra értem haza, kilencig tanultam, utána „lenyomtam" tízszer húsz fekvőtámaszt, majd fél tíz felé – közvetlenül az elájulás előtt – nekiálltam én is borítékot készíteni és válaszlevelet írni. Ha egy fiú vagy lány szerelmes, nem lehet sok semmilyen áldozat. A titkos csereberék lebonyolításához jól jöttek a tévében látható krimik, illetve a nagyon készséges fegyverhordozóink (Orsi és Jani). Végtelenül ellentmondásos és bájos korszak ez, ahogy megéljük az érzelmeinket ebben az életszakaszban. A test látszólagos mozdulatlansága találkozik a belülről azt ostromló vad hullámokkal, amelyek kiöntenek a partra, majd visszahú-zódnak, és kezdik elölről újra és újra rendületlenül.

Eljött a május. Réka jelezte, hogy a jazzbalett csoporttal kimegy Olaszországba egy bemutatóra, és szeretne egy különös levéllel megajándékozni engem. Annyi kérése volt, hogy mindenképpen akkor nyissam ki, amikor már elutazott. Mind a ketten pontosan tudtuk, hogy mit jelent mindez. Végre kimondjuk, vagy inkább leírjuk egymásnak azt a bűvős szót, hogy „szeretlek". Én is elkészítettem azt a bizonyos vallomást.

Réka elutazott. Alig bírtam ki, hogy várjak a hét közepéig és betartsam, amit megígértem. Márpedig ha én megígérek valamit, azt betartom. Ezt jól megtanultam a sportból. Kinyitottam a levelet, és az volt benne, amit reméltem. Szerelmeslevél volt. Elviselhetetlenül sokáig tartottak a következő napok. Nem volt még mobiltelefon, nem tudtunk beszélni. Sóvárogtam arra a bizonyos első csókra, amit vagy százezerszer elképzeltem. Eljött a hétfő, tudtam, hogy végre találkozunk, és fantasztikus lesz együtt. Lesz barátnőm – az első. Mivel ő haladó angolos volt, én meg kezdő, csak a második órán találkozhattunk. Rohantam hozzá, megpillantottam, és belém hasított valami. Rögtön tudtam, hogy hatalmas nagy baj van. Leszegett fejjel elsétált mellettem egy másik fiúhoz, akivel összejött Olaszországban...

Összetörtem. Nem sírtam, nem volt bennem harag (most sincs), csak végtelen üresség éveken át...

A 9. vers címe:

Öt percben egy életet

Sok jó ember boldogan
a parketten zenére csörög,
úgy vágyom rád, de félek,
a bánat énvelem ücsörög.

A félhomályban te ott állsz,
mindennél gyönyörűbben, árván,
csak úgy árad belőled a fény,
sötétben tündöklő szivárvány.

Nem bírom már tovább,
bennem háború dúl,
bátorító mosolyodra
a szerelem kiszabadul.

Remegő lábak megindulnak
egymást követve, mint kánon,
döntöttem végre, hogy érted
átkelek az óceánon.

És ott állok előtted,
majd táncba hívlak téged,
elpirulva velem tartasz,
álmodom-e az egészet?

S az első ütemre
a szoknyád lágyan lebben,
finoman hullámzol rajtam,
olvadok a közeledben.

Káprázatosan szép vagy,
reszketve egy bókot adok,
olyan boldog vagyok éppen,
hogy veled táncolhatok.

Szemed egy-egy napkorong,
ez nem lehet véletlen,
ahogy sugaraid hívnak, de
pilla-erdődben eltévedtem.

A vágy és a remény az,
mi hintónknak fogatja,
megőrjítesz, ahogy hajad
a cimpámat cirógatja.

Orcáddal szelíden kérded:
hogyan tovább, merre?
De én tudom, hogy sírni és
ragyogni akarsz egyszerre.

S te rám bízod magad,
ahogy lehunyod a szemed,
sorsod kezembe adva,
s hagyod, hogy vezesselek.

Karomba zuhansz, s közben
suttogod felém álmaid,
boldogan repülsz velem, hát
kibontod angyalszárnyaid.

Követjük egymást könnyedén,
mint két törékeny falevél,
a másik kezét szorítva,
bárhová repítsen a szél.

Félcipő a tűsarokkal
kopogtatja kecses falaid,
a hajlakk- és zseléárban
kinyílnak bonbon-ajkaid.

Lényed egyetlen szikrából
végtelen tüzet ácsol,
ahogy érintesz engem,
emésztő szenvedélyt korbácsol.

Bármit kérhetsz e világon,
mit ne adnék meg, nincsen,
miként nézlek, elvesztem
valamelyik hajtincsben.

Egyszer le, majd fel, s újra,
ahogy vonz a föld és az ég,
testünk és lelkünk együtt hál,
mint buja férj és feleség.

Ahogy vadul pörgünk körbe,
s két szív egymásért dobog,
mintha csak állnánk középen,
s a mennyország nekünk forog.

Nagyon aggódom érted,
oly fontos vagy nekem,
karjaim közt szorítalak,
s te már vágtatsz velem...

Ah, de véget ér a zene,
s megköszönöm a táncot,
visszakísérlek téged, és
sosem felejtjük e románcot.

Akik kívülről látták,
nekik öt perc volt csak ébren,
de nekünk egy életnyi álom,
ahogy ringatóztunk a sötétben...

Tresch Attila, 2019.05.20.

V. 2. Test – 2. csakra – víz és szexualitás

A víz

A második csakra a vese és a nemi szervek területén húzódik, ezért is hívják szexcsakrának. A vízzel, mint őselemmel van kapcsolatban. Egy olyan terület, ahol az anyagátalakulási folyamatban a szilád és merev felszabadul, és előjön börtönéből, ahogy lazává és folyékonnyá válik. Az egyetlen elem, amely mind a három halmazállapotban megtalálható a Földön. Találkozhatunk vele jég, víz és gőz formájában is.

Ha a víz szerepét nézzük, akkor biológiai jelentősége óriási: a földi élet elképzelhetetlen nélküle. A növények és állatok kötődése hozzá többféle típusú lehet. Vannak, akiknek az élőhelye, és vannak olyanok is, amelyek a szaporodás céljából keresik fel, de mindnek szüksége van rá a belső életfunkciók fenntartása miatt. A víz jelentőségét mi sem mutathatná jobban, mint hogy bármely területen közeledünk hozzá, úgy nő a megtalálható fajok száma és a populáció mérete. Az évezredek alatt azok az élőlények maradtak életben, akik jól tudtak gazdálkodni vele, és nem pazarolták. Befolyásolta mindez megjelenésüket, alakjukat, szőrzetüket. Az ember maximum 2-3 napig tud élni nélküle, azaz az egyik legérzékenyebben reagálunk a hiányára (a második legérzékenyebben az oxigén után).

Sajnos a mai világban az emberek – minden más élőlénnyel ellentétben – nem becsülik meg a vizet úgy, ahogy azt ezt megérdemelné. Költség-oldalról közelítjük meg, amely nagyon félrevezethet minket a valós értékének megítélése szempontjából. Emlékszem egy tévében látott beszélgetésre, amikor a növekvő, már közel ötszáz forintos benzinárakkal kapcsolatban mondta egy szakértő, hogy azok továbbra is nagyon alacsonyak. Azzal érvelt, hogy 1 liter benzinnel meg lehet hajtani egy 1,5 tonnás autót tizenöt kilométeren keresztül. Vajon hányan vállalkoznának arra ugyanezen összegért (500 HUF), hogy hegyen-völgyön át eltolják ezt az autót két utassal ugyanilyen távon? A kérdés egyszerre megdöbbentő, de elgondolkoztató is, ugye?

Fordítsuk le a vízre nézve mindezt. Ha az igényeket nézzük, akkor egy nap megiszunk négy liter vizet. Elfolyik a kéz- és fogmosás közben újabb egy liter. Fürdés közben felhasználunk harminc litert, a WC használata során tíz litert, és ugyanennyit mosogatáshoz. A mosógép egy mosás alkalmával felhasznál minimum negyven liter vizet (de akár 80 litert is állítólag). Ha nincsenek állataink, nem locsolunk, akkor is körülbelül 100 liter vízre is szükségünk lehet naponta. Ötfős családban élek, feleségemmel és három gyermekemmel. Havi tizenkét köbméter víz az áltagos fogyasztásunk, azaz négyszáz liter naponta.

Nos, képzeljük el, hogy vízhiány van. Nem jön ki „magától" a csapból, hanem a szabadpiaci verseny szabályozza az árakat, és csak annak jut, aki ki tudja fizetni. Mennyit érne meg nekünk, hogy ne kelljen – mondjuk a tizenöt kilométerre lévő városi víztározóból – a család négyszáz literes napi szükségletét hazacipelni? Ez sem térfogatra, sem súlyra nem igazán fér bele egy személyautóba. Most pár száz forintot fizetünk érte...

Ha ezt nem értjük meg, akkor nem tudjuk igazán becsülni az életünk és boldogságunk fenntartásához szükséges vizet. Közeleg a kor, amikor már nem köbméterben, hanem kortyban fogjuk mérni, és azzal a hálával fogunk letérdelni előtte, ahogy ezt a teljes természet a megszületése óta teszi.

Korábban én is így úgy éltem, ahogy tipikusan a jóléti társadalmak multinacionális vállalathoz bekerült fiataljai és lelkes pályakezdői. Reggel és napközben nem voltam szomjas, hiszen akkor dolgoztam. Nem figyeltem a testem igényeire, csak a tudatom parancsaira, hogy a végeláthatatlan feladataimból mit kell végrehajtanom. Este ittam csak, akkor is leginkább tejet, „ipari" mennyiségben. „Szépen" amortizálódtam is, míg egy nap ráébredtem, hogy ez az életmód tarthatatlan. Káros hatással volt az egészségemre és a teljesítményemre is, hiszen nem tartottam pihenőket és kezdtem kiégni. Drámai változást hajtottam végre: elköszöntem a szénsavas üdítőktől, a gyümölcsléktől, a szörpöktől, és minimálisra csökkentettem a tejfogyasztást. Manapság már leginkább vizet iszom és teát.

Szobatársammal és barátnőmmel, Ágival bevezettük a teaszeánszokat. Szigorúan organikus növényi forrázatokból iszunk meg óránként egy-egy pohárral. Kedvencem az oolong, a rooibos, a galagonya, a borsmenta, a kamilla és a zöldtea. Szoktam készíteni hideg áztatásos csipkebogyót is. Vagy harminc különböző típust tárolunk az iroda szépen feldíszített polcain. Mindet természetesen cukor és citrom és minden egyéb ízesítő nélkül iszom, csukott szemmel. Ilyenkor magamban köszönetet mondok azért az áldásért, hogy nem tudom, mi az igazi szomjúság...

A 10. vers címe:

A víz

Egy edény vagyok,
félig töltve vízzel,
egy sivatagi hajós,
tele dinnyeízzel.

Egyszer jobbra folyok,
aztán meg már balra,
hogy mire hasonlítok?
Egy szárazföldi halra.

Nincs nyugtom egy perc sem,
hajt ez őselem-karma,
ficánkol bennem és pezseg,
megőrjít készakarva.

Bár eloltja a tüzet,
mégis szenvedélyes, lángol,
örvénylik, majd zúdul,
víz, mindenben hullámzol.

Nincs számomra megnyugvás,
egyszer apad majd árad,
hol építi terveid,
majd lerombolja a várad.

Egy csodálatos asszony ő,
egy szépséges kékség,
mely uralja világunk,
nincs is ebben kétség.

Felhő dunyháiban alszik,
majd megkönnyezi a tájat,
a vágyat leheli beléd
ahogy nedvesíti a szájat.

Csókja maga az élet,
Ő adakozó, kegyelmes,
és lenyűgöző táncától,
mi szilárd, belé szerelmes.

Minden vonzódik hozzá,
érintésére hozzá tapad,
s kapaszkodik végsőkig belé,
mitől eláll a szavad.

Nélküle bármi unalmas,
nem történik semmi,
de ahogy sodorja sorsod,
vele akarsz lenni.

Víz! Korbácsolsz és megtisztítasz,
ellentmondások sora,
egy világ fuldoklik benned,
nálad a kéj ostora.

E hév csak egy módon alszik,
a hideggel eljön a vég,
ki lefogja angyalszárnyaid,
rideg börtönöd a jég.

De ekkor azt suttogja minden,
hogy „igyál, erősödj, ússz!",
melegét küldi feléd,
s te mindig kiszabadulsz.

Te csobogsz bennem,
én pedig úszom benned,
nem tudom, ki vagy, és
hogy sikerült ilyet tenned?

Nem tudom, hogy hová szaladsz,
de kívánom, hogy elérd célod,
hogy megpihenj az egünk alatt,
s letedd viharos páncélod.

Addig is köszönjük néked,
mert nélküled nincs semmi,
hálával áldjuk nevedet,
s rajongód, oh de mennyi.

A Nap e bolygó szíve,
tűz izzik a szemeiben,
de Földünket te táplálod, mert
víz folyik az ereiben...

Tresch Attila, 2021.08.21

A szex

Ami a testünkben folyékony, ott a víznek a jelenléte számotte-
vő kell, hogy legyen. Emiatt a víz, mint őselem fogalomba tág
értelemben nem csak a vizet, hanem minden, a szervezetünk-
ben lévő folyékony anyagot is beleértünk, így természetesen a
vért is. A vérnek a szerepe a szexben köztudottan fontos, emi-
att nem erről beszélnék elsősorban.

A téma kiemelt jelentősége miatt sokkal inkább az eddig meg-
ismert két testi csakrapont szintjein tennék egy kis kitekintőt
a tudat és a lélek azonos dimenzióiba, hogy a három „én" (test,
tudat és lélek) kapcsolatrendszerét, működésük elveit bemutas-
sam. Ez a példa segíthet megérteni már most, hogy mi lehet a
modell ismeretének jelentősége, hogyan lehet használni aktu-
ális céljaink, tudatosságunk, boldogságunk és szabadságunk
elnyeréséhez.

CSAKRA	TEST	TUDAT	LÉLEK
7.	?	?	?
6.	?	?	?
5.	?	?	?
4.	?	?	?
3.	?	?	?
2.	Testi vágy és vonzalom	Vágyak (fantáziák)	Csók
1.	Mozgás (sport és tánc)	Félelem	?

A táblázatban láthatóak a tudat és lélek első és második csakra szintjén található energiaközpontjainak elnevezései. Csak azokat neveztem most meg, amelyek a vizsgálatunk szempontjából fontosak.

Testünk energiaáramlását úgy képzeljük el, mint egy tömlőt, amelynek van három dimenziója (testi, tudati, lelki). Ha valahol beszűkül, akkor az károsan befolyásolhatja az egészet. Az egymás melletti csakrák különösen szoros függőségi kapcsolatban vannak egymással. Mivel a szexcsakra az alapcsakrából nyeri az energiát, ezért a testi vágy nagyon szoros összefüggésben van a mozgással. Ha nem sportolunk, valószínűleg a libidónk is jellemzően alszik. Ha egyensúlyt találunk benne, akkor a második csakra megfelelő mennyiségű életenergiát kap, így – természetesen az életkor függvényében is – újra és újra megszületik bennünk a nemi vágy. Ha a test számára szexuálisan vonzó célpontot talál – hogy beteljesíthesse vágyait –, testi tüneteket produkál. A test nem ismeri a házasság vagy a bűntudat fogalmát. Egyszerűen – pont úgy, mint az állatvilágban – itt és most el akarja venni azt, amit megkíván. Ha van hatalma hozzá, meg is teszi. Ám az embernek tudata is van, amely mérlegeli a lehetséges következményeket, és megjelenik a szexualitásban a félelem. Ha például házasok vagyunk, és vágyunk „tárgya" nem a férjünk vagy feleségünk, akkor elnyomjuk a testi szinten keletkező vágyakat. (Ha az ember egyvalami lenne, akkor nyilván önellentmondás sem lehetne, és nem dúlhatnának olykor súlyos háborúk odabent.) Tudati szinten nem csak a félelem, hanem az álmok és fantáziák is megjelennek, mint a szexualitásunkat formáló tényezők. Végül tovább bonyolítja a helyzetet a lélek, amelyben a teljes összeolvadás velünk született, csillapíthatatlan vágya dobog, amely csókra nyújtja mindannyiunk ajkát.

Van tehát három „én", az egyik közösülni, a másik nemi fantáziákat megélni (szerepjátékok), a harmadik szeretkezni akar. A hálószobában az első kettő lámpát gyújtani szeretne, a harmadik pedig eloltani azt. Ha viccelődnék, az mondanám, hogy a csatáik kompromisszuma lett a gyertya. Ráadásul egy párkapcsolatban két fél van, azaz kétszer három „én" találkozik, ami már összesen hat valaki. Itt nincs ügyészség, sem bíróság, sem esküdtszék. Semmi sem biztosítja, hogy a hat „én" egészséges egyensúlyban lesz, és minden szinten minden fél kielégítheti igényeit. Erre csak akkor van esély, ha mindkét fél mindhárom szinten tudatosan figyeli vágyait, őszinte légkörben megosztják azt partnerükkel, és kölcsönösen törekednek egymás és saját álmaik együttes megvalósítására.

A mozgás és az őszinteség tehát nagyon fontos egy kiegyensúlyozott szexuális kapcsolathoz. Van azonban egy hatalmas veszély, amelyről kiemelten beszélni kell, mert beárnyékolhatja szexualitásunkat. Ez a hatalmas úr a félelem. Ahogy a sport táplálja, úgy a félelem csökkenti a második csakra energiáit. Ha a félelem eluralkodik rajtunk, romba dönt mindent.

Mitől félhetünk egy kapcsolatban? Sajnos rengeteg mindentől. Félhetünk attól, hogy:

- nem tetszünk már a partnerünknek,
- hogy nem szeret már minket,
- hogy nem vagyunk jók az ágyban,
- hogy nem tudjuk kielégíteni a partnerünket,
- hogy nem is leszünk képesek a szexuális együttlétre.

A férfitest állítólag két üzemmódban működik: félelem vagy pihenő üzemmódban. Az elsőben a vér az izmokba áramlik, hogy a férfi képes legyen futni, menekülni, vagy éppen harcolni a túlélésért. A másik üzemmód a pihenő, amikor a vér – megfelelő nemi ingerek hatására – képes a hímvesszőbe áramolni. A két üzemmód kölcsönösen kizárja egymást, így nem létezik félelemben átélt erekció. A férfiimpotencia problémáinak jellemzően nem testi okai teljes mértékben a férfi félelmében találhatóak meg. Férfiként nyilván nem állíthatom azt, hogy a női test is így működik, de nem lennék meglepve, ha nagyon hasonló kapcsolat a „szebbik nemnél" is tetten érhető lenne.

Végül van egy végső elem, amit ki kell emelni, ami a testi vonzalom. A legtöbb párkapcsolat házasságban zajlik, amely a keresztény monogám kultúrákban jellemzően nem éli túl a kicsapongásokat. Egy házasság több mint húsz, harminc éve alatt azonban nagyon jelentős testi változásokon tudnak keresztülmenni a tagjai. Lefogyhatnak vagy elhízhatnak. Szakállt vagy bajuszt növeszthetnek. Változtathatják a hajviseletüket, lehet tetoválásuk vagy piercingjük. Ezek a változások azt eredményezhetik, hogy az egyik fél – vagy mindkettő – már nem vonzódik partneréhez. Tudati szinten mindketten nyilvánvalóan lehetnek toleránsak és elvárhatják a társuktól is ugyanezt. Sajnos azonban meg kell, hogy értsék, hogy a testi vonzalom öntudatlan, nem igazán képlékeny és formálható. Nem tudjuk befolyásolni, hogy az itt és a mostban mi tetszik nekünk. Ilyenkor itt sem marad más életképes lehetőségünk, mint az őszinte légkör, amelyben a problémáinkat merjük elmondani, vagy éppen agresszió nélkül végig tudjuk hallgatni. Természetesen az érdemi akciók sem maradhatnak el, amelyek a „vágyott" irányba mutatnak.

Véleményem szerint, ha tehát sportolunk, erőfeszítéseket teszünk, hogy tetsszünk a társunknak, és a kapcsolatunkat az őszinte légkör hatja át, amelyben megosztjuk egymással legintimebb vágyainkat, ott bizonyosan nem marad el a közös testi, tudati és lelki nemi öröm.

A kulcs, hogy megértsük, hogy a házasságunk közös felelősség, amelyet át kell, hogy hasson a mi, amelyben egyszerre hallható kell, hogy legyen mind a hat „én" hangja. Legnagyobb ellenségünk a félelem, amellyel ha egyedül nézünk szembe, el fogunk bukni. Csak párunkkal együtt dacolhatunk vele. Mindez már az énképpel van kapcsolatban, amely már a magasabb dimenziókba, a harmadik csakra területére viszi tovább útunkat.

A 11. vers címe:

Két vágyakozó szempár

Vágyakozó szempárjaink találkozása,
Gondolataink összefonódása.

Szomjas szájaink áhítozása,
Testünk lángra lobbanása.

Eszméletlen karjaink vad ölelése,
Levetkőzött lelkünk felszabadult kéje.

Összetapadt ajkaink mézédes csókja
Bőrbe hatoló kezeink szenvedélyét szórja.

Letépett ruháink szőnyegre hullása,
Meztelen bimbóinknak egymásba szúrása.

Szemedben látom, amit arcomon csókol szád,
Tengernyi hajad sem takarja, hogy már megőrjít a vágy.

Aztán egy a füledbe súgott férfiszó,
S elindul a meztelenségeden utazó.

Mellednek alakja számomra oly formás gömbnyakék,
Amelytől a mennyben lebegsz nekem, mint egy istennői kép.

Kebled oly távolinak tűnő, oly elérhetetlen,
De nyújtózkodom érte, mint piramis az égen.

S ha egyszer elérem, változó a kép,
Villámokat szórsz rám, vagy kitárul az ég.

Kitárt eged felett szemed napja ég,
S közben a kezemben duzzad a forró asszonyi hév.

Légzésed lágy szellője ekkor viharosra fordul,
Mely elfújja minden gondolatom, amely nem a bimbódért mozdul.

Ha soká szoptam bimbódat, megfogod a fejem,
S széttárod azt, mi lejjebb csalja szemem.

Bodros fürtjeidnek napvakító fénye
Férfiúi értelmemnek egyetlen reménye.

Egyetlen tincsétől elborul az elme,
Mely folyton ránehezedik rád leső szememre.

Hűs nyelvem, amint kagylódhoz ér,
Felforr és szétpattan benne több ezernyi ér.

Testednek csobogó forrása lázasságom pora,
Mely felforrt nyelvemnek hűsítő bora.

Sűrű erdődből nyelvem tavadba inni jár,
Pedig szomjúságom egyre elviselhetetlenebb tőle már.

Csókjaimtól felkorbácsolt tavad örvénye
Szippantja nyelvem egyre lejjebb a mélybe.

Lágy barlangod rejtekének fel-feltörő gőze
Az orromba hatol, hogy vágyam tovább főzze.

Megáradt patakod oly káprázatos tó,
Hogy kikötnék én ottan, mint megtért utazó.

De te akkor újra megfogod a fejem,
S gőzölgő meztelenséged beborítod velem.

Barlangod bejáratához kerül ekkor legnemesebb szerem,
S lökésemtől beléd süllyed jól felajzott hegyem.

Húsom forró húsodban, érzem, hogy olvadok,
Érezni akarlak addig, míg meghalok.

Ekkor hallom halkan, hogy megindul egy zene,
Barlangod játssza nekem és csípőm táncolni kezd vele.

Halk a tangó ekkor, így testünk puhán lép,
Tempójára a véred árad az ereimben szét.

Ujjaddal cirógatod szőrömet, hogy egyre vadabbá tegyél,
Miközben ringatózol rajtam, mint mozgó ágon levél.

Minden egyes hulláma gyönyörű mellednek
Bőrömet csapdossa, mint lágy partot tengerek.

Feneked szorítása kezemnek lenyűgöző varázs,
Hátamba vájt karmod bőrömet égető parázs.

Drágám, oly szűk vagy, meleg és nedves,
Hogy benned bolyongásom testemnek kedves.

Barlangodban végigjárom a már meglévő utat,
S megpróbálom mélyíteni e varázslatos alagutat.

Homlokodról egy vízcsepp a hasadra pottyan,
S hallom, amint az a forróságtól rögtön felrobban.

Egyre vadabbul játszol, s a szobában egyre őrjítőbb a kép,
Egymáson hullámzunk, és szétdúljuk, mi ép.

Egyre hevesebben mozgok, mire te mellembe marod öklödet,
De én csak zúzom és zúzom nedvedben gyöngyöző öblödet.

Hangos nyüszítésed hasítja a szobát,
S áttörni készül bennem több ezernyi gát.

Vulkánom kitör, s elönt téged a láva,
Szerelmem átkél beléd vele, s gyönyört okoz neked árja.

Így oltjuk mi szájunk szomját és a kéjes vágyakat,
Majd elernyedünk egymás testén, s élvezzük, mit ágy adhat.

Egymás testére pihegünk; takarózunk vele,
Mellemen fekszik kicsiny fejed, s szemed csukódik bele.

Majd álomba zuhanunk, s számunkra megszűnik a lét,
De éjünk árasztja a világban szenvedélyünk leheletét.

Tresch Attila, 2003.09.22.

V. 3. Test - 3. csakra - tűz, étel és addikció

A harmadik csakrát napfonatnak vagy solar plexusnak is hívják. A szilárd anyag folyékonnyá, majd légneművé alakításához testünknek energiára van szüksége, amelyet az elfogyasztott ételekből nyer. Ezt az energiát szervezetünk a tűz elem központjában, a harmadik csakrában, a gyomrunkban szabadítja fel. Észrevettük már, hogy ami a nyelvünknek még égető, az a gyomrunknak még kellemes meleg lehet? Természetes, hogy a „kályhának" mást jelent a forró. Ha picit elrontottuk a hasunkat, akkor mi esik leginkább jól? Egy hideg saláta vagy egy forró húsleves?

Észleltük már, hogy mi történik velünk olyan helyzetekben, amelyben nem vagyunk magabiztosak, komfortosak? Feszültséget érzünk. Hol érezzük ezt a feszültséget? A gyomrunkban. Mit csinálunk ilyenkor ösztönösen? A női táskát a hasunk elé helyezzük, a lábainkat keresztbe tesszük, a karunkat összefonjuk, vagy éppen előredőlünk, és úgy védjük a pocakunkat. Mivel a csakra színe a citromsárga, én az előre tervezhető nehéz helyzetekre tudatosan ezek szerint öltözködöm. Előfordul, hogy ilyenkor például citromsárga inget veszek fel, persze csak ha ez az etikettbe belefér. Őszintén mondom, hogy érezni szoktam ilyenkor a meleg szín támogató erejét. A csakra egyértelműen az önbizalom központja. Kulcsszava az én. Ha egészséges énképünk van, az energiaáramlás a területen megfelelő, és jól érezzük magunkat a bőrünkben.

Az előző fejezet mintájára itt is kivételt teszek majd, és a testi mellett kitekintést teszek a tudati és lelki dimenziókba is. Ennek az az oka, hogy ez a csakra felelős az addikciókért, amelyek szerintem sajnos – kevésbé vagy nagyon súlyos szinten – jelen vannak az emberek többségénél. Nálam is.

Mielőtt mélyebben elmerülünk ebben a témában, két dolog megértését szeretném elmélyíteni. Első lépésben azt, hogy hogyan is kell elképzelni a test, tudat és lelki dimenziókat. Miért van szükség erre a hármas kitekintésre egyáltalán, illetve hogyan értelmezzük azt, hogy ugyanazt a jelenséget a három „én" eltérő módon érzékeli és reagálja le? Második lépésben pedig az addikció meghatározásáról beszélnék majd egy kicsit.

Képzeljünk el három embert, akiknek csak egyetlen érzékszerve van. Az egyik csak lát, a másik csak hall, a harmadik csak tapint. Hogyan élném meg azt, ha egyiküknek – aki a tapintást érzi – nekidobnánk egy piros labdát, amely tompa, puffanó hangot adna ki? Aki lát, az végignézné az egészet, érzékelné a piros labdát, de mást nem tapasztalna. Akinek a füle jó, csak egy puffanást hallana. Aki tapint, egy pillanatig érezné, hogy valami a testének ütközött. Ugyanaz a dolog történne, mégis a három személy teljesen eltérően érzékelné a jelenséget, ráadásul úgy, hogy érzékelésükben semmi közös nem lenne. Nem megdöbbentő? Hányszor történik hasonló akár egy veszekedés során is, amikor mindenki más nézőpontból nézve máshogy emlékszik ugyanarra az eseményre? A valóság kiderítéséhez mi lenne a legcélszerűbb ilyenkor? Nem az, ha meghallgatjuk mindenki véleményét és ebből következtetünk? Ha elfogadjuk azt, hogy van test, tudat és lélek, akkor valószínűleg azt is, hogy más aspektusból közelítik meg ugyanazt. Ha mindig megvizsgáljuk a testi, tudati és lelki dimenziók hármasát, akkor sokkal mélyebb megértésre juthatunk bármivel kapcsolatban. Különben csak színek maradnak, vagy puffanások, vagy érintések, és nehezen áll össze a teljes kép.

A másik fontos tisztázandó kérdés, hogy mit is értünk addikció alatt. A legtalálóbb buddhista definíció erre az „éhes szellem".

A buddhizmus szerint a vágy fontos része az egészséges életnek, ugyanakkor megkülönbözteti az egészséges és egészségtelen típusait. A kérdés már csak az, hogy vajon hol van a választóvonal? Nos, pont ott, a kérés és a követelés között. Ha kérünk valamit és megkapjuk, akkor örülünk neki. Ha esetleg nem kapjuk meg, akkor nem születik bennünk negatív hiányérzet, neheztelés, agresszió. Érzelmünk pozitív vagy semleges. A követelésnél ez pont fordítva van. Ha megkapjuk, amit akarunk, akkor minden rendben van, nincs különösebb öröm. Amennyiben nem kapjuk meg, akkor viszont dühösek leszünk. Könnyen belátható, hogy sokkal jobban járunk, ha megtanulunk kérni elvárások nélkül, mintha folyamatosan követelőzünk. Annak eldöntéséhez, hogy óhajunk egészséges-e vagy sem, a vágyainkat górcső alá kell tenni. Meg kell figyelnünk, hogy milyen reakciók, érzelmek játszódnak le bennünk. A legfontosabb az öröm és a könnyedség, lazaság jelenlétének figyelme. Ha ez nincs ott, akkor bizonyos, hogy vágyunk egészségtelen. Ilyenkor már sokkal inkább a hiányérzet adta fájdalom van jelen, mint a beteljesülés öröme. Ha eljutunk oda, hogy a vágyunk már nem csillapodik folyamatosan annak kielégítésének lépései során, hanem szinte korlátlanul minden kell abból, ami rendelkezésünkre áll, akkor éhes szellemekké váltunk. Kapcsolatunk addiktív lett az adott dologgal. Például annyi sört iszunk meg, amennyi csak van otthon, vagy a teljes doboz bonbont megesszük.

Nagyon sok mindentől lehet függőségi kapcsolatban az ember. A legtipikusabbak: alkohol, cigaretta, kábítószer, szex, játékszenvedély (póker), fogadások, számítógépes játékok, okostelefon, televízió, munka, kóla, kávé, és végül a nassolás (cukor).

Én úgy érzem, hogy a tudatos életemnek köszönhetően elég jól állok a legtöbb tekintetében. Soha életemben nem drogoztam. Nem dohányzom, nem kávézom, alkoholt is csak nagyon alkalmilag fogyasztok, jól kontrollált mennyiségben. Elvi okokból sosem fogadok, és igyekszem egyensúlyt tartani a magánélet és a munka között. Nem játszom számítógépes játékokat, és csak esténként tévézem. A céges telefonom mindig le van némítva, és csak munkaidőben lehet elérni. Amikor hazamegyek, azonnal elteszem a laptoptáskámba, és csak nyolc óra felé nézek rá egyszer, hátha keresett valaki. Általánosságban a rám jellemző egyensúlyomat mégis újra és újra betámadja valami: a cukor iránti vágy, amellyel kapcsolatos viszonyom már egyáltalán nem mindig egészséges.

Napközben soha nem éreztem, érzem, hogy a sütemény, a csokoládé és a kekszek iránti vágyam erős lenne. A kedvenc napszakom a kora reggel, amelynek imádom a csendjét. Valahogy nekem ilyenkor minden tiszta és teljes. Nincs szükségem kávéra. Ébredéskor azonnal teljes üzemmódban létezem, és imádom, hogy elindul egy újabb nap. Szeretem az életemet. Szabadnak érzem magam, aki nem elszenvedi, hanem maga hozhatja meg saját döntéseit benne. Estig általában jókedvű, aktív és érzelmileg kiegyensúlyozott vagyok. A küzdelem este nyolckor indul, amikor egyedül maradok a nappaliban, és már fáradt vagyok és sebezhető. Ilyenkor szólal meg a csokik és kekszek éneke a szekrényben, amelyek hívogató szirénéneke olykor el-elnyomja a tévé hangjait. Hogy mi dönti el, hogy elindulok-e a szekrény felé, vagy egy mosollyal elsöpröm a fenyegető cukorsereget? Erről beszélnék egy picit a modell bemutatásával.

Az alábbi táblázatban csak a témánk szempontjából legfontosabb testi, tudati és lelki dimenziók elemeit neveztem meg. Ne felejtsük el azonban, hogy az egyensúly mind a huszonegy elem együttes függvénye. (A táblázatban található egyes megnevezéseket a téma alapján picit testre szabom, segítve a megértést.)

CSAKRA	TEST	TUDAT	LÉLEK
7.	?	?	?
6.	?	?	?
5.	?	?	?
4.	?	?	?
3.	Étel és addikció	Önbizalom	Sikerélmény
2.	Szexualitás	Kapcsolatok / Magány	-
1.	Mozgás (sport)	Biztonság / Félelem (Fizikai körülmények és adottságok elfogadása)	?

Testünk fenntartásához energiára van szükségünk, amelyet az ételek elfogyasztásával biztosítunk. A csakrák általános részénél beszéltem már arról, hogy az első csakra – függetlenül az aktuális életkorunktól – a kisgyermekkor igényeit képviseli az életünkben, amikor is legfontosabb számunkra a biztonság. Ehhez a tudati energiaközponthoz tartozik a fizikai körülményeink és adottságaink elfogadása is. Ez nagyon sok mindent magában foglal. A legmeghatározóbbak szerintem a magasságunkkal, testsúlyunkkal, szépségünkkel, végzettségünkkel, lakóhelyünkkel, fizetésünkkel, általános anyagi körülményünkkel, életkorunkkal, faji és nemi hovatartozásunkkal, családi állapotunkkal, szexuális beállítottságunkkal kapcsolatos elégedettség. Az ezekkel kapcsolatos viszonyunk nagymértékben befolyásolja az énképünket. Ha ez nem egészséges – nem szeretjük magunkat teljes szívből –, akkor az önbizalmunk sérül. Ez előbb vagy utóbb testi szinten is megjelenik valamilyen függőségben. Én valószínűleg a sportnak és a gyermekkori, illetve mostani szerető családnak köszönhetően szerencsére nem küzdök ilyen problémákkal.

Az általános énképünkön sokat tud gyógyítani, ha emberek között vagyunk, akiktől folyamatos pozitív visszajelzést kapunk személyiségünket illetően. Hiába az általánosságban meglévő egészséges önbizalom, az ember társas lény, és folyamatos megerősítésre van szüksége. Az elszigetelődés sajnos a jóléti társadalmak velejárója, egyenes következménye, hiszen egyre kevesebben lakunk már egy lakásban, sokszor egyedül ülünk az autóban, egyre többet dolgozunk otthonról, interneten rendelünk, és magas a válások száma is. A magány elkerülhetetlenül valamilyen függőség irányába fog sodorni bennünket, ezért harcoljunk ellene. Megfigyeltem, ha egy adott nap volt egy jó beszélgetésem valakivel, sokkal kevésbé kívánom az édeset este. Hát nem különös? Mit tapasztalunk, ha pont a fordítottja történik, és mondjuk szakítottunk partnerünkkel? Nem az, hogy az idegességtől vagy egyáltalán nem tudunk enni, vagy éppen egyik sütit esszük a másik után?

A tudati aspektusok vizsgálata után nézzük meg a testi dimenziókat is. A függőségekkel kapcsolatos harmadik csakra energiaszintjét testi szinten a mozgás (sport), az egészséges nemi élet és az evés táplálja. Találkoztunk már azzal az élethelyzettel, hogy téli este van, fáradtak vagyunk, de még korai ágyba bújni, és rettenetesen fázunk? Mit teszünk ilyenkor? Felülünk a szobakerékpárra, lenyomunk néhány fekvőtámaszt, vagy kinyitjuk a hűtőt? Legtöbbünknél, úgy vélem, sajnos az utóbbi történik leggyakrabban. Én nem hiszem azt, hogy a jóléti társadalmakban tapasztalható elhízási tömegjelenség az ételeink minőségében keresendő elsősorban. Sokkal inkább azokban az összetevőkben, amelyeket a táblázatban szerepeltettem. Észrevettük már, hogy ha rendszeresen sportolunk, akkor nem csak a szexuális életünk, hanem táplálkozásunk is sokkal kiegyensúlyozottabb lesz? Sokkal könnyebben találunk mértéket az evésben, és valahogy nincs szükségünk feleslegesen sok energiabevitelre, mert az valahogy természetes módon áramlik bennünk a harmadik csakra szintjére.

Végezetül térjünk ki röviden a lelki dimenzió meghatározó elemére, a sikerélményre is, amely szintén jelentős hatással lehet táplálkozásunkra, egyéb függőségünkre. Tapasztaltuk már, hogy amikor sikerül valami, elönt bennünket egy elégedettség, és nincs szükségünk külső „doppingokra"? Mi történik velünk, ha nehéz és lehangoló napunk volt? Ha egy napot úgy éltük meg, hogy semmi nem sikerült? Ha rossz hírt kapunk? Legtöbbször szaladunk a „megváltást" jelentő függőségünkhöz, vagy nem?

Mindezeken felül – mintha nem lenne elég komplex amúgy is mindez – a küzdelmünk során még a tudat önámító csapdáival is szembe kell néznünk. Én például, ha azt tapasztalom, hogy kevesebbet kellene nassolnom, akkor elmém a következő üzenetek küldi felém:

· kezdd holnap az új életet
· kezdd hétfőn (már csütörtök)

- kezdd a hónap első napján (már huszadika van)
- kezdd az év első napján (már november)
- nem is vagy elhízva, belefér
- neked ez jár, megérdemled
- most szükséged van erre
- ünnepnap van, tehetünk kivételt
- minden nap ünnep...
- csak egy picit egyél belőle, abba fogod hagyni
- csak megnézed, mi van itthon
- most már hadd fogyjon el és nem veszel újat, legalább nem lesz itthon kísértés.

Hányan, de hányan játsszuk ezt a játékot? Rosszabb esetben csak halogatunk, de néha a tettek mezejére lépünk. Sajnos általában ez „csak" annyit jelent, hogy kitűzünk egy célt, és látszólag elköteleződünk mellette. Valójában ez meglehetősen kevés, és csak idő kérdése, hogy újra a függőségünkben találjuk magunkat. Az egyetlen esélyünk akkor van, ha komolyabb akciótervet dolgozunk ki, lehetőleg az összes érintett változó tekintetében.

Bármilyen változást csak az itt és a mostban lehet elkezdeni. Ha a fenti kérdéseket nem mosolygod meg, elköteleződésed komolytalan. A testtől ilyenkor elveszünk valamit, amibe ő nem egyezett bele. A változás csakis a tudatod döntése. Pont az történik ilyenkor, mint mikor a férj közli a feleségével, hogy az asszonynak fogynia kellene. Tuti, hogy veszekedés lesz belőle, amiből frusztráció lesz, ami evést eredményez, amiből újabb hízás következik. Na, de akkor mit adjon a tudat a testnek cserébe?

- Mozgást (sport)
- Testi örömöket
- Társas kapcsolatok adta pozitív élményeket
- Sikerélményt

Ha képes lesz mindezek öröme pótolni a jelentkező hiányt, akkor működni fog az életmódváltoztatás. Ha nem, kudarcra van ítélve. A test nagyon erős, rossz üzletet nem köt, és legyőzése a fentiek nélkül olyan tudati elköteleződést igényelne, amely csak kevesekben van meg.

Az én nassolás elleni küzdelmem is tipikusan csak télen jelentkezik radikálisan. Mivel érzékeny vagyok a hidegre, ilyenkor sokkal kevesebbet sportolok. Sokkal kevesebbet járok társaságba, kevesebb időt szánok a hobbijaimra. A képlet egyértelmű. Testemben az energiaáramlás leapad és megszületik a külső pótlás igénye, a folyamatos cukoréhség.

A fenti akciókat nem elég eldönteni, hanem tudatosan meg kell tervezni, hozzá kell igazítani egyéb feladatainkhoz, a napirendünkhöz, pénztárcánkhoz, bioritmusunkhoz. Találjunk rá a számunkra kívánatos mozgásformára, és apró lépésekkel haladjunk benne. Ne a tíz kilométeres futással kezdjük, mint oly sokan! Töltsünk időt partnerünkkel! Járjunk társaságba, hívjunk vendégeket! Szánjunk időt arra, ami feltölt és boldoggá tesz minket! Sose az eredményekben mérjük a teljesítményünket (hány kilót fogytunk), hanem az új életmód nyújtotta általános jólét érzésében! Ha ez tapasztalható, akkor jó úton járunk. Kövessük ezeket a tanácsokat, és higgyük el, így már sikerülni fog!

A 12. vers címe:

Holnaptól

Ismerős csapdában vagyok,
körülöttem sötét árok,
csak a vágyam, mit látok,
semmi másért nem sóvárgok.

Régebben még fogadkoztam:
„hogy aki vagyok, ilyet nem tesz,
csak ezt az egyet még egyszer,
s holnaptól minden más lesz".

De oly sokszor kísértettél már,
s én hallgattam hívó szavadra,
már nem is harcolok tán,
odabent valaki feladta.

Ébreszteni próbáltak folyton,
kik szerettek, a féltő arcok,
de mély álomba kergettek,
hogy csalódtam, a kudarcok.

Leromboltam a hitem,
most mégis a lélek azt üzeni:
„ébredj, te gyáva, még ha
veszteni könnyebb, mint küzdeni.

A holnap a templom,
ki csak megfogad, az egér,
a tett csak, mi számít,
s a mostban véget ér.

Hinned és értened kell,
hogy nem csak te lehetsz rab,
az elme uralhat vágyat,
ha biztosan tudod, ki vagy!

A test pokolian erős,
esélyed csak akkor lehet,
ha mással csillapítod kínjait
beteg szenvedélye helyett.

Találd meg az egyensúlyt
testmozgásban és szexben,
alkoss és leld örömöd
kreatív tevékenységekben.

Végül fogadd el, hogy e harc
nem egyetlen sorsdöntő csata,
hanem kegyetlen küzdelem
soha véget nem érő hada."

Köszönöm neked tanácsaid,
hogy értem a felszínre törtél,
felolvasztva sziklapáncélom,
s hogy ne legyen bennem több tél.

Tudom, hogy a szépség még itt van,
nem csak porosodó képeslapok,
hogy ha nem adom fel s küzdök,
akkor bármire képes vagyok.

Jöhet hát a kísértés,
már nem rettegek a naptól,
hiszen tudom, ki vagyok ma,
s nem holnaptól...

Tresch Attila, 2019.08.18.

V. 4. Test – 4. csakra – levegő és lélegzet

A mellkasunk közepén található a negyedik csakra, a szívcsakra, amely a levegő elem központja. Itt található a szívünk és a tüdőnk. Itt biztosítjuk a harmadik csakra tüzéhez szükséges oxigént. Az anyagátalakulási folyamatban itt lesz a már folyékonnyá vált szilárd anyagból légnemű. A csakra középen helyezkedik el a sorban, amely kiemeli jelentőségét.

A témával kapcsolatban nagyon sok kérdés merül fel bennem.

- A teremtő miért úgy alkotta meg az összes élőlényt, hogy életüknek szükséges feltétele legyen a légzés?
- Mi volt ezzel a célja?
- Van ennek számunkra fontos üzenete?
- Miért kell lélegezni akkor is, ha alszunk?
- Miért tudunk csak ilyen rövid ideig létezni légzés nélkül?
- Miért van szoros kapcsolat a lelki állapotunk és a légzésünk között?
- Miért lehetséges, hogy az ember könnyedén hatással tud lenni a légzésére, képes befolyásolni azt? Egyéb szerveink esetében nem ilyen a kapcsolat.
- A legtöbb meditációs gyakorlat szoros kapcsolatban van a légzéssel. Miért? Mit tud a légzés, amit más nem?
- Ha nyilvánvaló, hogy a légzés ilyen fontos, hogyan lehetséges, hogy ennyire nem foglalkozunk vele a mindennapokban?
- Végül, ha a légzés a leginkább közös dolog mindenben, ami élő (növény, állat, ember), akkor nem igaz-e az, hogy valójában ezzel kapcsolódunk mi mind egymáshoz? Nem lehet, hogy ez tesz minket egy családdá, minden apró cseppjét egy nagy, lüktető Univerzum pótolhatatlan kirakós darabjává?

Kislányomat, Nikolt, ha elesik és sír, mindig a térdemre ültetem, és mutatom neki a kinyújtott három ujjamat. Ilyenkor azt mondja: „tudom, apa, három mély lélegzet". Együtt veszünk három nagy levegőt, és közben közösen számolunk. Megnyugszik tőle pillanatok alatt. A légzés mindig segít.

Az ember test tudat és lélek is egyszerre. A test az állati énünk, a tudat az emberi, a lélek az isteni. Az isteni énünkkel a légzésünkön keresztül tartjuk a kapcsolatot. Lehet, hogy ezért kaptunk lehetőséget légzésünk befolyásolására, hogy bármikor a segítségét kérhessük? Hiszem, hogy így van.

Ha súlyos baleset történt, hogyan szoktuk ellenőrizni, hogy az illető még életben van-e? Ha eszméletlen, akkor a testi sérüléseket vagy a légzését vizsgáljuk-e meg? Miért? A válasz egyértelmű. Az indok az, hogy ameddig lélegzik valaki, addig megmenthető, addig él. Akkor az élet és a halál közötti választóvonalon a légzés áll? Igen. Azt jelenti ez, hogy minden halál fulladás?

Ha a test „meghal", azt új hívjuk, hogy bénulás. Ha a tudat „meghal", akkor annak a neve kóma. Egyik esetet sem fogadjuk el véglegesnek. Mindig hisszük, hogy van remény a felépülésre. Az „igazi" halálról akkor beszélünk, ha a légzés leáll, amikor a lélek, a huszonegy gramm távozik.

Az utolsó óráinkban mi zajlik le bennünk? Első lépésben az ember legyengül és ágyba kerül. Folyamatosan veszíti el az izmai feletti uralmat. A föld elem fokozatosan elhagyja a testet. Második lépésben kiszárad a bőrünk, a szemünk és a szánk. A víz elem apró cseppenként távozik belőlünk. Harmadik lépésben fázni kezdünk. A tűz elem elbúcsúzik tőlünk. Hova vonul vissza az élet? Mi az életünk utolsó menedéke? A negyedik csakra, a vár, a központ, a szívünk és a tüdőnk. Ez az a hely, amivel kapcsolódunk életünk forrásához.

Elég régóta úgy képzelem el a saját testemet, mint egy hatalmas birodalmat. A földet átszeli egy bő vizű folyó (a vérem), amely mindenhova szállítja hal formájában a táplálékot és az oxigént. A parton emberek (sejtek) milliói állnak, és élvezik a folyó gondoskodását. A hálójuk segítségével (inzulin) halászattal biztosítják megélhetésüket. Mindent áthat a közös gondolkodás és szeretet. Jólét van és béke. Ha azonban egy nap nem érkezik meg a várva várt szállítmány, akkor ennek a közösségnek a tagjai vagy éhen halnak, vagy megfulladnak. Mind jól tudjuk, hogy melyik következik be előbb. Számomra a halál a birodalmamat alkotó teljes népesség közös fulladása. Tudom, hogy ez nagyon drámaian hangzik, de én valahogy ennek az ellenpólusát, a pozitív részét élem meg. Számomra minden lélegzet ünnep, az élet ünnepe.

A légzés a mennyországunk kapuja, ahova bármikor beléphetünk. Csak becsukjuk a szemünket, mélyeket lélegzünk, és megszűnik bennünk minden rossz érzés. Jön a várva várt megváltás azonnal. Olyan, mint egy őrangyal, akit ha hívunk, rögtön a segítségünkre siet. Nem vagyunk egyedül. Van valaki, aki vigyáz ránk mindörökre. Csak szólítanunk kell.

A 13. vers címe:

A lélegzet

A test testet kerget,
a tudat önző álmokat,
szeretik a színeket s
a formákat és számokat.

De legbelül Atyát keresel,
vagy hiszed, a halállal vége(?),
pedig általa lélegzel,
s a szíved a menedéke.

Ott táncol előtted,
csak le kellene nézned,
hazahív és sóhajtja,
hová muszáj elérned.

Minden, mi él, lélegzik,
ez tartja világunkat össze,
így kapcsolódunk egymáshoz,
s te nem döntheted, jössz-e.

Ha beszívod, életre kelsz,
minden fájdalomtól felemel,
árad feléd szeretete,
a kapcsolat a szellemmel.

Ezért tudod szabályozni,
hogy veled legyen bármikor,
hogy simogassa tested-lelked,
az akármitől pánikol.

A felszínen a hullám,
hoztam bőven érveket,
lent csendes, nyugodt,
lélegezz jó mélyeket!

S ne add fel soha,
ennél fontosabb nincsen,
míg melled dobog, benned
testet ölthet Isten.

Tresch Attila, 2019.12.08.

V. 5. Test – 5. csakra – hang és beszéd

A negyedik csakrában a tűz energiájának hatására a folyékony légneművé változott. Amikor a vizet felforraljuk, az gőzként távozik. Ha haladunk tovább az anyagátalakulási folyamatban, akkor azt tapasztalhatjuk, hogy az ötödik csakra területén az emberben is nagyon hasonló játszódik le, csak a gőz helyett hang hagyja el a testünket. Lehet ez a kilélegzés hangja, de ha a hangszálainkat is megrezegtetjük vele, akkor akár a beszédé is. Ebben a csakrában tehát nagyon fontos újabb dolog történik velünk. Kilépünk a testünkön kívülre, és kapcsolatba kerülünk a külvilággal: a természettel, a növényekkel, az állatokkal és más emberi lényekkel.

Ha ma két ember találkozik, akkor kapcsolatuk első lépése az, hogy köszönnek egymásnak. Valószínűleg így van ez már a kezdet kezdete óta. Vajon mi a köszönés szerepe, funkciója, jelentősége? Egyáltalán hogyan célszerű köszönni? Vajon jól csináljuk?

Találkozáskor nagyon sokféleképpen üdvözöljük egymást. Meghajolunk, pukedlizünk, kezet csókolunk, tisztelgünk, megemeljük a kalapunkat, megöleljük egymást, pacsizunk, integetünk, puszit adunk, kezet fogunk. Vajon miért tesszük mindezt? Pusztán azért, mert így nevelt bennünket az anyukánk és apukánk?

Tudomásom szerint a „szervusz" az egyik legrégebbi eredetű köszönésünk. Nagyon hasonló kiejtéssel megtalálható a cseh, szlovák, horvát, lengyel, bajor, román, szlovén, ukrán és spanyol nyelvekben is. Eredetük az ókori Rómába nyúlik vissza. A „servus humillimus domini", „alázatos szolgája az úrnak" köszönésből származik. (Latinul a servus szolgát jelent.) Az idők folyamán – ahogy gyorsult fel az élet – első lépésben „alázatos szolgája", később „alászolgája" lett. Ma már csak annyit mondunk egymásnak: „szervusz", azaz szolga. Nem sértő így egyáltalán ez a köszönés?

A válasz megértéséhez picit még mélyebbre kell mennünk a témában. Utunk folytatásához próbáljunk megnevezni néhány nagyobb múltra visszatekintő köszönést: adjon isten, tiszteletem, isten veled, kezét csókolom, jó napot kívánok, dicsértessék, isten hozott, üdvözöllek. Mit veszünk észre, mi a közös bennük? Számomra olyan, mintha áthatná őket a tisztelet, a megbecsülés, az emberség, a jóság, az istenhit és a hála.

Az indiai kultúra egyik köszönése a „namaste", amely annyit jelent: „isteni szikra". Úgy vélem, ez sokat segít a szervusz (szolga) köszönésünk jelentésének megértéséhez. Hiszem, hogy a kettő ugyanaz. Találkozik két lény, amelyek tudják, hogy pislákol bennük egy isteni „én" is, amely folyamatosan arra sarkalja őket, hogy életük feladata valami szent, illetve magasztos cél szolgálata legyen. Átérzik, hogy testvérek – egy vérből valók –, és hogy a dolgok legmélyén ugyanaz a küldetésük. Öröm és hála járja át őket, hogy nincsenek egyedül ebben a küzdelemben. Ezt fejezik, fejezzük ki minden köszönésben.

Igaz-e akkor az, hogyha nem érzünk át örömöt és hálát, akkor hiába mondtuk ki a tanult szavakat, valójában nem köszöntünk? Igen, igaz. Megint boruljunk le a gyönyörű magyar nyelv előtt. Vajon a köszönés és a köszönet szavunk között van-e kapcsolat? Nyilvánvalóan. Mondhatunk-e ténylegesen köszönetet a hála érzése nélkül? Nem. Kérlek, mindez jusson eszedbe, amikor hétfő reggel „odaveted" a kollégáknak, hogy „hello"...

Végül a legfontosabb kérdés: ha nem köszönünk jól, akkor milyen hátrányt szenvedünk el? Szerintem a veszteség óriási. Nem is hisszük, hogy mekkora. Tanultuk az iskolában, hogy nincs perpetuum mobile (örökmozgó), hiszen van energiamegmaradás törvénye, lendület-megmaradás törvénye stb. Olyan, mintha a teljes Univerzumban igaz lenne az, hogy csak úgy születhet meg valami, ha egy másik helyen pusztul is, azaz mindennek ára van. A buddhizmus szerint van a négy nemes lakhely: a béke, a szeretet, az együttérzés és az öröm (hála). Hiszem, hogy ez az a négy dolog, amiből a teljes Univerzum ki van rakva, azaz ez az a négy érzés, amelyből akármennyi lehet. Ha tehát jól köszönünk, akkor testünk autóját az ötödik csakránál folyamatosan meg tudjuk tankolni a hála életenergiájával, amely óriási kihatással lehet a saját és környezetünk életére. Ehhez az áldáshoz pedig olyan kevés erőfeszítésre van szükség. Miért ne tennénk akkor meg mindezt?

A 14. vers címe:

Köszönni éden

Az tud köszönni igazán,
s ez, barátom, nem talány,
ki tudja, milyen egyedül lenni,
s milyen lenne az örök magány.

Úgy, mint a mondatban a vak,
fehér bottal járó szavak,
csak együtt nyerhetnek értelmet,
ahogy a sok emberi alak.

De az üdvözlés nem azért célszerű,
mert így szokás, ezért illik,
hanem ha igazán jól csinálod,
általa sok örömvirág nyílik.

Köszöntél már a rideg falnak?
Hasztalan, csak ott áll és hallgat.
De az ember az más: „Isteni szikra",
ha érzi, szeretik, lángot lövell vissza.

S hidd el, ezt a másik
mindig pontosan látja-hallja,
még a legapróbb rezdülést is,
ha érintésed sugallja.

Tudod, egyikünk mindig a gyufa,
s a másikunk a skatulya,
s a köztünk vibráló szenvedély
dönti el, hogy fénybe borul-e az éj.

Olyanok vagyunk, mint egy hideg fáklya,
de ha egymáshoz közel hajolunk,
átcsaphat ránk a másik isteni lángja,
s a közös ragyogást ugyan ki bánja?

Vagy akár mint a pislákoló tűz,
akinek a többi ember a remény,
Köszönj jól! S a szeretet szelétől
gerjedten örömmámor a nyeremény.

Én elmondhatom teneked,
hogy akkor játszod jól a szereped,
ha miként egy adóvevő,
sugárzik belőled a szeretet.

A szenvedélyes üdvözlés
a lelked „benzin"-kútja,
s ha nem tankolsz időnként,
az az életedet sújtja.

Az én kedvencem amúgy a szia,
a köszönések legnagyobbika,
mert benne van bizony a lényeg:
úgy örülök neked, s hogy élek.

Tehát ha csak kiejted a szót,
s nincs benne szív, érzelem,
az egész teljesen felesleges,
nem hatja át semmi értelem.

Hisz' lehetsz te bármily mérges
vagy akármilyen komoly,
elsöpri negatív érzéseid
egyetlen őszinte mosoly.

S a kiváltott hatása,
ereje akármekkora lehet,
ez a törvények királya,
általa bárki bármit megtehet.

Hidd el nekem, barátom,
jól köszönni éden,
a világ viszonozza, s
átölel gyengéden.

A helyes köszönés tehát nem más,
mint **öröm** az élő mindennek,
és **mosolyok** találkozása,
s emiatt **hála** Istennek...

Tresch Attila, 2018.10.11

A beszéd segítségével nem csak köszönni tudunk egymásnak, hanem rengeteg egyéb áldást is nyújt számunkra. Belegondoltunk már abba, hogy mennyire megváltozna az életünk, ha mind némák lennénk? Hogyan nézne ki egy Bajnokok Ligája-mérkőzésen a hatvanezres szurkolótábor? El tudunk képzelni egy filmet, amelyben minden érintett fél jelbeszéddel kommunikálna felénk? Az oltár előtt a szerelmespár a boldogító igen kimondása helyett bólintana? Ha az út túloldalán szeretnénk felhívni barátunk figyelmét, áthajítanánk egy követ? Egyáltalán hogyan nézne ki egy baráti este az asztal körül ülve? Nem lennének többet énekes koncertek, és nem tudnánk a dalszöveget együtt üvöltve szétzúzni a bennünk felhalmozott feszültséget egy rockbanda ütemes tempójára? Mennyi maradna meg a humorból egyáltalán, ami életünk pótolhatatlan része?

Sajnos a beszéddel is az történt, mint a táplálkozással. Nem is olyan régen evés előtt imádkoztak az emberek, és csöndben fogyasztották azt el. A jóléti társadalmakban tömegek fordultak már el a keresztény vallástól – nem gyakorolják azt –, de így elveszítették azokat a hagyományokat is, amelyeknek bizonyos esetekben igenis volt értelme. Természetesen nem az a fontos, hogy érzelemmentesen elmormoljunk egy betanult szöveget, hanem hogy értékeljük valójában azt, hogy ehetünk. Ma mi történik tipikusan egy város központjában ebédidőben? Munkaidőben, dél körül – nem feltétlenül azért, mert éhesek vagyunk, hanem mert itt az idő – kiszaladunk valahova, és gyorsan veszünk egy menüt. Vagy még fejben a feladatunk jár az eszünkben, vagy éppen beszélgetünk valakivel. Általában egyszer csak észleljük, hogy elfogyott az étel, mehetünk. Időnként egy kérdés is megfogalmazódik bennünk: a pár perccel ezelőtt még előttünk álló ételt vajon ki ette meg? Sejtjük. Rohanunk vissza.

A beszédünkkel kapcsolatban is sajnos sokszor az a helyzet, mint a köszönésünkkel vagy a táplálkozásunkkal. Nagyon fontos lenne, hogy minden reakciónkban ott legyen a nyugalom, a béke, a megfontoltság, az értelmes mondanivaló, a hála és az öröm. A buddhizmusban az erénynek mindösszesen öt pontja van. Az első pont a „ne ölj", amely tágabb értelemben minden élet tiszteletét és védelmét jelenti. Nem megdöbbentő, hogy ezzel „egyenrangú" – hiszen benne van az öt legfontosabban – a „tartózkodjál minden hamis és ártó beszédtől"? Olyan boldog lennék, ha megértenénk végre, hogy a panaszkodás nem ősi magyar kultúránk része, hanem egy átok, amelynek erejét minden kiejtett negatív szóval csak tápláljuk. Ha megszűnne a hazugság, a szidalmazás és a panaszkodás, a világ egy pillanat alatt sokkal élhetőbb hely lenne. Mikor értjük már meg végre, hogy minden nem pozitív érzelemmel kiejtett szó mérgezi saját életünket és negatív karmát hoz létre, azaz egy nap fájdalommal kell fizetnünk érte?

Az, hogy hogyan kommunikálunk, beszélünk, nagyban meghatározza a kapcsolataink természetét, amely komoly befolyással bír sorsunkra. Hogy ezt jól csináljuk, egy pár percre próbáljuk meg átgondolni, hogy mit éreznénk, ha örökre némák lennénk?

Ha hirtelen visszakapnánk életünkben a beszéd áldását, mit tennénk? Folytatnánk panaszkodásunkat, vagy végre megfontoltan és pozitív életérzésekkel kommunikálnánk? Bízom benne, hogy az utóbbi.

Remélem, érted már. A beszéd a hála ünnepe.

A 15. vers címe:

Néma testben élve

Ki némának született,
hangszála gyászoló ében,
bezárva éli életét
saját teste rejtekében.

Összhangban e fájdalommal
körülöttem csendélet,
átérezve hangulatát,
hangom a csendé lett.

Ki folyton panaszkodik,
e versből talán majd látja,
milyen szerencsés lehet,
hogy a beszéd hétszer áldja.

Általa nincsen lényednek
meztelen testedben vége,
kapcsolatba hozhat bárkivel
a hang és tér szövetsége.

Szavaiddal jut el hozzánk
humornak és vágynak árja,
megoszthatod bensőd vele,
gondolatok sebes futárja.

S terjesztheted hited,
hódíthatod mások lelkeit
magvaidat szórva széjjel,
megfertőzve azok tetteit.

S ha valami nem világos,
bonyolult és nem éppen tiszta,
szavaiddal dörzsölheted,
míg megvilágítja egy szikra.

S ha nagyon fáj odabenn,
de tudsz beszélni róla,
gyógyulást nyújt számodra,
bármi is küldött padlóra.

S általa válhatunk szabaddá,
megtölthetjük a végtelen eget,
csillagokig dagasztva lényünk,
vagy tovább, míg tart a képzelet.

S ha magasztos érzésre vágysz,
könnyedén elérheted énekkel,
egyik legkönnyebb módja, hogy
kapcsolatba kerülj a lélekkel.

A kiejtett szó tehát
– akár hangosan vagy halkan –
örökké formálja létünk,
ezért az mind halhatatlan.

„Értve" már a néma létet,
megfogva lágyan a kezeket,
átérezve mély fájdalmatok,
üvöltünk mi helyettetek.

S mi, akik beszélhetünk,
összekulcsolva a karunk,
hálától övezve repítjük fel
szavakba bújt madarunk...

Tresch Attila, 2019.04.29.

V. 6. Test - 6. csakra - fény és az érzékszervek

Ha azt kérdezné bárki tőlünk, hogy mi az, ami gyorsabb a hangnál is, szinte mind azonnal rávágnánk, hogy a fény. A hatodik csakrában tovább finomodik az anyag, és a „hangból" vízió, fény lesz. A hang mechanikus hullám, ezért megköveteli, hogy anyagi közegen haladjon keresztül. Nem tud üres térben utazni. A fény elektromágneses hullám, amely már képes erre.

Az előző fejezetben bemutattuk, hogy a beszéd segítségével kerülünk kapcsolatba a környezetünkkel. Áramoltatjuk feléjük érzéseinket, gondolatainkat. A hatodik csakrában ez pont fordított. Szerepe, hogy az egyes érzékszerveink segítségével hozzánk is befogadásra kerülhessenek a külső ingerek. Öt érzékszervünk van: a szem, az orr, a fül, a nyelv és a bőr, amelyek közül az utolsót leszámítva mind csak ezen a területen találhatóak.

Az érzékelésekkel kapcsolatban nagyon régóta van egy kíváncsiság bennem. Mi van akkor, ha valójában az általunk ismerteken felül – látás, hallás, ízlelés, szaglás, tapintás – vannak egyéb érzékelési dimenziók is? Egyáltalán el tudunk képzelni ilyet? Elméletben ki lehet egyáltalán ezt zárni? Mit tennénk, ha kiderülne, hogy például a növények egy számunkra ismeretlen, hatodik nyelven beszélnek egymáshoz, amelyeknek az ingereit mi nem tudjuk befogadni? Ezekkel kapcsolatban lehet mégis valami belső sugallatunk, megérzésünk? Ezt hívjuk mi hatodik érzéknek?

Nem lehet, hogy minden őselemnek van egy érzékelési módja, saját érzékszerve? Az indiai Ájurvéda megkülönbözteti az étert a levegőtől, létrehozva egy ötödik őselemet. Ha el akarnánk végezni a párosításokat lehetséges, hogy ezekre az eredményekre jutnánk: föld – orr – szaglás, víz – nyelv – ízlelés, tűz – szem – látás, levegő – bőr – tapintás, éter (levegő) – fül – hallás. Ráadásul az Ájurvéda szerint mindannyiunkban van egy vagy több uralkodó őselem. Lehet, hogy ez határozza meg, hogy melyikünknek melyik érzékszerve a legkiemelkedőbb? Feleségem például nagyon érzékeny az illatokra. Én nem. Ő „ezer mérföldről" is megérzi, ha valaki dohányzott vagy alkoholt ivott. Nekem a hallásom a legjobb.

Az is sokat foglalkoztat, hogy van-e az egyes külső ingerek különböző belső érzékszervi érzékelése között egyértelmű kapcsolat? Mondhatjuk-e például, hogy a kék az általában négyzet, a piros az háromszög, a zöld pedig kör? Ha azt kérdezném, hogy a mély hang kék vagy piros-e, ugye mind ugyanazt válaszolnánk? Az egyik kedvenc filmem a Napsütötte Toszkána, amelyben elhangzik a következő mondat: „még az illata is bordó". Le tudjuk ezt magunknak fordítani?

Tavaly nyáron a feleségemmel, fiammal (20) és lányommal (15) együtt sétáltunk a kedvenc tengerpartunkon Horvátországban. Mivel imádok játszani, ezért mindig igyekszem kitalálni valami érdekeset. Arra kértem a csapatot – négyünket –, hogy ha választaniuk kellene, hogy melyikünk lenne észak, kelet, dél vagy nyugat, akkor közülünk ki melyik lenne. Kértem, hogy csendben gondoljuk át – közben gyönyörködve a csodálatos tájban –, és ha már mindenki döntött, utána osszuk meg egymással. Érdekes, hogy ugyanarra az eredményre jutottunk, bár én nem voltam meglepve egyáltalán. Természetesen én, a határozott atyai vezető lettem észak. Az anyai meleg ölelés honnan máshonnan jöhetne, mint délről. Fiam, a nagy kalandor és vándor, aki nyitott minden újra, a nyugat lett. Lányom, a szorgalmas, alázatos és szerénységet képviselő angyal lett végül kelet. Éreztem, hogy a játék picit elgondolkodtatta őket, és nekem ez volt a célom.

A fenti asszociáció nagy része nyilvánvalóan tanult. Mindenről vannak képzettársításaink, és beépítjük elménk fordítószótárába. Én mégis hiszem, hogy a dolgok legmélyén van egy olyan tartomány is, amely ezen túlmutat, és az érzékelések közötti elemi kapcsolatokat tárja fel.

A kérdés nem hagyott nyugodni. Ennek önmagamnak történő „bizonyítására" leírtam egy papírra hét színt és mellé írtam, hogy nekem azok hatására milyen formák, illatok, ízek, érintések és hangok jutnak az eszembe. A játék végén – az eredményeket összefoglalva – minden színhez hozzárendeltem egy virágot és egy hangszert is. Amikor végeztem, kimentem a konyhába feleségemhez. Arra kértem, hogy amikor meghallja a szín megnevezését, azonnal vágja rá, hogy milyen virág és hangszer jut az eszébe. Mind a kettőnk számára döbbenetes volt az egyezés. Párom minden ösztönös válasza egyezett azzal, ami a papíromon volt. Ennek az élményét őrzi a következő vers.

Hiszem, hogy igenis van a színek, formák, hangok, ízek, illatok és a textúrák között elemi kapcsolat.

A 16. vers címe:

Érzékeim

Köszönöm nektek, érzékeim,
a csodát, amit árultok,
láthatom a lét gyönyöreit,
ahogy színei feltárultok.

Ha fehér: krémes, szűzi világ,
félénken lapul, mint a hóvirág.
Selymes szépség a meleget várja,
a lelke mélyén csipke és hárfa.

Ha piros: forró, szúrós rózsa,
ki az édes vágynak adósa.
Felcsendül egy szoprán és lant,
a tűz elcsábítja az ártatlant.

Ha sárga: pezsgő derűeső,
bájosan ragyogó aranyeső.
Élénk, szeles, kacagó kupola,
fodros, pajkos, zamatos fuvola.

Ha zöld: békés, olyan drága,
a barátságnak lágy olajága.
Savanyú és egyszerre puha,
felzeng a Föld, egy kerek tuba.

Ha kék: ölelő, végtelen írisz,
e szín a sós tengerre kivisz.
Hideg, hűvös, gyémántkemény,
azon dobol az eső, a remény.

Ha lila: a léleknek fiola,
kacsint ránk a hálás viola.
Nagylelkűség, erő és jókora,
a túlvilágról szól az orgona.

Ha fekete: fátyol és nagyon mély,
keserű, magányos krizantém.
Szomorú, zord, kereszt és rideg,
nagybőgőn gyászol a téli hideg.

De ne hidd, hogy ily' egyszerű,
mert bármiben ott a két véglet,
egymásnak szerető testvérei,
és mozgatja őket az élet.

A hidegben is ott a meleg,
a háromszög is, ha forog, kerek,
A savanyúban már ott az édes,
és a sima is, ha elbújik, érdes.

Az öregben ott a fiatal,
s a játék az élet tétje,
de a villámlás fényében már
ott van a dörgés sötétje.

Mindig tele az, látja, ki ügyes,
hogy pohár még sosem volt üres.
Maximum folyadék nincs benne,
de árad belőle az élet csendje.

Csodálatos ez az egész,
lezáródnak édes ajkaim,
mily' hálás vagyok, érzékeim,
arra nincsenek már szavaim...

Tresch Attila, 2020.03.14.

Az érzékelésekkel kapcsolatos első rész után térjünk rá a fejezet fő mondanivalójára.

Fontos kérdés, hogy miért lényeges egyáltalán foglalkozni a testünket érő ingerekkel? Van-e, és ha igen, milyen kapcsolat ezen ingerek és testi egészségünk között?

Egyértelműen kijelenthető, hogy van kapcsolat.

- Észrevettük már, hogy ha nyaralni megyünk, és egész nap fekszünk a tűző napon, akkor hiába pihentünk sokat, mégis nagyon fáradtak leszünk estére? Sok esetben még sajnos az is előfordul, hogy a „szebbik nem" számára nőgyógyászati problémák adódnak ilyenkor.
- Észleltük már, ha nagyon sok különböző ízű ételt összeeszünk, akkor afta keletkezik a szánkban?
- Dolgoztunk már olyan helyen, ahol nagyon erős illatnak voltunk kitéve hosszú ideig? Kellemesnek éreztük?
- Ha sokat utazunk, estére nagyon elfáradunk. Nem lehet, hogy az autóban hallható nagy menetzaj miatt van mindez?
- Volt már olyan, hogy egy diszkóba vagy koncertre mentünk, nem is ittunk sok alkoholt, időben ágyba kerültünk, másnap mégis nagyon fájt a fejünk?
- Miért fárasztó a folyamatos tévénézés? Csak ülünk egy kanapén mozdulatlanul. Vagy volt már olyan élményünk, hogy mondjuk egy egész napos tévénézés után másnap úgy ébredtünk, hogy tele voltunk életenergiával? Higgyük el, hogy nem.

Végül a kedvenc példám a wellness, amit én csak „badness"-nek hívok. Tipikusan hogyan is zajlik? Párunkkal kettesben messze megyünk, hogy ne legyen ismerős és magunk legyünk. Másik célunk, hogy felfedezzünk még számunkra ismeretlen, vonzó helyeket. Elutazunk hát egy szállodába, ahova vezetnünk kell oda és majd vissza két-három órát. Az utazás már önmagában fárasztó lehet. Sok időt töltünk a fürdőben, ami nagyon hangos. Szaunázunk pár kört, beülünk a termálmedencébe, majd a jakuzziba, mely nagyon megterheli bőrünket. Közben spotlámpák mindenhol, és alig-alig van természetes fény. A kényelem miatt félpanziós ellátást rendelünk, így lehetőségünk van arra, hogy szervezetünknek szinte az összes fronton teljes támadás indíthassunk. Napi minimum kétszer megeszünk mindent, amit csak képesek vagyunk. Természetesen az egésznek nagyon fontos hozadéka a párunkkal töltött közös öröm, mégis a hazaérkezést követő másnap hogyan érzi magát testünk? Tele van energiával, vagy fáradt, és legszívesebben kivennénk még egy nap szabadságot? Vajon miért van mindez?

A válasz egyszerű. Testünk akkor van egyensúlyban, ha az azt érő ingerek is egyensúlyban vannak. Ha bármelyik érzékszervünket túlterheljük, akkor szervezetünk működése is „felborul" ennek következtében.

Testvéremmel van egy picit őrült szokásunk. Minden évben a június 22-hez legközelebb eső szombaton egy nap alatt megkerüljük a Balatont kerékpárral. Mivel a Tihanyi-félszigetre nem megyünk be, így a táv körülbelül 210 km. Ez egy jó kerékpárral, sportolói múlttal, némi lélektani ráhangolódással azért kisebb kihívásokkal teljesíthető. Nekünk azonban öreg bicajaink vannak. Az enyém több mint 20 éves, és körülbelül ennyi kilogramm is. A másik nehezítő tényező, hogy általában a „nagy" napon ülünk rá a kerékpárra abban az évben először. Mindezek miatt nem kis kihívás a kerülés. Ezen élmények alkalmával általában ötkor kelünk, bekapunk két-két tojást. A reggeli tornát ilyenkor kihagyjuk. Egy lelkesítő pacsi után nekivágunk az útnak. Tesóm ekkor szinte menetrendszerűen elszöszmötöl a bicajára erősített rádióval. Sosem tudom, hogy valami jelet akar befogni ilyenkor, vagy inkább leadni, hogy „Houston, baj van". Utána kezdetét veszi egy számunkra őrült tempó, ahogy Balatonfenyvesről „lezúzunk" Siófokra. Ez az első pihenőhelyünk. A szervezetünk közötti különbséget jól mutatja, hogy bátyámnak elég a teljes útra 2 darab szendvics, míg nekem legalább nyolcra van szükségem. Még jó, hogy hasonló a génállományunk! Ezeken felül persze nem maradhat el az egy-egy tábla csokoládé sem, és fejenként négy-négy liter folyadék. Ahogy jön fel a nap, egyre melegebb lesz. Forróság jön felülről és alulról is, ahogy az visszaverődik az aszfaltról. Ehhez jön hozzá a maximum két bárra felfújt régi gumiknak és a láncnak a súrlódási hője, amelyet a folyamatos tekeréssel magunk alatt termelünk. Siófokról húszperces pihenő után folytatjuk utunkat Balatonvilágos felé, ami az én kedvencem. Amikor odaérünk, elégedetten leülünk egy padra, és élvezzük azt a káprázatos kilátást, amely talán az egyik legszebb, amit valaha láttam. Lélekemelő. Imádom a Balatont. Egy nap itt akarok majd megöregedni, és később meghalni is. Az élménytől töltődve egy rövid keleti partszakasz után az északi part már rutin. Ilyenkor már nem sietünk, nyugodtak vagyunk. Kiélvezzük az út hátralévő részének minden cseppjét, főként azt, hogy élünk és szabadok vagyunk. Balatonfüred, Zánka, Badacsony és Keszthely megállókkal körülbelül este nyolc óra felé menetrendszerűen hazaérkezünk. Az ajtóban megöleljük egymást, és elönt minket egy nagyon jó érzés. Este megünnepeljük az utat, és jókat nevetünk azokon a kalandokon, amelyek napközben történtek. A terhelés a megszokotthoz képest hatalmas, másnap mégsem vagyunk különösebben fáradtak. Hogyhogy? Vajon hogyan használjuk fel annak ismeretét, hogy vigyáznunk kell arra, hogy egyik érzékszervünket se terheljük túl?

Egy ilyen kaland során ízlelésünk és szaglásunk nincs különösebben erős ingerekkel bombázva. Bőrünk és szemünk napfényterhelése viszont óriási. Természetesen rövidnadrágot viselünk, de én például hosszú ujjú felsővel, fejkendővel és napszemüveggel. Fel sem merül, hogy félmeztelenül teljesítsük az utat. Lehet, hogy időnként kellemes lenne, de estére agyunk sokkal jobban elfáradna, és másnap is kimerültebbek lennénk. Meglepő, de fülünket is kímélni kell, ugyanis a szél miatt van egy folyamatos menetzaj. Ha hangos zenét hallgatnánk az úton, egy darabig segítene, hiszen elterelné a figyelmünket. A végén azonban bizonyos, hogy visszájára fordulna. Pont emiatt leginkább csak halkan szól a rádió tesóm kerékpárján, illetve a holtpontokra időzítünk egy-egy rövidebb zenehallgatást. Ilyenkor ezekre a nehezebb időszakokra előkészített válogatásokkal fokozzuk a picit őrült kalandunk során átélt élményünket.

Ha elfogadjuk, hogy a testi egészség szükséges feltétele, hogy az érzékszerveinket ért ingerek egyensúlyban legyenek, akkor első lépésben célszerű beazonosítani a veszélynek kitett érzékszervet.

A számítógépes munkát végzőknek ez bizonyosan a szem. Naphosszat ülünk a gép előtt, sokszor még túlórázunk is, és mit csinálunk este, lefekvés előtt? Jellemzően még egy-két órát tévézünk. Olyan világot élünk, hogy a vizuális ingerek teljes mértékben uralják az életünket, és nem tudjuk függetleníteni magunkat tőle. Muszáj tudatosságot vinni hát bele. Vagy szánjuk radikális lépésre magunkat, és dobjuk ki a tévénket, vagy korlátozzuk magunk és gyermekeink számára annak használati idejét. Talán az is jó modell, ha például csak minden második nap kapcsoljuk be.

Higgyük el, hogy a testi vitalitás érzése nélkül életünk egyéb kihívásaival vívott küzdelmünkben sem lehetünk elég sikeresek. Vigyázzunk hát érzékszerveinkre, azok terheléseire. Nélkülük ugyanis bezáródik az az ajtó, amelyen a külvilág eljuthat hozzánk, és egyedül maradunk testünk börtönében.

V. 7. Test – 7. csakra – alvás és az álom

Ha megkérdezem gyermekeimet, hogy mi az az egyetlen dolog, ami még a fénynél is gyorsabb, rögtön rávágják, hogy a gondolat. Elérkeztünk hát az anyagátalakulási folyamat egyik végállomásához, a legfinomabb tartományba. A visszaúton az itt megszületett gondolatból – például, hogy nyaralni szeretnénk menni – lesz majd vizualizáció, sok-sok beszélgetés, majd egy nap egy tényleges utazás. Nem mindig vagyunk tudatában azonban gondolatainknak, hiszen agyunknak is pihennie kell néha. Mindennap szükségünk van alvásra, amellyel kapcsolatban sok kérdés merül fel bennem.

- A teremtő erő miért úgy alkotta meg a világot, hogy minden élőlényének elemi szükséglete legyen az alvás?
- Mi az oka annak, hogy az egyes élőlényeknek nagyon eltérőek lehetnek az alvási szokásaik? Egyesek téli álmot alszanak, mások nem.
- Az alvás igénye számunkra miért napi, miért nem heti vagy havi? Van kapcsolata a nappalokkal és az éjszakákkal?
- Miért nem lehet az alvást raktározni? Például most ráérek, jól kipihenem magamat, majd utána egy hétig nem alszom.
- Miért alszunk ilyen sokat? Gyakorlatilag az életünk egyharmadát átalusszuk.
- Az alváshoz miért kell elernyesztve lennie az izmainknak, és ehhez lefeküdnünk?
- Az ember miért csak úgy tud elaludni, hogy ki vannak kapcsolva az érzékszervei?
- Mi történik velünk alvás közben?
- Mi is valójában az álom? Oly keveset tudunk róla.
- Van kapcsolat valóság és álom között?
- Lehet kihatása az álomnak arra, hogy mi fog velünk történni?
- Mi, emberek, létesíthetünk kapcsolatot egymással álom közben?

Ötéves korom óta vannak olyan álmaim, amelyek nagyon vizuálisak, aprólékosak és valóságosnak tűnőek, mégis tudom, hogy nem éltem át őket. Természetesen sokáig nem tulajdonítottam nekik komolyabb jelentőséget. Ahogy idősödtem, egyre inkább felmerült bennem, miszerint lehet, hogy egy másik életem tör elő ezekben az emlékekben? Ma már hiszek a lélekvándorlásban és elképzelhetőnek tartom, hogy így van.

Fegyelmezett vagyok, ezért szinte minden este tíz óra felé megyek az ágyamba. Pár perc alatt álomba zuhanok. Három alvási ciklust mélyen átalszom, amelynek a végén – a lefekvéstől számított 4,5 óra múlva – jellemzően felébredek. Ilyenkor egy órácskát gondolkodom az élet dolgain, majd visszaalszom reggel hatig. Ébredéskor általában tele vagyok energiával, és azonnal készen állok a nap kihívásaira. Imádom a reggelt.

Az évek óta megélt hajnali virrasztásaim furcsa élettapasztalattal gazdagítottak. Ilyenkor elmém mindig nagyon tiszta, nyugodt, és mintha kapcsolatba kerülnék egy végtelen bölcsességgel. Korábban említettem, hogy sokat oktattam életemben. Előadásaimat gyakran azzal kezdtem, hogy „amikor a tanítvány készen áll, a mester megjelenik" (keleti bölcsesség). Rögtön utána mindig megkérdeztem, hogy „ki a tanítvány és ki a mester"? Hiszem, hogy a tanítvány a kérdés, a mester pedig a válasz. Célom ezzel mindig az volt, hogy hangsúlyozzam: a tanár az előadásával csak a hallgatókban már feltett kérdésekre adhat választ. Ha nincsenek kérdések, akkor válaszok, és így tudásgyarapodások sem lesznek.

Tapasztaltuk már, hogy ha például egyik pillanatban kíváncsiak leszünk arra, hogyan készül a tető, onnantól fogva minden sarkon olyan házakat látunk, amelyeknél ezt megfigyelhetjük. Talán korábban nem voltak azok ott, vagy csak vakok voltunk észlelésükhöz? Ha egy tisztítószalont keresünk, és nem ugrik be egy sem, később lépten-nyomon szembejönnek? Biztosak lehetünk benne.

A hajnali virrasztásaim során arra lettem figyelmes, hogy ha egy kérdés megérett bennem és őszintén fel tudtam tenni, akkor valaki válaszolt. Olyan érzés, mintha kapcsolatba kerülnék ilyenkor egy végtelen bölcsességgel, egy óceánnal, amelyben benne van minden tudás. Egy ideje valahogy hiszem, hogy az emberek ide töltik fel élményeiket, tapasztalataikat, vágyaikat és álmaikat a kezdet kezdete óta. Lehet, hogy a modern kori informatikai adattárolás felhő-modelljét nem is mi, emberek találtuk ki, hanem mindig is létezett, és itt volt a párnánk alatt?

Észrevettük már, hogy ha veszekedtünk valakivel, de még lefekvés előtt feloldjuk a konfliktust, akkor annak szó szerint nem marad nyoma az életünkben? Ha ez nem történik meg, akkor sajnos lesz. Hogyan lehetséges mindez? Nem az a magyarázat, hogy agyunk éjszaka készít jegyzeteket életünk eseményeiről, és valahol elraktározza mindazt?

Tapasztaltuk, hogy vágyainknak és álmainknak kihatása lehet az életünkre? Olyanok, mint egy ima, amit igenis hall valaki: a teremtő erő. Nem lehetséges, hogy ezek az álmok bekerülnek egy nagy optimalizációs folyamatba, ahol a szándék tisztaságának, tartósságának és erejének függvényében formálja valaki vagy valami a jövőnket?

Ha esetleg így is lenne, feltehetjük azonnal a kérdést, hogy de akkor miért nem teljesül mindig? Lássuk be, hogy gyakran álmaink is ellentmondásosak. Sokszor akarunk is valamit, meg nem is. A különböző személyek kívánságai is kizárhatják egymást. A mezőgazdaság esőért fohászkodik, a turizmus napfényért. „Isten" legyen a talpán, aki ebben a káoszban rendet tud tenni...

A 17. vers címe:

Az álom

A légzés a lelkek kapcsolata,
az alvás talán a vágyaké?
Miért kell mindennek pihennie,
az álom nemcsak az ágyadé?

A hely, hová a fáradt elme
hazatér pihenni szívesen,
egy összefüggő mezőt alkot,
hol mi együtt mind vízszintesen.

Itt nincs erős, se gyenge,
itt minden érzés egyenlő,
nincs tér, se teste,
se pillanat, se esztendő.

Az éjszaka vigyáz reánk,
mint egy tündér jóakaró,
összefon minket karjaival,
akár egy puha ködtakaró.

Ilyenkor nem vagy egyedül,
vágyjál, és azzal kérjél,
a sötét mindünkért harcol,
az otthon, hova hazatértél.

S ahogy zuhanunk a csendben,
s mindenki egy álmot mormol,
egy láthatatlan kéz ringat,
s a végtelen arcon csókol.

Ekkor mindenki fiú,
a teremtő erő a lány,
fohászunk hozzá szól, ki
megszüli óhajunk talán.

Hát kimondom a képtelent,
– neked akármit is jelent –,
hogy az ábránd nem a tiéd,
vele formálod a jelent.

A fény visszatér a sötétbe,
hogy elmesélje, mit látott,
megpihen, hogy valóra váltson
egy megálmodott világot...

Tresch Attila, 2019.12.30.

V. 8. Test – Összefoglalás

Foglaljuk össze röviden az elmúlt hét fejezet legfontosabb gondolatait!

- A testünk mi is vagyunk, meg nem is. Bérlői vagyunk csak ennek a háznak. Egy pontig követi utasításainkat, de saját döntéseket is hoz. A test a három „én" egyike. Jó anyaként próbál támogatni minket mindenben. Tud fájni, emiatt képesek vagyunk folyamatosan tanulni általa. Egy aggódó gyermek is egyben, amely félhet, hiszen tudja, hogy pusztulhat.
- Testünk nem egy bőrönd, hanem egy megkomponált remekmű, amelyben mindennek megvan a pontos helye és értelme.
- A testben végbemenő anyagátalakulási folyamatnak hét nagy szakasza van, amelynek fő lépéseit összefoglalja a következő táblázat:

Cs.	Anyag	Kapcsolat	Egyensúlyt kell találni	Szín	Mantra
7.	Gondolat	a forrással	Alvás	Lila	Aum
6.	Fény	a külvilággal (bejárat)	Érzékszervek terhelése	Sötétkék	Ksham
5.	Hang	a külvilággal (kijárat és bejárat)	Beszéd	Világoskék	Ham
4.	Légnemű	a Lélekkel	Légzés	Zöld	Jam
3.	Tűz	a Tűzzel	Táplálkozás	Citromsárga	Ram
2.	Folyékony	a Vízzel	Víz, szex	Narancssárga	Vam
1.	Szilárd	a Földdel	Mozgás	Piros	Lam

- Az első csakra megfelelő működéséhez a mozgásban kell egyensúlyt találnunk. A túlzásba vitt fizikai terhelés legalább akkora probléma lehet, mint a mozgáshiány. Fontos tehát hangsúlyozni, hogy az összes energiaközpont alulműködése és túlműködése is lehetséges. A mozgás nem más, mint kapcsolat a Földdel.

- Testi egyensúlyunk fenntartásához nagyon fontos a vízfogyasztás. Az oxigén után a második legérzékenyebben reagálunk a hiányára. Könnyedén beláthatjuk emiatt, hogy nagymértékben kihatással van belső fiziológiai folyamatainkra. Lényeges, hogy megértsük, hogy ha szomjasak vagyunk, mindig vízre vágyunk, és nem folyékonyra. Nagyon sok folyékony „ital" inkább tekinthető tápláléknak, mint víznek.
- A második csakra a szexualitásunk központja is egyben. Meg kell, hogy tanuljuk meghallani belső igényeit, és követni ezt a hangot, anélkül, hogy teljesen kiaknáznánk gyönyöreit. Ne fojtsuk el természetes vágyainkat, de szexualitásunk ne is váljék az öröm hajszolásának eszközévé!
- A jóléti társadalmak népbetegsége az elhízás. Túl sok figyelem fordul arra, hogy mit eszünk, és túl kevés a táplálkozásunk sajátosságait meghatározó egyéb tényezőkre, mint a mozgás, a szex, a kapcsolataink, az önbizalmunk és a sikerélményeink. Ha csak az ételek minőségére koncentrálunk, erőfeszítéseink sikere erősen kérdéses lesz. A harmadik csakra hosszú távú egyensúlytalansága addikcióba fog átcsapni.
- A légzés a mennyországunk kapuja, ahova bármikor beléphetünk. Becsukjuk a szemünket, mélyeket lélegzünk, és megszűnik bennünk minden rossz érzés. Használjuk tudatosan, bármikor, amikor szükségünk van egy csöppnyi áldásra.
- Tartózkodjunk a hamis és ártó beszédtől! Ne panaszkodjunk soha, és ne szidjunk másokat!
- Figyeljünk oda érzékszerveink terhelésére! Ne tévézzünk vagy számítógépezzünk sokat!
- Mindennap aludjunk annyit, amennyire szervezetünknek szüksége van! Álmodjunk tudatosan arról, hogy mire vágyunk! Nyugodt és tiszta pillanatunkban kerüljünk kapcsolatba a forrással, a tudás óceánjával.
- Ha egyensúlyt találunk a mozgásban, vízfogyasztásban, szexben, táplálkozásban, légzésben, beszédben, az érzékszerveink

használatában és az alvásban, akkor testünk tele van vitalitással, életenergiával.

- Ne felejtsük el, hogy testünk szimbiózisban él a másik két „én"-nel is, amelyek kölcsönösen hatnak egymásra. Nem igaz az, hogy minden betegség oka lelki eredetű. A tudat megbetegítheti a testet, és fordítva.

- Az egyensúly kialakításában és fenntartásában segítségünkre lehet – a teljesség igénye nélkül – a színterápia, a mantrázás, az időszakos böjt, a masszázs, a kristályterápia, a szaunázás, a jóga, és a rendszeresen végzett meditáció is.

A fejezet végén hadd fejezzem ki mérhetetlen hálámat testemnek, egy olyan csónaknak, amelyben együtt hullámzunk – hol lágy, hol pedig viharos vizeken – lassan már negyvennyolc éve. Köszönöm neked!

A testemhez

Végtelen fényre vágyom,
a hívó nap a hegyen,
a felhők nyújtózkodnak,
a fű lábujjhegyen.

Ki kell törnöm innen,
fogva tart e verem,
légy fegyverem az úton,
testem, tarts velem!

Én nem vihetlek téged,
csak suttoghatom néked,
hogy higgy és bízzál bennem,
s ne mondogasd: „félek".

Induljunk hát tüstént,
lépjünk rá az útra,
mi ragyogáshoz vezet,
a sötétségen túlra.

S erős lábam elindul,
nem is kérdi, milyen messze,
sosem pihen, hogy fájdalmát
újabb lépésbe temesse.

Segítenek neki ügyesebb,
ám sokkal gyengébb karjaim,
de ki lebecsülte erejét,
nem felejti gyilkos karmaim.

Recseg, ropog, kattog,
törik, lüktet és fáj,
de a halandók országában
a lélegző test a király.

Pusztít téged az idő,
háború és betegségek,
kívül-belül zabálnak
a kegyetlen ellenségek.

Már hosszú ideje együtt,
megyünk tűzön, vízen át,
sajgó sebeiden keresztül
büszkeséggel nézek rád.

Kúszol-mászol, küzdesz,
végül célba hozol engem,
emléked sosem felejtem,
örökké ott lesz bennem.

S kínod volt a megváltás,
általa lelkem felszabadul,
szétszaggatott testem aléltan
hazatérve földre borul.

Egy életen át követtél engem,
belső mosolyért cserébe,
könnyeimet hullajtom érted,
remélem, neked is megérte.

Egy sorson át a test szenvedett,
de ne keress miérteket,
hogy a lélek fejlődhessen,
halál cipeli az életet...

Tresch Attila, 2019.08.04.

VI. A tudat (Ádám)

VI. Tudat – Az EGO fogalma

A könyv elején meséltem az eredendő bűnnel kapcsolatos véleményemről. Meggyőződésem, hogy a történet megfejtése nem az, hogy az engedetlenségünkért kaptuk a büntetésünket. Sokkal inkább azért, mert a tudás fájáról ettünk, amely életre keltette az egészséges gondolatok illetve a folyamatos kételkedés és okoskodás elválaszthatatlan kettősségét mindannyiunkban. Pandora szelencéje kinyílt. Az EGO megszületett. Kívülről rátekintett a környezetére, és minden helyzetben már a továbbfejlődés lehetőségét kereste. Semmi sem volt jó és tökéletes többé. A Paradicsomot elvesztettük általa, és elindult az emberiség lázas, végeláthatatlan és egyben önpusztító fejlődése. Mindaz, ami történik velünk, nem az Úr büntetése, hanem egyenes következménye tetteünknek.

Ha megnézzük, hogy miben különbözik az ember a többi állattól, akkor úgy vélem, hogy a helyes válasz az emberi tudat. Minden élőlénynek van teste, és – mivel kapcsolódik a teljességhez – lelke is. Ha egy lovat vagy kutyát simogatunk, kétség sincs bennünk, hogy ez így van. Látjuk a szemeikben a jóságot. Mindaz, amit az ember elért és tett magával és a környezetével, az emberi tudat működésében keresendő. Nagyon ellentmondásos világot hoztunk létre. Háborúkat indítunk, de mellette kórházakat üzemeltetünk. Kizsákmányoljuk egymást, máskor meg jótékonysági céllal adományozunk. Néha őszintén végighallgatjuk a másikat, a következő alkalommal meg vadul vitatkozunk. Egymásra mosolygunk, a másik háta mögött meg olykor szidjuk egymást. Élethalálharcot folytatunk az éppen szűkösnek vélt erőforrásokért, közben meg igyekszünk elhitetni mindenkivel, hogy alapvetően békés, kedves, humoros, jó fejek vagyunk.

A fentiek miatt fel kell tennünk egy nagyon fontos kérdést magunknak: Az emberi tudat a barátunk vagy az ellenségünk?

Nyilvánvalóan mindkettő. A tudatunknak van egy egészséges és nagyon értékes része. Általa vagyunk képesek élethelyzeteket, problémákat megoldani. Házakat vagy hidakat építeni, autót vezetni, könyvet írni, tanítani a gyermekeinket. Segít nekünk megtervezni és végrehajtani a mindennapi élet feladatait, például egy bevásárlást. Van azonban egy másik fele is a tudatunknak, amelyet EGO-nak hívunk. Mindaz a borzalom, amelyet az emberiség végrehajtott az elmúlt évezredek során, miatta van.

Mi az az EGO, és hogyan működik?

Tudatunk egy részének nagyon erős késztetése van arra, hogy egy pozitív énképet, vagy – ha ez nem sikerül – egy „mártír"-képet hozzon létre, amelyet mindenáron meg akar védeni. A fő probléma azonban nem ezzel van. A nagy csapda az, hogy az EGO elhiteti velünk, hogy ő mi vagyunk. Ha ezt a súlyos tévedést nem észleljük, lényük sértődékeny, féltékeny, bosszúálló és gonosz tudati része átveszi helyettünk az irányítást. Az énképünket mind a múltunkból merítjük, ami nagyon fontos nekünk. Ha bármilyen szituációban vagyunk, és akármi „fenyegetheti" ezt az énképet, akkor agresszióval, támadással reagálunk.

Nézzünk meg mindezek bemutatására tíz példát!

Képzeljünk el egy olyan élethelyzetet, hogy családunkkal ülünk egy autóban. Mi vezetünk, és a szabályokat betartva ötven kilométer per órával haladunk lakott területen. Egy másik autó hirtelen elhalad mellettünk nagy sebességgel. Mi játszódik le bennünk? Az aggódás győzedelmeskedik, hogy „úristen, biztos válsághelyzet van, csak érjen oda az illető", vagy másra fogunk gondolni? Valószínűleg az utóbbi történik. A tipikus reakció az, hogy dühöt érzünk, és ezt ki is kell, hogy adjuk magunkból a másik vezető bírálásával. Például, hogy „nézd ezt az idiótát".

Miért van erre szükségünk? Miért reagálunk így? A válasz egyszerű. Ha mi hoztunk egy döntést – hogy éppen betartjuk a szabályokat – és más nem így tesz, akkor a döntésünk helyességét meg kell kérdőjeleznünk egy pillanatra. Az elménk egy része (EGO) folyton rivalizál. Egy adott helyzetre szerinte egyetlen legjobb megoldás lehet csak, ezért önkéntelenül is fel kell tennünk magunkban a kérdést, hogy akkor „én" vagy „ő" a hülye? Már a felvetést alapból is támadásnak fordítjuk és agresszióval reagálunk. Haragot érzünk, mert a másik autó eltérő viselkedése megkérdőjelezte a mi döntésünket. Lényünk jelszava: „mi nem tévedünk". Elménk anyatigrisként védi saját énképünket. Furcsa bíróság ez. Az ügyész az oly könnyen megsértődni képes elme (EGO), ami szinte mindent kritikának vesz. Ügyvéd nincs, csak bíró, aki pont az az elme (EGO), akit megvádolnak. Nagyon gyors a tárgyalás. Az ítélet nyilvánvaló lesz. Ki is hirdetjük: „mi mindent jól csináltunk, tehát a másik az idióta". Vagy nem ez játszódik le bennünk?

Másik példa. Egy szupermarketben végeztünk a nagybevásárlással. Készülünk beállni a pénztárnál a több sor valamelyikébe. Alaposan mérlegeljük, hogy melyikben végeznénk leghamarabb. Figyelembe vesszük a várakozók számát, a kosarakban lévő áruk mennyiségét. Hozunk egy döntést, és kiválasztunk egy sort. Látjuk, amint érkezik egy újabb vásárló, de egy olyan pénztárhoz áll be, amely még nem is üzemel. Felébred bennünk a kétség, hogy rossz sort választottunk. Feltesszük magunkban a kérdést: „lehet, hogy nekünk is át kellene állni oda?". Hozunk egy döntést, hogy maradunk. Utána rögtön ezt a döntést alátámasztó magyarázatokat is kreálunk hozzá. Nem, mi nem tolakodunk vagy ügyeskedünk. Tisztességes emberek vagyunk. Váratlanul a hangosbemondó bemondja, hogy megnyitják azt az eddig még nem működő pénztárat. Mire észbe kapnánk, néhány vásárló a sorok végeiről átáll oda. Mit fogunk érezni? Frusztrációt és haragot egészen biztosan. Azt fogjuk érezni, hogy milyen szánalmas világ ez, ahol az emberek nem udvariasak. Nem érdemelnek meg minket. Pedig, ha végig gondoljuk, a mi sorunk ettől még egyetlen másodperccel sem végez később. Az új pénztár megnyitásával nem ért minket veszteség. Miért reagálunk akkor mégis megint haraggal? A tiszta elme nem sértődne meg, de az EGO igen. A magyarázat ugyanaz. Úgy érezzük, hogy ha átálltunk volna, most már rég készen lennénk. A döntéseink hatékonyságát egyszerűen megkérdőjelezte ez az élethelyzet, és tudatunknak választania kell. Mi voltunk bénák, vagy a világ tele van tolakodó emberekkel? Természetesen az utóbbit választjuk, és dühösek leszünk, hogy belekényszerültünk ebbe. Szúrós tekintetünket a másik pénztár elején lévő emberekre vetjük.

Harmadik példánkban idézzük fel, hogy hogyan reagálunk arra a helyzetre, ha beszélgetés közben partnerünk úgy kezdi a mondatát: „nem értek veled egyet ebben". A belső hang azt súgja ilyenkor, hogy „de jó, végre valaki más véleményen van, így megvan annak az esélye, hogy egy másik nézőponttal gazdagodhatom"? Sajnos nem ez a jellemző reakció. Általában rögtön bezárkózunk, és minden energiánkat arra fordítjuk, hogy bebizonyítsuk, hogy nekünk van igazunk. Tipikusan nem vagyunk tudatában, de ilyenkor nem – az objektivitást megőrizve – az észérvek felsorakoztatása a célunk, hanem az „én" védelme. Mindenáron. Ha a szócsatában alul maradunk, a végén csak annyit mondunk, kitéve a pontot a beszélgetés végére: „én akkor is másként gondolom, és kész". Reakciónk magyarázata teljesen analóg a korábbiakkal. Ha más nem úgy gondolja, ahogy én, akkor én tévedek. Ezt nem hagyhatom. Megvédem magamat. A vicces az egészben, hogy az esetek többségében egyáltalán nem lehetünk tisztában az igazsággal, sőt mindenkinek is igaza lehet egyszerre. Eszembe jutnak a kamaszkoromban a barátaimmal megvívott vitáim, amikor a szubjektív dolgokba is képesek voltak haverjaim belekötni. Ha kijelentettem, hogy „szerintem a világ leggyönyörűbb színésznője Sophie Marceau", rögtön jött a válasz: „Te hülye vagy!".

Azon se lepődjünk meg, ha az érintett példákat nem érezzük magunkénak. Úgy gondoljuk, hogy mi nem így működünk.

Ugyanakkor ne zárjuk ki annak az esélyét se, hogy becsapjuk magunkat! Ne felejtsük el, hogy a fenti esetek elfogadásával némi önkritikát gyakorolnánk, amit az elménk nem biztos, hogy képes elfogadni. Az EGO mindig jelen van bennünk.

Negyedik példánkban képzeljük el, hogy mi főzzük a szombati ebédet. Első lépésben megkérdezzük a család véleményét, hogy mit szeretnének. Persze nem kapunk értelmes választ. Öt-tíz eldöntendő kérdés feltétele után, „hogy ez meg ez jó lesz-e", rábólintanak valamire. Utána ellenőrizzük, hogy mi van otthon, és hogy miből mennyit kell vásárolnunk. Elmegyünk a boltba, megvesszük, majd hazahozzuk, ami szükséges. Kipakolunk a szatyrokból. Meghámozzuk és feldaraboljuk a zöldségeket. Felvágjuk és megsózzuk a húst. Feltesszük mindezt főni. Miközben mosogatunk, figyelemmel kísérjük az egészet, és időnkénti kóstolás után ízesítjük az ételünket ízlésünk szerint. Egyszóval sok munkánk van benne. Már majdnem kész, amikor párunk bemegy a konyhába, megkeveri, megkóstolja, majd azt mondja: „szerintem kellene bele egy kis paprika". Mit érzünk ilyenkor? A békés elme örülne annak, hogy támogatást kap annak érdekében, hogy nagyobb eséllyel elérje célját, azt, hogy finom legyen az ebéd. Sajnos azonban tipikusan nem így reagálunk. Egész pontosan az EGO nem így reagál, és mivel elhitette velünk, hogy ő mi vagyunk, így sajnos mi sem. Már akkor dühöt érzünk, amikor párunk belép a konyhába. Az EGO alapszabálya: vagy a „mit" mondd meg nekem, vagy a „hogyant". Másképpen vagy te főzöl, vagy én. Ha én főzök, akkor viszont ne dumálj bele. Ha a „mit" és „hogyant" is előírod nekem, akkor az olyan, mintha „én" idióta lennék, és ezt nem tűrhetem. A reakció magyarázata a következő. Ha belepiszkálsz az ebédbe, akkor a végeredmény, és így a finom ebéd dicsérete is közös. Logikailag az ugyanakkora munka eredményeképpen kapott családi köszönet feleakkora lesz. Az EGO-nak ez rossz üzlet, hát azonnal támadni fog, mint a hurrikán. Ha még bizonytalanok vagyunk, adjunk férjünknek barkácsolása közben néhány szakmai jótanácsot. Javaslom, amint kimondtuk, „fussunk"!

Ötödik példánkban nézzük meg a reakciónkat játék közben is. Kockapókerezzünk egyet! A játék az EGO megfigyelése szempontjából zseniális, ugyanis a kockajátékok tekinthetőek azoknak a játékoknak, amelyek – ha nem csalunk – nagyon nagy százalékban szerencsejátéknak tekinthetőek. Nem 100%, hiszen hozhatunk benne a valószínűségszámítás szempontjából jó vagy rossz döntéseket. Függésünk azonban a szerencsétől óriási. Ráadásul ezzel mind tisztában is vagyunk. A játék ellenpólusát képezi a sakk, amelyben elvileg a szerencsetényező nulla. Nincs benne olyan, hogy a kapufáról éppen bepattant a labda vagy sem, vagy téves bírói ítéletek kihatással vannak az eredményre. Ha valaki szabálytalanul lép, „észre szokták" venni. Ha a kockajáték szerencsejáték, akkor nyilvánvaló számunkra, hogy ha veszítünk, akkor nem mi voltunk „bénák". Így énképünk sem csorbulhat, azaz nyugodtak maradhatunk, ha nem pénzre játszottunk. A játék várható lefolyása mégsem teljesen így fog kinézni. Nézzük meg az EGO-t, hogy mit tesz velünk ilyenkor. Azonnal megteremti elméletek százait, hogy mit és hogyan kell tennünk ahhoz, hogy jót dobjunk. Ráfújunk a kockákra dobás előtt, megpuszáljuk a kezünket. Mandinerre játszunk, vagy éppen nem. Döntéseket hozunk hát, amelyeket az élet igazol, vagy éppen nem. Ha a végeredményük számunkra kedvezőtlen, ellenséget kell találnunk, mert mi nem hozhatunk rossz döntéseket. Megtaláljuk. Úgy érezzük, hogy a felsőbb erő – akiben megbíztunk – cserbenhagyott minket.

Mondhatjuk, hogy valóban, a gyerekek tényleg így reagálnak, de mi, felnőttek másként. Igen, így van. A felnőtti reakció súlyosabb. A nagyobb életkor miatt már sokkal több „munkánk" van az énképünk kialakításában.

Hatodik esettanulmányunk során menjünk vissza újra a közlekedésbe. Képzeljük el, hogy „robotpilóta" üzemmódban, viszonylag lassú tempóban vezetünk. Nyugodtak vagyunk, elménk békésnek tűnik. Éppen gondolkodunk valamin. Egyszer csak hirtelen megelőznek minket és közben ránk dudálnak. Mennyi időre van szükségünk, hogy feldúltak legyünk? Szinte semennyire sem. Nem fogunk energiát fordítani arra, hogy meggyőződjünk a dudálás valós szándékáról. Esetleg veszélyelhárítás volt az oka, vagy ismerős köszönt így? Agressziónak fordítjuk, lényünk és döntéseink elemi bírálatának. Ha káromkodni szoktunk, szinte biztos, hogy meg is tesszük, esetleg mutogatunk is. Viselkedésünkre a magyarázat a korábbiakkal megegyező.

Mielőtt újabb példákat ismertetnék, egy rövid szakmai bemutatkozást teszek. Háromdiplomás vagyok. Pécsen végeztem el a Janus Pannonius Tudományegyetem Közgazdaságtudományi karát. Előbb BSC majd MSC diplomákat szereztem. Tanulmányaimat a jogi karon folytattam és jogi szakoklevelet kaptam. (Szinte érzem, hogy milyen büszkén dobog bennem ilyenkor az EGO, de fontos, hogy észlelem, és éppen szemmel tartom őt.) Tanulmányaimat befejezve két évig bankban dolgoztam, majd egy az elektronikai iparban tevékenykedő multinacionális vállalathoz kerültem. Itt néhány év alatt „six sigma master black belt" képesítést szereztem, amely a projektmenedzsment területén egy kiemelkedően magas fokozat. Tizenkét év után egy mezőgazdasági és élelmiszeripari céghez kerültem, de a feladatköröm nem igazán változott az évek alatt. Lassan húsz éve üzleti és informatikai projekteket támogatok. Imádom a munkámat, mert folyton új, kihívást jelentő problémákat kell megoldanom, illetve taníthatok, amit nagyon szeretek.

A hetedik példában hadd ismertessem a mérnökök oktatása során többször tapasztalt élményemet. Mivel gyakran előfordul, hogy valamit azért nem tudunk megoldani, mert nem hiszünk a megoldás létezésében, ezért az oktatásaimat gyakran ezzel a játékos feladattal kezdtem. Felrajzoltam a következő ábrát.

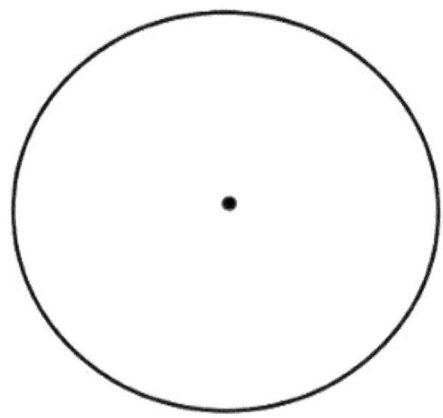

Elmondtam, hogy a kérdés a következő. Lehetséges-e a fenti eredményt megrajzolni úgy, hogy ha a tollunkat egyszer már hozzáérintettük a papírhoz, akkor már nem emelhetjük el tőle? Minden esetben azonnal jött a válasz: nem, nem lehetséges. Mondtam, hogy tévednek, van a feladatnak megoldása. Az általános oktatói tekintély hatására a mérnökök elkezdtek gondolkodni. Az évek alatt, ha jól emlékszem, tizenhét megoldást szedtünk össze. A papírlapot be lehet hajtani az origóig, így a sugár a hátoldalon található. Lehetett a papír fekete és a toll színe fehér, azaz a belső részek színezésével megkaphatjuk a végeredményt. Használhatunk két tollat is egyszerre. (Senki nem mondta, hogy nem lehet. Nem szerepelt a specifikációban.) Lehet ez egy térbeli alakzat is, egy fagylalt, amelyet folyamatos vonallal meg tudunk rajzolni, majd pont így beforgatni. A kedvencem azonban az a megoldás, hogy elméletben beszínezzük a tollnak a végén lévő körívét (a hegye nincs kint), rátesszük a tollat a papírra (megvan a körív), majd kinyitjuk a toll hegyét, ami így kiteszi a pontot. Mi az eset tanulsága? Gyakran azért nem vagyunk képesek megoldani egy problémát, mert nem vagyunk nyitottak rá. Vannak olyan nézetek, hogy a 42,195 km maratoni távot szinte minden egészséges fiatal futva teljesíteni tudná, ha születésünktől fogva úgy nevelnének minket, hogy ez nem egy komoly teljesítmény. Hogyan kapcsolódik mindez az EGO vizsgálatához? Ha egy logikai példánál is nagyon könynyen vagyunk szkeptikusak, akkor hogyan fogunk reagálni egy olyan probléma megoldási igényére, amelyeket nekünk éveken keresztül sem sikerült teljesíteni? Hinni fogunk benne, ha megjelenik a projektmenedzser? Támogatni fogjuk? Sokkal nagyobb a valószínűsége annak, hogy rálegyintünk, és azt mondjuk: „10 éve támogatom a területet. Én vagyok a szakértője. Már mindent próbáltam. Higgyük el, nem lehetséges". Hiszem, hogy egy jó projektvezető leginkább pszichológus. A projektmenedzsment-feladat sosem pusztán logikai rejtvények megoldása, hanem különböző irányba evezni akaró EGO-k (a projektcsapat tagjai) lecsillapítása, és a mögöttük meghúzódó kreatív elmék szeleinek befogása a közös hajó vitorláiba.

A nyolcadik esettanulmány során vizsgáljuk meg, hogy hogyan viselkedik egy „tipikus" szurkoló? Elég megdöbbentő szerintem, hogy milyen végletes érzelmeket tudunk megélni otthon, a szobánkban a tévé előtt ülve, vagy akár egy stadionban. Néha önfeledten tapsolunk, máskor pfujolunk. Elkapcsoljuk a csatornát, vagy hazaindulunk a vége előtt. Egyáltalán miért fontos a győzelem, ha mi magunk nem is játszunk? Az egészséges reakció az lenne, ha minden meccs után hálát éreznénk – az eredményektől függetlenül –, hiszen végül is egy jót szórakoztunk. Sajnos azonban az EGO nem hagyja, hogy így működjünk. Figyeltük már szurkolás közben az érzelmi reakciónkat? Ha nyerünk, akkor mindig azt mondjuk, hogy „nyertünk". Ha vesztettünk, akkor már nem feltétlen van meg ez a közös sorsvállalás. Harag van bennünk, amelyet azonnal rá is hárítunk valakire. A bíróra, az edzőre, a szerencsére, valamelyik játékosra, vagy akár az egész csapatra. Legjobb esetben csak vigasztaljuk magunkat, hogy végül is az ellenfél komoly játékerőt képviselt. Miért van mindez? A magyarázat egyszerű. Az énképünk alapján rengeteg csoportnak vagyunk a tagjai. Én egyszerre vagyok ember, férfi, kelet-európai, magyar, középkorú stb. Büszkeségem erejét a csoportjaim megbecsülései táplálják. Ha bármelyiket támadás éri, azt az EGO saját veszteségként éli meg és negatívan reagál, mintha őt érte volna a kudarc. A fenti érzelmek jól ismertek számomra is. Szerencsére sok évvel ezelőtt egy hosszú érési folyamat eredményeképpen sikerült továbblépnem. Ma már nem csak a magyar lobogó és a gyönyörű himnuszunk hatására érzékenyülök el egy olimpián; lehet az akármilyen más nemzeté is. A teljesítmény az, amely meghat engem és előhozza a könnyeimet. Ünnepelek ilyenkor. Nem azt, hogy magyar vagyok, és nem is azt, hogy sportoló. A kibírt emberi fájdalom és megvalósult álom öröme előtt térdelek le. Lenyűgöző a jelenléte. Együtt sírok minden vesztessel és győztessel. Én tudom, hogy ez az olimpia.

Az eddigi példákban közös volt az, hogy az EGO agresszívan védte a pozitív énképet. Az EGO működésének megfigyelése szempontjából sajnos azonban a helyzet ennél még bonyolultabb. Van ugyanis egy olyan elem, amellyel eddig nem foglalkoztunk. Mivel az énképünk szempontjából minden történetünknek, így a fájdalmunknak is fontos jelentősége van, ezért az EGO azokat is anyatigrisként védi. Sőt, imádja eljátszani a mártírt, táplálva ezzel fájdalomtestünket. Észleltük már, hogy szeretünk megsértődni? Próbáltunk már észérvekkel vigasztalni valakit, hogy végül is nincs olyan nagy tragédia, béke van, egészség és jólét? A legtöbb ember egy idő után biztos, hogy támadni fog. Mintha azt mondanák ilyenkor, hogy „hadd legyen már egy rossz napom, vagy már ehhez sincs jogom?". Borzasztó ezt kimondani, de a versengő EGO, ha nem tudja elérni, hogy minden közösségednek megbecsült és szeretett tagja legyél, akkor stratégiát vált. „Az engem nem szeret senki" vagy a „nem érdemeltek meg engem" nagylemezeket fogja feltenni. Higgyük el, hogy ezek ott hevernek mindannyiunk polcain, és ha szükségünk van rá, gondolkodás nélkül lejátsszuk őket.

Legyen a kilencedik példa egy nemrég tapasztalt élményem. Egyik kolléganőm felmondott. Alig voltunk szakmai kapcsolatban, nem igazán ismertük egymást. Nem tudtam a döntése okairól. Mivel érzelmileg kötődöm a környezetem minden apró eleméhez, belső késztetést éreztem arra, hogy megkérdezzem, tehetek-e valamit érte. Láttam valamelyik nap, hogy egyedül van az irodájában, ezért bementem hozzá. Elmondtam, hogy hallottam a döntéséről és nagyon sajnálom. Rögtön belekezdett a panaszkodásba, hogy ennél a cégnél hogyan bántak vele az emberek. Három ember helyett dolgozott, folyamatosan túlórázott. A munkával kelt és feküdt, és erre ment rá az egészsége. Cserébe nem fizették meg, és nem kapta meg az elvárható erkölcsi elismerést sem. Azok a kollégák, akikkel kezdett, már sokkal előrébb járnak a ranglétrán. Eddig a pontig ez lehetett volna egy tipikus munkahelyi beszélgetés is. A döbbenetes rész ezután történt. Rákérdeztem, hogy tehetek-e valamit érte. Abban a pillanatban szó szerint érzelmileg rám támadt. Félreérthetetlenül kifejezte, hogy nem most kellett volna bejönnöm hozzá, amikor már felmondott. A múltban kellett volna nekem és a környezetemnek törődnie vele, és mi nem tettük meg, hanem cserbenhagytuk őt. Ott álltam, észleltem a saját EGO-m belső üvöltését, ami kitörni készült, hogy helyre teszem a „támadómat", de képes voltam venni egy nagy levegőt, elköszöntem, és azonnal kijöttem az irodából. A dolog nem hagyott nyugodni. Másnap rákérdeztem a közvetlen munkatársainál és vezetőinél, hogy hogyan élik meg a kolléganő távozását. Mind azt mondta, hogy örülnek neki. Elegük van a folyamatos drámából, abból, hogy a hölgy minden mondata, tette egy kétségbeesett kísérlet arra, hogy mindenki letérdeljen előtte és vigasztalni kezdje általános világfájdalmát. Nos, ilyen az EGO. Ha a múltunk negyven év panaszkodás, akkor hiába érezzük, hogy le kellene ez az egészet tenni, az EGO felismerése nélkül nem leszünk rá képesek, hiszen lényünk elválaszthatatlanul összefonódott fájdalmunk állandó táplálásával. Egyszerűen nem vagyunk képesek megválni a negyven évünktől. Mit éreznénk, ha holnap azt mondanák a munkahelyünkön, hogy negyven évig teljesen értelmetlenül dolgoztunk? Mindig mindent leselejteztek abból, amit gyártottunk. A vállalatunk célja valójában az volt, hogy tanulmányozzanak minket, embereket. Ez az információ bizonyosan nagyon megviselne minket. Ugyanakkor ez egy olyan helyzet lenne, amelyben nincs számunkra alternatíva. Az új élet-szemlélet kialakítása sajnos pont azért sokkal nagyobb kihívás, mert van választási lehetőség, csak helyesen kell tudnunk dönteni. A döntési képlet ilyenkor nem más, mint választás egy új, nagyobb boldogsággal kecsegtető irány – amelyben belátjuk a hibás „működésünket" és elismerjük benne felelősségünket –, vagy a korábbi között. A tiszta, békés elme egyértelműen az elsőt választaná, mert őt nem érdekli a múlt. Az EGO viszont az EGO-t választja, ő nem tévedett, mert nem tévedhet, és már megyünk is vissza a jól ismert nyomorunkhoz. Az már az otthonunk. Abból merítjük, akik vagyunk, és nem vagyunk már hajlandóak megválni szomorúságos múltunktól. Túl sok energiánk van benne, ahogy Vesta-szüzekként tápláltuk fájdalmunk tüzét éjjel és nappal, oly sok éven keresztül. Pedig higgyük el, érdemes lenne változtatni, de nincs esélyünk a győzelemre az EGO működésének megértése nélkül.

Az utolsó, tizedik esettanulmányban hadd osszak meg egy másik személyes élményt a régmúltamból, amikor még szinte pályakezdőként dolgoztam. Kolléganőm folyamatosan túlterhelésre panaszkodott mindenkinek a környezetében. Mivel kedveltük, gyakran érdeklődtünk, hogy mely feladatokban tudnánk segíteni neki. A válasz kivétel nélkül mindig az volt, hogy „semmiben". Szó szerint nem engedte. Döbbenten néztük közben, hogy minden „önkéntes" feladatot magára vállalt. Akkor még nem értettem, mert semmit sem tudtam az EGO-ról. Ma már tudom, hogy mindezt miért tette. A mártír-sors volt az ő fájdalomteste, azt kellett táplálnia mindenáron. Tizenkét éven keresztül néztem, hogy akárhány pozícióba került, pár hét alatt mindig sikerült feladatokkal agyonnyomnia magát. Sokszor szakmailag is pontosan láttam, hogy amit csinál, teljesen hülyeség. Volt idő, amikor egy Excelben próbálta meg több ezer komponens készletszintjét lekövetni egy gyártóüzemben, ahol óriási volt a káosz és a zűrzavar. Őrültségeket csinált. Nem a megoldást kereste, hanem a drámát. Mintha az lett volna a jelszava: „minél nagyobb a szívás, annál inkább kell nekem". Nem tudom, hogy miért alakult ki ez benne, de mintha az önsanyargatásból merítette volna a saját hitét, hogy értékes. Pedig mi mind láttuk, hogy az. Szerettük, mégsem hagyta, hogy segítsünk. Biztos vagyok benne, hogy ismerünk mind ilyen személyiségeket a környezetünkből. Ezt teszi az EGO velünk.

A fenti esetek összefoglalását hadd végezzem el kérdés-felelet formájában, hogy kihangsúlyozzam általuk a lényeget.

– Kijelenthetjük, hogy az elme a barátunk?

– Igen. Akkor élünk helyesen, ha mind a három „én" azt a feladatot végzi, amelyre született. A léleknek (szívnek) kellene kitűzni a magasztos célokat, az elmének kitalálni az odavezető utat, és a testünknek kellene valóra váltani azt. A gond a mai világban azzal van, hogy a tudat tűzi ki a célokat is.

– Kijelenthetjük, hogy az elme az ellenségünk?

– Igen, az egyetlen ellenségünk az EGO, ami az elménknek egy része. Ismerjük a következő Lao Ce-bölcsességet? „Aki másokat ismer, okos. Aki magát ismeri, bölcs. Aki másokat legyőz, erős. Aki önmagát legyőzi, hős." Évekig azt hittem, hogy önmagunk legyőzése alatt főként a lustaságunkat értjük, és a fő cél a kitartás. Ma már tudom, hogy az EGO-t értette alatta Lao Ce. Ha a negatív emberi tulajdonságok végtelen felsorolásába kezdenénk, úgymint önzés, képmutatás, arrogancia, féltékenység, irigység, agresszivitás stb, némi elemzés után könnyen beláthatnánk, hogy mind az EGO művei.

– Oly gyakran hangzik el a szó, hogy „megvilágosodott". Mit is jelent valójában?

– A megvilágosodott személy az az emberi lény, aki a saját EGO-ja létezésének tudatára ébredt. Tudja, hogy nem létezik külső ellenség, csak belső. Megértette az EGO működését és azt, hogy a szabadságunkhoz és boldogságunkhoz vezető úton az ő legyőzése a fő feladatunk.

– Ha valaki egyszer már megvilágosodott, akkor onnantól könynyű kikerülni az EGO csapdáit?

– Nem, sosem könnyű. A megvilágosodás az első komoly lépés a buddhává válás hosszú útján. Elménk békés és egészséges része és a versengő EGO mindig ugyanolyan okosak és fejlettek. Ugyanannak az értelemnek a termékei. Olyanok, mint két testvér: egyik a jó, másik a rossz. Folyton „verekednek". Minden csatában csak az egyik fél nyerhet, és itt szó szerint félről beszélünk. Elménk értékes és ártó része csak együtt pusztulhat.

– Hogyan tudunk különbséget tenni köztük?

– A gondolatok jó szolgák, de rossz gazdák. A fő különbség köztük a céljaikban található. Minden gondolat, amely egy értelmes és pozitív célt szolgálni akar, jó és egészséges. Ha viszont valami felett őrködik és védi, legyen az énkép vagy fájdalomtest, biztos, hogy a negatív fél (EGO) dominál, amely káros nekünk.

– Ha tudom és értem már, hogy mi az az EGO, akkor mondhatom, hogy a buddhává válás útján már jól állok? Előrébb, mint a többség?

– Nem, nem mondhatod. A nyugodt elme nem versenyez. Tudja különlegességét: „minden virág egyformán tökéletes". Valahányszor felteszed magadnak a kérdést, hogy te hol tartasz a többiekhez képest, valójában az EGO-dat táplálod. A kérdésed tehát gyakorlatban azt jelenti, hogy állítólag nem érdekel téged a verseny, de mondjuk meg azért, hogy hányadik helyen állsz.

– Az EGO létezése megkérdőjelezi-e a Descartes-i filozófia alaptézisét, a „gondolkodom, tehát vagyok"-ot?

– Igen, teljes mértékben. A matematikában axiómáknak, a vallásban dogmáknak nevezzük a nem bizonyítható tételeket. Világrendünket stabil alapokra akarjuk építeni, hiszen ha az alapzat hamis, akkor minden más is, amely ráépül. Kritikus tehát, hogy a kiindulópont megkérdőjelezhetetlen legyen. Így jutott el Descartes a fenti híres gondolatáig, amely a spirituális világban az egyik legnagyobb tévedésnek tekinthető.

– Van-e olyan film, amelyben az EGO működését tanulmányozhatjuk?

– Igen. Például a Revolver, Jason Statham főszereplésével. Megtekintése nagyon ajánlott. A film legvégét várjuk meg. Ott hallhatóak a szakemberek elemzései és hozzászólásai.

A 19. vers címe:

Az EGO

Még sosem voltál egyedül,
valaki ott van az agyadban,
ott él bármire gondolsz,
s tettekben és szavakban.

Azt hinnéd, hogy ő te vagy,
becsapott és elhitette veled,
hogy te mindennél különb vagy,
s csak külső ellenséged lehet.

Történjen hát bármi,
általa nem lehet vitás,
tehettél te akármit,
mindig a másik a hibás.

Mindig éberen őrködik,
suttogja halkan, mit les,
keresi az indokokat,
hogy te folyton megsértődhess.

Miatta muszáj nyerned,
a játék csak mellékes,
mindegy, hogy milyen áron,
a vesztes csak kellékes.

Igazad pedig csakis
egyedül neked lehet,
ki másképp gondolja, téved,
arra hát mérget vehet.

A lényeg, hogy kitűnjél
és kirakatba tehesd,
amiben ragyogsz, vagy hogy
mindünk mártírja lehess.

Sosem számít semmi más,
csak hogy többet és többet,
a teljesítményed, mi fontos,
s hogy híred hova nőhet.

Vedd hát észre, mivé tesz,
az EGO egy sunyi felhő,
napfényes élet csak akkor jut,
ha a lelked magasabbra felnő.

Tudom, nehéz lehet elhinni,
neked, a királynak, felségnek,
hogy az EGO-d, s így te vagy
az egyetlen igaz ellenséged.

Már hiába üvöltesz,
érzem, itt vagy az agyamban,
de a szívem fog dönteni
tettekben és szavakban...

Tresch Attila, 2019.09.06.

VI. 1. Tudat - 1. csakra - félelem, pénz, siker, hatalom

A következő fejezetekben – a korábbiak mintájára – menjünk végig egyesével a különböző csakrapontokon, és nézzük meg azok sajátosságait. Említettem, hogy az energiapontok az egyes életszakaszainkat is képviselik, és hogy az első csakra egész életünkben a csecsemőkor illetve a kisgyermekkor igényeit jeleníti meg, amikor is legfontosabb számunkra a biztonság.

Vajon születésünkkor is létezik már az EGO-nk, amely kihatással van viselkedésünkre? A válasz egyértelműen nem. Világra jövetelünkkor testünk van és lelkünk, amelyek végtelenül nyugodtak, így életünk békés és harmonikus. Az emberi tudat ilyenkor még alszik, de már ébredőben van, hogy kiűzzön minket a Paradicsomból. Felvetődik akkor a kérdés, hogy mikor és hogyan alakul ki az EGO-nk, illetve személyiségünk?

A „személyiség" magyar szavunkat angolul úgy mondjuk, hogy „personality". A szó a „per sona" latin szóból származik, amelynek a jelentése a „maszkon át". Eredete a görög színházig nyúlik vissza, amikor a színpadon a férfi színészek más-más fejdíszeken keresztül beszélve keltettek életre különböző jellemeket. A személyiségünk tehát nem egy velünk született viselkedési normát jelent. Egy folyamatos tanulási folyamat eredményeképpen alakul ki, ahogy a szokásaink, kultúránk, neveltetésünk és céljaink alapján reagálunk a különböző élethelyzetekre. Olyan, mint egy rendkívül bonyolult szoftver, amelynek elkészítése és feltöltése az első naptól elindul és megállás nélkül zajlik, ám a legmeghatározóbb impulzusokat az első néhány évben kapjuk meg mind. Gyermekünket megpusziljuk vagy megtapsoljuk, ha valami jót csinál. Túrórúdit vagy apróbb ajándékot adunk neki. Megszidjuk, ha elront valamit, esetleg elzavarjuk a szobájába. Ezek eredményeképpen kialakítjuk benne a hiúságot, a büszkeséget, a siker és a hatalom iránti vágyat, és a jövőtől való félelmet. Szabályok százezreit tömjük a fejébe. Nem megyünk be cipővel az ágyba, kezet kell mosni a játszóterezés után, esténként fürödni kell, télen sálat és sapkát kell húzni, mindig be kell kötni a biztonsági övet, melyek a lányos és fiús színek. Nem az alapján kap ajándékot, hogy ma van-e a közösségnek a szülinapja, vagy hogy jó lett-e a termés, hanem minden következményt saját viselkedésére vezetünk vissza. Eszköztárat is adunk neki, és megmutatjuk, hogy mikor melyiket és hogyan kell használnia belső önző céljainak megvalósítására. Megtanítjuk a zsarolásra, a sértődésre, a fenyegetésre, a büntetésre, a hisztire, a hazugságra és a veszekedésre. Ezek mind nagyon szépen vissza is köszönnek a dackorszaknak nevezett időszakban. Szép lassan elfojtjuk a lélek tiszta hangját benne, ahogy napról napra megteremtjük az EGO-t. Nem lesz egyedi többet, hanem egy élethelyzetre szabott, tanult program lesz belőle. Gondoljunk csak bele, hogy senki sem születik szégyenlősnek, de megtanítanak rá minket. Felnőttként képesek lennénk meztelenül végigmenni egy sétálóutcán fényes nappal, vagy pisilni a tömegben? A kislányomat évekig gond nélkül meg tudtam pisiltetni a játszóterek mellett. Egyáltalán nem zavarta. Nem volt tele a társadalmi nyomás adta belső feszültséggel és frusztrációval.

Mondhatjuk akkor, hogy minden gyereket a szülei rontanak el? Bizonyos szempontból igen. A szülő a szeretete mellett a társadalmi programot is betölti a gyermekének. Ennek a folyamatnak nagy hozadéka, hogy a gyermek képessé válik integrálódni az adott közösségekbe, ugyanakkor el is szenvedi mindezek káros következményeit is.

Vajon egyértelmű ez a program? Nem, nagyon bonyolult, mert a társadalmi együttélés óriási ellentétre épül. Verseny és evolúció, illetve együttérzés és szeretet kettőségére. Két szabálya van: olvadj be, illetve emelkedj ki! Például ne legyünk hiúbbak, de legyünk izmosabbak! Ne vonjunk el több időt a családtól, de legyünk sikeresebbek másoknál a karrierben! Adjuk oda a játékunkat a másiknak, de vegyünk el bármit, ha kell! Életünket ezekre a borzasztó ellentmondásokra építjük fel, amelyet döntéseinkben és választásainkban folyamatosan közvetítünk gyermekünknek. A „nézd meg az anyját, vedd el a lányát" mondat jól tükrözi, hogy a hölgyek különösen jó tanárai lánygyermekeiknek.

Mondhatjuk legalább, hogy egyszerre mindenkin egy álarc van? Sajnos nem. Jellemzően annyi álarc van rajtunk, ahány különböző típusú kapcsolatunk van a jelenlévőkkel. Lehetünk például egy olyan értekezleten, ahol egyszerre van jelen a főnökünk és a beosztottunk. Sétálhatunk a párunkkal és gyermekeinkkel egyszerre. Ott lehetnek a szüleink is. Teljesen másként fogunk reagálni ugyanazokra az ingerekre attól függően, hogy kitől érkeznek. Ha például gyermekeim beszélnének csúnyán, biztos, hogy rájuk szólnék. Nos, ugyanez eszembe sem jutna, ha édesapám tenné ugyanezt.

Hogyan jelenik akkor meg az EGO az első csakra működésében? Legelemibb vágyunk a biztonság. Ha megkaptuk azt a szeretetet, amely egy magabiztos énképhez vezetett, akkor nem aggódunk különösebben az élet dolgain. Képesek leszünk egészségesen állni a pénzhez, a sikerhez és a hatalomhoz. Ha azonban szorongásban nőtünk fel, akkor egészen biztos, hogy kiemelkedő lesz a jelentősége ezeknek számunkra. Nem eszközei lesznek az életünknek, hanem maga az egyetlen végcél. Mindazonáltal az is kijelenthető, hogy a folyamatos aggódás – mint hajlam – részben velünk született is. Gyermekeim valószínűleg hasonló nevelésben részesültek, mégis, fiam életében és döntéseiben sokkal inkább szerepet vállal a félelem, mint a nagylányoméban.

Mielőtt továbbmegyünk, olvassunk el egy verset a büszkeségről. Minden emberben ott munkál a szeretet (áldozatvállalás) és a siker (evolúciós harc) életenergiája. Az erőviszonyuk meghatározza, hogy ki hogyan él és gondolkodik. A versben a szeretet szól a jellemzően már elhatalmasodott, gőgös, bennünk lakó sikerhez (EGO). A „siker" szó valójában mást jelentene, de a média pontos jelentést adott neki, komolyan eltorzítva ennek a szónak az eredeti jelentését.

A 20. vers címe:

Büszke

Te mire vagy büszke,
a formás arcodra, testedre?
Én a lüktető hegekre
és az áldozatos tettekre.

Te, akiket legyőztél,
én, akiket megóvtam,
hogy küzdöttem magammal,
s hiúsággal harcoltam.

Te, hogy mindent megvettél,
én, amiről lemondtam,
akkor is, ha pénzem volt,
tárgyakról nem álmodtam.

Te, amid van s birtokolsz,
én, ami végtelen, szabad,
mi igazán fontos lehet,
mindenkinek jut, s marad.

Te, amit magadnak elértél,
én amerre nem mentem,
önkényes célokért
nem harcol, ki jellem.

Te, hogy különb vagy,
én, hogy egyenlő,
minden egy és ugyanaz,
tudja sok száz esztendő.

Te, hogy hiszel magadban,
én, hogy mindenben,
semmi sem különb
az urunkban, Istenben.

Te, hogy sietsz, száguldasz,
én, hogy bizony kivártam,
hogy kézen fogva kettesben
szép párommal sétáltam.

Te, hogy uralkodsz,
én, hogy szolgáltam,
minden, amiben hittem,
felette őrt álltam.

Te a tapsra,
én a mosolyra,
küzdöttem, hogy formáljam
a szomorút boldogra.

Te, hogy folyton beszéltél,
én, hogy néha hallgattam,
s a néma csendben figyelve
az igazságot hallhattam.

Te, hogy terjeszted a rosszat,
én, hogy a jót, s valót,
a tanulságok adtak sokaknak
erőt, hitet és útravalót.

Te oklevelet gyűjtesz,
s fényképet, serleget, érmét,
én pedig örömöt, nevetést,
tanítást, ölelést, s élményt.

A tiéd hát a siker,
ezt ugyan nem vitatom,
enyém a szeretet s jövő,
hisz' én gondozom, itatom.

Higgyetek nekem, hogy
a célnak sugallt siker,
és a küzdelem, fájdalom,
panasz, háború iker.

Körülvesz majd a tisztelet,
lesz szép feleséged s pénzed,
de magányban és félelemben
lesz sajnos mindig is részed.

Most még talán nem késő,
élhetsz békében, szabadon,
csak engedd el a szót:
hogy „kell" nekem, „akarom".

Ne ragyogj és ne tűnj ki,
ne legyen lehetőleg neved,
csak mindenkit megölelő
gondoskodó, erős kezed.

Ne panaszkodj, hanem halld meg,
amit mond a benned lakó pap:
minél több mindent szeretsz,
annál boldogabb vagy!

Tresch Attila, 2018.08.22.

Nézzünk meg pár példát, hogy hogyan jelenik meg az EGO az első csakra szintjén a mindennapi életünkben!

Nagyon sok életenergiát fordítunk arra, hogy szépek és csinosak legyünk. Vajon mikor végezzük ezeket a tevékenységeket? Munkába menetel előtt, vagy akkor, amikor hazaérünk? Az általános gyakorlat az, hogy reggel borotválkozunk és sminkelünk, húzunk fel valamilyen csinos ruhát és teszünk magunkra illatos arcszeszt vagy parfümöt. Sokan reggel még zuhanyoznak is, ráadásul akkor is, ha tél van. Mindez nem olyan, mintha a párunknál a másokra, sokszor idegenekre tett hatásunk jelentősége fontosabb lenne? Vagy akkor is ilyen energiákat mozgósítunk, amikor hazaérünk? Általában nem. Nem óriási ellentmondása ez az életünknek? Miért van erre szükségünk? Valószínűleg mindez abból a tapasztalatból táplálkozik, hogy ha sikeresebbnek látszunk, másképp bánnak velünk az emberek. Minden könnyebben működik az életünkben. Kollégáink szívesebben járnak a kedvünkben, kivéve persze, ha rivalizálnak velünk. Mi magunk is nagyobb önbizalmat érzünk, ha átjár bennünket egyfajta „jól nézek ki" életérzés. Karrierlehetőségünk is kedvezőbb lesz, ha éreznek rajtunk egyfajta belső erőt és határozottságot. Úgy vélem, nincs is ezzel semmi baj, ha ésszerű egyensúlyt találunk a befektetett energiában és az eredményekben. A gond ott kezdődik, ha az egyszerűséget, könnyedséget és szerénységet átveszi az „én különb vagyok nálad" jelmondat állandó hirdetése a környezet felé. Önmagában, ha valakinek nagyon tetszik, sokat utazik autóval és anyagilag megteheti, nem probléma, ha egy méregdrága Mercedest vásárol. Ha viszont a szándékunk mögött pusztán az húzódik meg, hogy irigykedjenek csak a szomszédok és lássák, hogy mennyire sikeresek vagyunk, akkor már más a helyzet. Sajnos úgy látom, hogy óriási kihatással van a sikeresség hirdetésének igénye a vásárlásainkra, amely a mélyben meghúzódó félelem erős aktivitására utal. Mivel országunkban autófetisizmus van, ezért gépjárművünk értéke alapvetően alkalmas lehet ennek a mérésére. Döbbenten szoktam figyelni a lakótelepek autóparkját. Számomra ellentmondásnak tűnik, hogy két, két és fél szobás panellakásokban laknak luxusautó-tulajdonosok ezrei. Szerencsére nekem sosem voltak ilyen jellegű igényeim. (Majd látni fogjuk, hogy én inkább a második csakra kihívásaival küzdök.) Nem volt fontos a karrier nekem. Egyszerűen mindig csak jól akartam végezni a munkámat, lehetőleg napi nyolc órában, hogy utána siethessek haza a családomhoz. Fő célom mindig a szolgálat volt. Ha a munkám eredményeképpen emberi öröm kecsegtetett, akkor az nekem elég volt, hogy nekifeszüljek a szakmai kihívásoknak. Lehet, hogy pusztán szerencsém volt, de elég hamar vezető lett belőlem. Céges autóra lettem jogosult, de én a készpénz opciót választottam. Még évekig jártam az én nagyon szeretett húszéves Vectrámmal, Duduval. A családomban hisszük, hogy ami fontos, annak neve is van, így mindent elnevezünk. Vicces történet, hogy Dudu huszonnégy éves volt már, amikor úgy döntöttem, hogy eladom. Találtam is vevőt rá, de nem tudtam elmenni a „randira", mert már nem tudtam kiállni vele a garázsból. A benzinpumpa megadta magát...

A másik kegytárgyunk a mobiltelefon. Fiam még középiskolába járt, de már iPhone-t szeretett volna. Természetesen feleségemmel nem támogattuk az ötletet. Nem számított. Nyári munkát vállalt, csak hogy vehessen magának. Ahogy összegyűlt a szükséges végösszeg, beleölte az összes spórolt pénzét. Nagyon boldog volt tőle. Az én gyerekkoromban még elég volt a „menőséghez" egy pár Adidas cipő és egy számológépes kvarcóra. Mi még köpenyt hordtunk az iskolában, és sokáig egyforma tornaruhánk is volt. Megszoktuk, hogy egybeolvadunk és alig-alig tértünk el egymástól. A farmerrel alapvetően nincs semmi gond, kényelmes, strapabíró, fiatalos. Azt azonban erős túlzásnak érzem, hogy a férfi lakosság közel 100%-a ezt hordja, ha csak teheti. Ráadásul a többség kék színűt, ami elég kevés másik színhez megy tökéletesen. Egyetlen magyarázatot látok rá: a tömeghez, a csordához tartozni mindig megnyugtató, biztonságos, és úgy tűnik, hogy mi férfiak erre vágyunk. Mi lenne velünk, ha alkalmi ruhákat kellene felhúznunk a színházba vagy a bálokra?

Képzeljük el, hogy még senki nem hord nyakkendőt, nincs „feltalálva". Egyszer csak ott állnánk a tükör előtt és nézegetnénk magunkat. Abszurd, ugye, hogy ízlésünket felvállalva abban mennénk szórakozni? Ha esetleg valakinek tetszenek is a „lányosnak" nevezett színek, attól még kevés férfi húzza fel őket. Inkább legyünk szürkék, mint hogy nőies vádakkal illessenek minket. Nos, a nők számtalanszor ki vannak téve ilyen helyzeteknek, ha csak a kis- és nagyestélyikre gondolunk például. Az életük izgalmasabb lesz általa, de egyben sokkal problémásabb is. Fel kell dolgozniuk azt a félelmet, hogy vajon tetszeni fognak-e másoknak, vagy sem.

A sikeresség hirdetésének magas igénye mellett korunk legbetegebb harca azonban a pénzért folyik. A választási programok nem szólnak egészségről, szabadidőről, csakis a jólét növekedéséről. Ha a szülők a gyermekeik jövőjéről beszélnek, egyetlen egy dolog foglalkoztatja őket: hol tanuljanak tovább, hogy egy nap jól keressenek. Mintha tömegeket fertőzött volna meg a „sok pénz egyenlő nagy boldogság" óriási tévedése. Ahogy korábban írtam, közgazdász lett belőlem. Az egyik felvételi tantárgyam volt a történelem, amelynek ismeretei gyakran eszembe jutnak. Én nem felejtettem el, hogy hogyan élt az emberiség évezredeken keresztül. Tudom, hogy sajnos ma is nagyon sokan rendkívül nyomorúságos körülmények között élnek, de én nem róluk beszélek természetesen. Sokkal inkább azokról, akik irreális terheket vállalnak fel azért, hogy valójában már „túlzásokba eső" életszínvonalat tartsanak fel, miközben tízszer jobban élnek, mint Mátyás király annak idején. Mit értek „irreális", és mit értek „túlzásokba eső" alatt? Hányan döntenek úgy, hogy a valós szakmai kvalitásaik alatt vállalnak szakmát külföldön, távol a szeretteiktől? Hány apuka csak havonta jár haza, vagy hetel a munkahelye és a családja között? Hányan vállalják fel a túlórát extra pénzért vagy szakmai előmenetelért cserébe? Mindez oda vezet, hogy a szülők nincsenek otthon, nincs energiájuk már igazán szeretni gyermekeiket, és foglalkozni velük. Fogytán a türelem és a figyelem irányukba. Gazdátlanok, sokakat a

TV nevel fel. Nem túl nagy ár ez? Cserébe mi olyat kaphatnak, vagy adhatnak gyermekeiknek, ami megéri, hogy keveset vannak velük? Családi házat? Drága autót? Külföldi, félpanziós nyaralást? Wellness hétvégét? Hisszük, hogy ezek megérik az érte hozott extra áldozatokat? Szerintem nem.

Hiszem, hogy életünk akkor van egyensúlyban, ha minden napunk egyensúlyban van. Nem jó úgy élni, hogy most csak dolgozunk, és majd egy nap kiélvezzük a gyümölcseit. Higgyük el, ha így élünk, sosem jön majd el az a nap. Miben kell egyensúlyt találnunk? Nos, négy dologban: jólét, szeretet, egészség és béke. A jólétet gyerekkorban az iskola, felnőttkorban a munkahely képviseli. Mindkettő a küzdelem anyagi boldogulásunkért. A szeretetbe beleértem a párunkat, a családunkat, a barátainkat, és az összes kapcsolatunkat, amely fontos nekünk. Az egészség alatt a sportolást értem, amely elengedhetetlenül szükséges a jókedvünkhöz, testünk vitalitásához. A sport a nap huszonötödik órája, mert olyan nincs, hogy az arra szánt idő nem térül meg. Általában annyival hatékonyabbakká válunk tőle, hogy még napon belül visszahozza az árát. A béke alatt pedig a hobbinkat értem. Szánjunk időt arra, hogy mindennap foglalkozunk egy picit azzal, ami önfeledt örömöt jelent számunkra. Ha valamire energiát fordítunk, az fejlődni kezd. Ha elvonjuk tőle, pusztulni fog. A döntés tehát mindig a miénk, amelybe érdemes tudatosságot vinni. Rendszeresen fussuk végig fejben, hogy hogyan áll életünknek ez a négy pillére! Sajnos az a tipikus – mivel az általános figyelem a pénzkeresetre fordítódik –, hogy az anyagiak rendben, de a párkapcsolat, viszonyunk a gyermekeinkkel és az egészségi állapotok romokban. A legtöbben pedig nem is tudnak beszélni a hobbijukról, mert nincs is igazán olyan nekik. Nagyon szomorú mindez. Én például minden hónapban röviden átgondolom, hogy hogyan állok ezekben a kérdésekben. Tudom, hogy ha bármelyik pillér meggyengül, életem hídja leomlik. A mostani képletem egytől tízig értékelve: jólét (10), szeretet (10), egészség (5), hobbi (10). Nyilvánvaló, hogy mit kell tennem. Életenergiákat kell mozgósítanom, hogy többet sportoljak. Most éppen március van, amikor ezeket a sorokat írom. Elég érzékeny vagyok a hidegre, ezért az utóbbi hónapokban sokat csökkent a mozgásra fordított időm. Már nagyon érzem a hiányát. Ráadásul allergiás vagyok a mogyoróra, ami ilyenkor virágzik. Egy hete neki is álltam végre újra mozogni, és már most érzem, hogy jobban vagyok. Erősödik az életemnek ez a pillére is.

A 21. vers címe:

A pénz

Ha nincstelen szegény vagy,
végtelen védtelen,
megnyugodni képtelen,
hisz' átjár a félelem.

Egy meleg otthon és leves
szükséges, hogy jól légy,
az egyik nagy áldása
az életnek a jólét.

Gond az, ha figyelmed és időd
egyedül neki szenteled,
nem jut fény a másik háromnak,
s így talál rád esteled.

Család, sport és énidő
ugyanannyira fontos,
nélkülük az életed
nem lehet más, csak rongyos.

Szeretet, egészség, béke,
erre mind szükséged van,
melyet nem vehetsz pénzen,
bármennyi vagyonod van.

Ha mindig csak ő számít,
ott vagy teljesen egyedül,
életed zenéje fáj majd,
egyetlen húrral hegedül.

Ha csak reá figyelsz majd,
te, a világnak sóhere,
szerencsésből így leszel
egylevelű lóhere.

Ott ülsz a vagyon tetején,
jó pár hatalmi kupacon,
de nincsenek barátaid,
se ölelés, csak csupaszon.

Törékeny élet ez,
tálalva minden gazdagon,
előtted a gyönyörei,
de egy egylábú asztalon.

A világot szegénynek látja,
ki időt csak egyre szentel,
keresheti örömeit, de
nem lelheti egyetlen szemmel.

Az élet folyójában
a diszharmónia örvénye
leránt téged a mélybe,
ez az egyensúly törvénye.

A fa, ki az égbe tör,
s nagyra bontja szárnyait,
célpontja a viharnak,
mely letöri az ágait.

S ha ragyogva kérkedik,
beborítja gyümölcslepel,
a hatalmas súlya alatt
nyomorban nyögve térdepel.

Nem igaz, hogy minél több van,
annál jobb lesz neked,
ha ennyit tudsz és értesz,
a lelked kap majd szelet.

Legyen mindennap időd
mind a négy dologra,
az egyensúllyal fordítva
a gazdagot boldogra...

Tresch Attila, 2019.11.18.

Sok évvel ezelőtt Karesz barátomtól egyszer azt a bölcsességet hallottam, hogy a boldogság tulajdonképpen azt jelenti, hogy bizonyos kérdéseket nem teszünk fel magunknak. Elgondolkodtam rajta és úgy vélem, hogy ez valóban így van, hiszen kijelenthetjük-e, hogy minden rendben van velünk, ha közben őrlődünk magunkban bizonyos kérdéseken? Például, hogy mondjunk-e fel vagy sem, váljunk-e el vagy sem, költözzünk-e el vagy sem? Mi, emberek, úgy működünk, hogy ha valami problémát észlelünk, megfogalmazódik bennünk egy segélykérés. Sokszor nem észleljük ezt, nem is halljuk tisztán. Ha azonban sikerülne beazonosítanunk, hogy az egyes energiaközpontok miért felelnek, akkor könnyedén ellenőrizni tudnánk, hogy minden rendben van-e velünk. Nagyon hasznos lenne tehát, ha meg tudnánk fogalmazni, hogy az adott csakráknak melyek a mélyben meghúzódó központi kérdései. A fentiek miatt minden fejezetben le fogom írni, hogy szerintem melyek ezek. Hiszem, hogy az első csakra a következő kérdéseket teszi fel bennünk nap mint nap:

- Elfogadjuk-e a fizikai körülményeinket és adottságainkat? Ezekbe beleértjük a magasságunkkal, testsúlyunkkal, szépségünkkel, végzettségünkkel, lakóhelyünkkel, fizetésünkkel, általános anyagi körülményünkkel, életkorunkkal, faji és nemi hovatartozásunkkal, családi állapotunkkal, szexuális beállítottságunkkal kapcsolatos elégedettségünket.
- Biztonságban érezzük-e magunkat?

Ha bármelyik kérdésre a válaszunk nem a kételkedés nélküli „igen", akkor biztos, hogy megoldandó feladatunk van az adott csakra szintjén.

Nagyon érdekes, hogy a katolikus egyház pontosan hét főbűnt határozott meg. Teljesen egyértelmű a csakrarendszer és a főbűnök közötti kapcsolat, azaz hogy melyik melyikkel van párban. Egy energiaközpontban lehet alul- és túlműködés is. Az egyház a tapasztalatai alapján nevesítette az egyes csakraszinteken manifesztálódó tipikus viselkedési devianciákat. Az első csakra főbűne a fösvénység, zsugoriság lett. A kapcsolat egyértelmű. Ösztönös emberi reakció, hogy amennyiben a félelem jelen van az életünkben, akkor a pénz, a siker és a hatalom iránti vágyunk felértékelődik, csillapíthatatlan lesz. A valós megoldás azonban sosem az, hogy mindent megteszünk gazdagodásunkért. A pénz ugyanis sosem fogja megadni azt nekünk, amiért az egészet végső soron csináljuk. Sosem fog békét és nyugalmat adni nekünk egy általános jólétben, hanem egy életen át hajszolni fog csak minket újabb javak megszerzésének érdekében. Vagy van olyan, hogy ha valakinek nagyon fontos a pénz, akkor egy nap arra ébred, hogy már elég neki? Pont ezért fontos, hogy megértsük a valós problémát, annak okait. Különben bizonyos, hogy rossz akciót fogunk hozni, és félelemben kell, hogy leéljük a teljes életünket. Őszintén, melyiket választanánk, ha választhatnánk? Béke, nyugalom és általános jólét, vagy óriási vagyon és gazdagság, de mindez félelemben élve? Nem kérdés, ugye? Jogos felvetés, hogy akkor nem is létezik olyan választás, hogy nyugalom és béke és hatalmas vagyon is egyben? Ne felejtsük el, hogy korlátozott ideje van mindenkinek. Miért fordítanánk maximális életenergiát a pénz megszerzésére, ha nincs extra motivációnk arra? Az időnket minden mástól el kell vonnunk cserébe, így komoly ára lenne. Miért tennénk ilyet egy ponton túl? Ha egyensúlyra törekszünk, akkor egy alapvető jólét biztosítása után figyelmünk egészségesen és ösztönösen másra fog koncentrálódni, ami behatárolja a további gazdagodási lehetőségeinket. A dolgok egyszerűen így működnek. Alapszabály, hogy bármilyen szélsőség egyéb szélsőségeket is jelent egyszerre. Az extrém vagyon nemcsak különleges képességeket, hanem súlyos devianciákat is jelent egyetlen csomagban.

Na, de ha a félelemre adott pénzsóvárgási válasz alapvetően helytelen, mit tehetünk akkor valójában, hogy ténylegesen célba érjünk?

A válasz a megvilágosodás, a bátorság és az együttérzés hármasfogata.

Az első feladat a megvilágosodás. Az EGO ismerete nélkül egyszerűen nincs továbblépési esély. Minden helyzetben minden embernek az ösztönös reakciója az „én" védelme. Láttunk erre a fejezet elején tíz példát. Most képzeljük el olyan emberek reakcióit, akiknek a fő lelki problémájuk a félelem. A védelmi reakciók még kisebb ingerekre is súlyosak lesznek. Fiam például tegnap láthatóan felidegesítette magát pusztán azon, hogy majdnem elvétett egy körforgalomban egy kihajtót, mondva, ő jól tájékozódik, ilyenekben nem szokott hibázni. Másik tipikus tünete a belső szorongásainak a folyamatos ellenkezés. Ismerünk olyan embereket, akiknek az első reakciója bármire a „nem". Biztos jele mindez a mélyen megbújó félelemnek. Nagyon gyakoriak az indulatos, temperamentumos reakciók is. Hogy miért? Valahogy tévesen azt hisszük, hogy ha agressziót mutatunk, akkor elijesztjük a „támadóinkat", pedig azok gyakran csak képzeltek, sőt sokszor valójában nincsenek is. Ahhoz, hogy révbe érjünk, első feladatunk tehát az EGO-nk megfigyelése, és annak belátása, hogy reakcióinkban fejlődnünk kell.

A második lépés továbbmegy. Célja egy drámai felismerés. Hatalmas bátorsággal kell, hogy kívülről ránézzünk magunkra, és el kell jussunk oda, hogy belássuk a következőket. Mi magunk vagyunk a felelősek az életünk konfliktusaiért, az ellenkezéseinkért, mások szidalmazásaiért, és a körülményeinkért, amelyeket ideáig folyamatosan a környezetünkre hárítottunk. Óriási kihívás a tükörbe nézni, és kimondani mindezt. Higgyük el, hogy ha nem vagyunk bátrak, és ezt nem vagyunk képesek bebizonyítani saját hibáink, felelősségünk felvállalásával, akkor biztonságot, erőt sem tudunk sugározni magunk számára. Pedig a végcél annak átérzése, hogy „mi baj lehetne, itt vagyok én, és meg fogom oldani, bármit is adjon az élet". Bátorság nélkül nem létezhet átérzett biztonság. Bátorságot pedig nem lehet pénzen vásárolni. Ebbe a szakaszba akkor jutottunk el, ha minden kapcsolatunkért magunkat tartjuk a felelősnek, és sosem a másikat. Nincs többet olyan számunkra, hogy „ő kezdte", „ő a hibás". A tettek mezejére lépünk, hogy rendbe hozzuk a dolgokat.

Sajnos még ez sem elég. Szükség van a harmadik lépésre is. Együttérzést kell tanúsítanunk magunk irányában. El kell, hogy fogadjuk, hogy emberek vagyunk, hibázhatunk, és meg kell tudnunk bocsátani magunknak. Ebben sokat segíthet, ha képesek vagyunk hinni a test, a tudat és a lélek hármasában. Nemrég egy nagyon fájdalmas orvosi beavatkozáson estem keresztül. Emlékszem, amint ott feküdtem az ágyon, és tudatom felemelkedett az orvosi terem fölé. Becsuktam a szememet, és láttam magamat felülről, ahogy testem szenved, súlyos fájdalmakat átélve. Éreztem, ahogy a tudatom és a lelkem megölelt. Csukott szememből egy könnycsepp gördült ki. Hatalmas erőt adott ez nekem. A terhek lehullottak rólam. Fantasztikus érzés volt. Tudtam, nem vagyok egyedül.

Összefoglalva: mit tehetünk hát a tudati félelmek kezelésére? Lássuk be, hogy az okok mögött egy bizonytalan énkép téves és görcsös ragaszkodása lapul meg arról, hogy ő sosem hibás, és nem felelős semmiért. Pont, mint egy gyermek. Értsük meg, hogy rossz az ösztönösen ellenkező, támadó, felelősséget másra hárító reakciónk. A pénz, a hatalom és a siker iránti vágyunk nem fogja sosem megoldani a valós problémánkat. Figyeljük az EGO-t, és nézzünk szembe magunkkal! Bátorsággal lássuk be, ha hibáztunk! Együttérzéssel vigasztaljuk meg magunkat, hogy tévedni emberi dolog! Vállaljunk felelősséget minden kapcsolatunkért és körülményünkért! A végén sokkal szebb és értékesebb ember lesz belőlünk, ha néha tévedünk, veszítünk, hibázunk. Nincs ebben semmi szégyellni való. Ilyen „egyszerű" az egész. Minden virág egyformán tökéletes!

Siker és kudarc

Vajon jó, ha mindig nyersz?
Hová vezet mindez?
Az úton mire lelsz?
Belül veled mit tesz?

Mire vágysz: emberre
vagy sok serlegre meredni?
Mit gondolsz, lehet-e a
hibátlant igazán szeretni?

Rosszul hiszed, hogy a győzelem
a fényes tudás nappala,
éje inkább, hisz' alszol,
s a vereség lesz hajnala.

Tudom, hogy barátok is,
mint szerető rokonok,
felráznak, hogy ébredj,
a fájdalmas pofonok.

Mindig a jobb nyer?
Célban lennél máris?
De hogy fejlődj, haladj,
kell ám a bal láb is.

Véletlen lenne tán,
az ász, bár nem hiszi,
hogy néhány játékban
őt a hetes viszi.

Győzelem is lehet pokol,
ahogy a vereség áldás,
vakságból kell gyógyulnod, hogy
e ködfüggönyön átláss.

Vívhatod hát bármi ellen
az öldöklő tusát,
az élet megteremti benned
az eredmény ellenpólusát.

Oly kevesen tudják,
ritka az ilyen elme,
a csalódás finomra őröl,
ez a vesztes győzelme.

A nyertes csak kérkedik,
mint egy büszke állat,
de sebekre épül a szív:
hit, remény és szolgálat.

Mindkettőre szükséged van,
bármelyik egyedül rémség,
de közös áldásuk az
önbizalom és szerénység.

Lehet külön-külön szép fél,
de belőlük csak torz támad,
ha az egyik nagyobbra nőtt,
elcsúfítva az orcádat.

Bármelyiket agyonnyomja
a nehezebbnek súlya,
beteg jellemet gyógyítja
a kettő egyensúlya.

Az égre tekintek bölcsen,
megbékéltem e harccal
küzdök hát mindkettővel:
sikerrel és kudarccal...

Tresch Attila, 2020.07.03.

VI. 2. Tudat - 2. csakra - a vágy és a szerelem

A buddhizmus három embertípust különböztet meg egymástól. Vannak, akiknek az életét a félelem uralja. Ők az ellenkezők vagy tagadók. Róluk szólt az előző fejezet. Náluk az első ösztönös válasz mindig a „nem". Ide tartozik a fiam és a kisebbik lányom is. Hihetetlen érdekes bennük, ahogy minden változással kapcsolatban azt tárják először a felszínre, hogy az miért nem lesz éppen jó. A kezdeti lelkesedés nem igazán gyakori ennél a típusnál.

Vannak olyanok is, akik általános nemtudásban élnek. Főként azok tartoznak ide, akiknél az az érzésünk van, mintha sosem lennének jelen. Ismerünk olyan embereket a környezetünkben, akik fejben mintha mindig máshol járnának? Egyik barátom jut eszembe, aki elmesélte nekem a következő esetet. Munkahelyén szállt ki éppen az autójából, amikor észlelte, hogy a kislányai a hátsó ülésen békésen énekelnek. Elfelejtette kitenni őket az oviban. Ennek a típusnak minden életenergiáját egy-két dolog köti le, azaz általános figyelmetlenségük ellenére meglepően hatékonyak, és eredményesek tudnak lenni az érdeklődési köreiken belül.

Végül vannak olyanok, akiknek a vágy uralja az életét. Róluk lesz szó ebben a fejezetben.

Nagyon könnyen meg lehet határozni, hogy ki melyik típusba tartozik. Ha például barátunk meghív minket az új lakásának avatójára, akkor mit veszünk észre magunkon, mire figyelünk? Első reakcióként az szúr szemet nekünk, ami nem tetszik (első típus)? Vagy nem is különösebben érdekel minket, elég nekünk, hogy ő boldog, és nem is igazán foglalkozunk a dologgal? Elvagyunk a belső világunkban az aktuális gondolatainkkal (második típus)? Esetleg maximálisan lelkesedünk, és azt vesszük észre, ami nekünk nagyon tetszik (harmadik típus)? Én nagyobbik lányommal egyértelműen ebbe a típusba tartozom. Aki fél, az döntéseiben mindig valami elől menekül, akit viszont a vágy vezérel, az mindig valamilyen cél felé halad. Ez a típus gyakran céltudatos, szorgalmas, lelkes, ugyanakkor makacs és erőszakos is egyben. Egy általános dolog foglalkoztatja őket: hogyan tudják életüket még szebbé és harmonikusabbá tenni. Állandóan agyalnak azon, hogy mit lehetne még környezetükben módosítani ahhoz, hogy az egész még tökéletesebbé váljék. Tipikusan imádják az édeset.

Az emberiség története nagyon ellentmondásos a vágyak tekintetében is. Hosszú éveken keresztül az egyház arra tanította híveit, hogy fojtsák el természetes ösztöneiket. Nos, a jóléti társadalmakban átkerültünk a ló túloldalára. A média hangos a „valósítsd meg önmagadat" szlogentől. Gyerekszobák falain a „ne hagyd, hogy az álmok csak álmok maradjanak" feliratok olvashatóak. Húszévesen egyesek már bakancslistákat írnak. Elöntenek minket a szórólapok, ahol napi szinten keresgéljük, hogy mit kellene megvennünk még. A legtöbben – hobbijuk és érdeklődési körül függvényében – gyűjtőkké válnak. Lakásainkban rengeteg dolgot halmozunk fel, amelyet nem is használunk. Gondoljunk csak a ruhásszekrényünkre, a cipőinkre, a könyvekre, a gyerekjátékokra, a poharakra vagy a törölközőinkre. Fel kell, hogy tegyünk tehát magunknak a kérdést, hogy mindez jó-e így. Nem lenne itt is az a bizonyos középút helyesebb? Kövessük a vágyainkat, vagy fojtsuk el őket? Mikor melyiket tegyünk? Milyen döntések fogják utunkat egy elégedett és kiegyensúlyozott élethez vezetni?

A buddhizmus szerint vannak egészséges és egészségtelen vágyak. Erről a függőségeknél már írtam. Emlékszünk még rá, hogy mi a kettő között a különbség? Hol húzódik meg az a vonal, amely egyértelműen elválasztja a kettőt egymástól? Azt, hogy egy vágy melyik csoportba tartozik, annak a kérdésnek a megválaszolása dönti el, hogy jelen van-e az elfogadás, a lazaság és a rugalmasság. Pont az a kettő között az eltérés, mint a kérés és a követelés között. Valahányszor el tudjuk fogadni, hogy nem kapunk meg valamit, majd egy nap valódi örömöt érzünk vágyaink valóra válásakor, óhajunk egészséges volt. Ha viszont lehangoltak, szomorúak, idegesek és türelmetlenek vagyunk, biztos lehetünk benne, hogy álmaink erőszakosak és követelik beteljesülésüket, amely nem szolgálja jól belső békénket és egyensúlyunkat.

Hogyan is alakult az én életem a vágyaim tekintetében? Kisgyermekként főként az édességekre koncentráltam. Szinte minden zsebpénzemet cukorkák vásárlására fordítottam. Biztos vagyok benne, hogy a matematikai alapjaimat ekkor szereztem meg, mert az édességpolcok előtt járkálva mindig azt számolgattam, hogy hogyan tudok a pénzemen maximális „élvezethez" jutni. Ha volt például tíz forintom, azon gondolkodtam, hogy melyik csomag cukorkák árából tudom a pénzemet legjobban elkölteni. Ráadásul tíz fillér volt egy dianás cukorka, talán húsz fillér egy doboz tejpor. Egy biztos volt: egyetlen fillér nélkül fogok kijönni a boltból. Másik alapvető célpontom a fagyis volt. Három fajtát lehetett abban az időben kapni: csokoládét, vaníliát és puncsot. Én a többséggel ellentétben a puncsimádók táborát alkottam. Egy forint ötven fillérért lehetett egy gombócot kapni, amelyet önfeledt örömök közepette fogyasztottam el. Talán nem a belső döntéseim eredményeképpen, hanem az erősen korlátozott zsebpénzem miatt, de egészséges volt a viszonyom a vágyaimmal. Mindig voltak ésszerű korlátok a lehetőségeimben, és jelen volt a végtelen öröm is. Tanuljunk gyermekeinktől és figyeljük meg reakcióikat, ha valami apróságot kapnak! Ők még egészségesen reagálnak, és nagyon boldogok.

Ahogy növekedtem, az édességek helyére a játékok kerültek. Főként matchboxok, autóskártyák, játékkatonák és a gombfoci. Ha éppen nem fociztunk a lakótelepen, vagy sakkoztunk, vagy ultiztunk apuval és tesómmal, akkor biztos, hogy ezekkel játszottunk. Ez volt az a kor, amikor már vágytunk az Adidas cipőre és a minél több nyomógombos, esetleg világítós kvarcórára. Fura módon abban az időben aktatáskával jártunk az iskolába, amelyet színes matricákkal díszítettünk. Hatalmas harc indult el tehát a különleges matricák gyűjtésében. Emlékszem még arra az élményre, amikor egy céllövöldében két pálcán volt egy Stallone-poszter. Ő volt a kedvenc színészem. Négy lövésre volt pénzem, és megkértem aput, hogy mindketten lőjünk kettőt-kettőt. Bíztam benne, hogy sikerülni fog elnyerni az óhajtott kegytárgyat. Sajnos egyik kísérletünk sem talált célba. Ma is emlékszem, hogy milyen jót nevettünk az egészen, hogy milyen bénák vagyunk. Nem lett Stallone-poszterem.

Gimnáziumban nagyon zsúfolt volt az életem. Vagy iskolában voltam, vagy éppen edzésen, vagy otthon tanultam. A vágyaim leginkább a sporttal kapcsolatos sikerélményekre korlátozódtak. Szerencsére hétvégenként volt egy kicsi szabadidőm, amelyet leginkább a VHS videófilmek nézésével töltöttem. Annak idején a videotékák megjelenése óriási áttörést nyújtott számunkra, amikor a pár csatornás tévéadástól függetlenül választhattunk már ki népszerű mozifilmeket a pillanatnyi kedvünk alapján. Szinte társalgási alapnak számított, hogy ismerjük a színészeket, ezért járatni is kezdtem a Cinema újságot. Barátaimmal sokszor már nem is azon versengtünk, hogy tudjuk-e az egyes színészek nevét a „kötelezően" ismert filmekből, hanem már a filmbéli neveikkel kapcsolatban vetélkedtünk egymással. Mindezek mellett megjelentek a Commodore 64-es játékok is, amelyek – különösen a nyári szünetek alatt – komoly játékszenvedélyt alakítottak ki sokakban, köztük bennem is. Nem tudom, hogy a saját tartás eredményeképpen, vagy az iskola és edzés elképesztően kemény gerincoszlopa miatt, de egészséges összhangban volt az életemben a munka és a vágyaim.

A középiskola volt az az időszak, amikor a fentiek mellett egy új, idáig ismeretlen érzés is megjelent az életemben. Úgy hívták: szerelem. Nos, a fájdalom – életünk egyetlen tanítómestere – az ő képében jött el hozzám. Ma már egyszerre félek is a szerelemtől, és nagyon hálás is vagyok neki. Mivel mindig is nagy szívvel és szorgalommal feszültem neki álmaim valóra váltásának, ezért hozzászoktam, hogy sikerülnek a dolgaim. Kamaszkoromig elkényeztetett az élet. Én nem tudtam addig, hogy mit jelent az a szó, hogy „nem". Korábban „csak" mindig feltettem magamban a kérdést, hogy mi az ára annak, hogy elérjem a célomat. Nem számított, meddig tart: nekiálltam és végrehajtottam, amit kellett, mint egy gép. Teljesen felkészületlenül ért, amikor rádöbbentem, hogy a párkapcsolatok és az érzelmek nem igazán így működnek. Úgy csapódott be hát előttem a szerelemnek nevezett kíméletlen és rideg vasajtó, hogy apró darabokra zúzott össze engem. Megváltozott az életem. Onnantól fogva minden más vágyam örökre eltörpült szerelmi álmaim mellett...

A 23. vers címe:

Téli sóhaj

Mikor a múltkor egy buszon
láttalak elsuhanni mellettem,
egy pillanatra megállt az idő,
köddé vált a környező táj.
Fénysugarad, mint gyertyafény a sötétben,
lobogott előttem,
és lényed tűztánca azonnal megégetett.
Hangod újra rezegett bennem,
szemeiddel újra megérintettél.
Éreztem ajkadat arcomon,
leheleted pórusaimon,
illatod, kombinéd selymét, perzselő bőrödet.
Beleborzongtam emlékeink gyönyörébe,
de te nyílvesszőként tovasuhantál.
Magamra maradtam a nyüzsgő utcán,
a hófedte, sóhajtó tájban,
az eső-koptatta szélben.
Lassan, lebénulva nekiindultam,
fényes múltnak téli tócsájába gázolva,
régi, tüzes forróságot lélegezve
kopott télikabátomon át,
melytől föl-fölolvadtak fagy-takarta emlékeim.
Találkozásunk feltépte sebem, és hazaérve
tollam hullámaira hajoltam azzal a ritmussal,
ahogy belül most is – és örökké – érted lüktetek.

Tresch Attila, 1998.12.10.

A második csakra területén járunk. A testtel kapcsolatos fejezetekben olvashattuk, hogy ez az energiaközpont a vízzel és a szexualitással van kapcsolatban. A keresztény egyház által meghatározott hét főbűn közül a paráznaság vagy bujaság tartozik ide. Tudati szinten az életre szóló feladatunk itt győzedelmeskedni vágyaink felett.

Hiszem, hogy a második csakra a következő kérdéseket teszi fel bennünk újra és újra:

- Vannak vágyaid?
- A vágyaid egészségesek, azaz lazák, könnyedek, ragaszkodástól mentesek?

Ha bármelyik kérdésre a válasz „nem", akkor az adott energiaközpont megfelelő működésének biztosításához tudati szinten megoldandó feladatunk van.

A buddhizmussal első ízben még az egyetemen találkoztam, az ókori kultúrák lélektana órán. Emlékszem, hogy az első könyv, amit olvastam a témában, pont azt hangsúlyozta, hogy milyen hatalmas szenvedést okoz az életünkben a ragaszkodás. Most már megmosolygom önmagamat, hogyan hihettem akkor azt, hogy ennek az üzenetnek a megértésével elsajátítottam a buddhizmus ismeretanyagát. Hosszú évek folyamatos tanulása és fejlődése után látom már, hogy akkor még milyen keveset tudtam az egészről – ahogy valószínűleg most is.

A függőségeknél beszéltem már arról, hogy a buddhizmus az élet szerves és fontos részének tartja a vágyakat, és nem tekinti őket életünk megrontójának, ellenségének. Ha ez így van, akkor mégis mi a megtanulandó feladat?

A pontos válaszadáshoz szerintem három dologról kell beszélni:

- Hogyan alakul ki a vágyakkal kapcsolatos érzelem?
- Mi a fájdalom és a szenvedés között a különbség?
- Mit jelent a négy nemes igazság?

Észleltük már, hogy az egyik pillanatban még csak tetszik valaki, ám urai vagyunk az érzelmeinknek, a másik pillanatban meg már egyáltalán nem? Ha meglátjuk azt, aki tetszik nekünk, egy darabig még nem csap belénk a villám, egyszerűen csak finoman nyitottakká válunk a közeledésére, esetleg nyíltan flörtölünk vele. Aztán egyszer csak minden drámaian megváltozik. Vajon mi történik a kettő között?

Nos, a válasz az ábrándozás. Szerelmes álmaink közepette tulajdonképpen betápláljuk testünknek, hogy aktívan reagáljon bizonyos élethelyzetekre. Ahogy álmaink kezdőpontjai valóra válnak – például, hogy kettesben vagyunk a nagy ő-vel –, döbbenten észleljük, hogy testünk, mint egy jól betanított színész, végrehajtja a szerepét, és érzelmes csókra nyújtaná ajkainkat. Sajnos azonban a tudatunknak ezt blokkolnia kell, hiszen félünk, vagy éppen tudjuk is, hogy hiányzik a valóság megélésének másik, partneri fele. Kettéhasadunk ekkor, ami nagyon fáj nekünk.

Hát nem fura? Imádunk ábrándozni, mert szabadok vagyunk benne. Jólesik, és bármit megélhetünk általa. Ám testünk nem tudja, hogy erre nem kellene majd reagálnia, és a minél többször megélt álomra egyre hevesebb érzelmekkel kezdünk majd válaszolni. Az érzelem ugyanis a gondolatok tükröződése a testben. Majd egy nap lehet, hogy csapdában találjuk magunkat, amelyet mi ástunk ki, és éveken át reménytelenül szenvedünk fogságában.

Sajnos nagyon keveset foglalkozunk a gondolatainkkal, azok kontrolljával. Óriási tévedés az, hogy csak a tettek számítanak, márpedig a nagy többség ezt hiszi. Ez csak jogilag állná meg a helyét. Nincs olyan gondolat, amelynek nincs következménye.

Ha panaszkodunk, vagy egyéb belső negatív gondolatokat táplálunk, önmagunkat mérgezzük folyamatosan. A buddhizmus jól tudja ezt, mert szerinte a gondolat = tett = szokás = jellem = sors. Aki nem ura gondolatainak, az a sorsát is csak elszenvedheti. A vágyaink kontroljához először is tehát a gondolataink kontrollját kell elsajátítani. Szó szerint meg kell tanulnunk, hogy bizonyos álmokat nem engedünk meg magunknak. Akkor hát ne is álmodjunk egyáltalán? Természetesen nem. A Nők Lapja hasábjain a következő mélyen szántó bölcsességet olvashatjuk: „Meg kell tanulnunk vágyakozni az után, ami a miénk…".

A magyar nyelv használata során sajnos nem tudatosítjuk magunkban, hogy óriási különbség van a fájdalom és a szenvedés között. Nagyon fontos a különbség megértése. A fájdalom mindig az itt és a mostban jelentkezik. Általában amilyen hirtelen jön, szerencsére olyan gyorsan el is múlik. Gondoljunk csak bele egy injekció beadásába. Pár pillanatig tart az egész. Ám ha félősek vagyunk, akkor az injekció beadása előtt lehet, hogy órákon keresztül stresszben vagyunk, ezáltal komoly károkat okozunk magunkban és a környezetünkben. Nagyon könnyen előfordulhat, hogy egy öt másodperces fájdalom egy fél napos szorongással áll szemben. Másik példánk legyen a vizsgaélmény. Olyan fájdalmas beszámolni egy másik embernek a tudásunkról? Nincs is valós fájdalom. Általában mégis hogyan éljük meg? Lehet, hogy már hetekkel előtte összeugrik a gyomrunk, mert félünk attól, hogy kudarcot vallunk majd. Valahányszor a jelenben nincs valós fájdalom, de van megélt negatív tudatállapot, szenvedésről beszélünk. A különbség megértése azért nagyon lényeges, mert a fájdalom elkerülhetetlen, de a szenvedés elkerülhető. Hogyan kerülhető el? Megfelelő gondolatkontrollal. Mivel a megélt szenvedésünk általában sokszorosa a valós fájdalmunknak, ezért életünk negatív energiáit nagyban tudjuk csökkenteni, ha otthonosan mozgunk a kettő közötti különbség tudatosításában és megfelelő lereagálásában. Valahányszor gyökeret ütne életünkben a szenvedés, lássuk be, hogy pusztán önpusztító illúzió, amelyet ragaszkodásunk okoz. Engedjük el, és felszabadulunk.

Most már talán készen állunk arra, hogy röviden megfogalmazzuk a buddhizmus egyik legfontosabb tételét, a négy nemes igazságot:

- életünk része a szenvedés
- a szenvedésnek van oka, ami a ragaszkodás
- a szenvedésnek van vége
- a szenvedés végéhez van odavezető út, amit az egyszerűség kedvéért hívjunk elengedésnek.

Jack Kornfield A bölcs szív című könyvében ezt így fogalmazza meg tömören: „A fájdalom elkerülhetetlen, de a szenvedés elkerülhető. A szenvedés oka a ragaszkodás. Ha megszüntetjük a ragaszkodást, megszabadulunk a szenvedéstől."

Fentiek alapján mi is lenne akkor a javasolt recept?

- Észleljük, ha szenvedünk! Nincs jelen fizikai fájdalom, mégis rosszul érezzük magunkat.
- Értsük meg, hogy ennek egyetlen oka lehet csak, ami a ragaszkodásunk.
- Találjunk rá, hogy mihez ragaszkodunk az adott pillanatban!
- Oldjuk fel! Engedjük el ragaszkodásunkat!

Érezni fogjuk a megkönnyebbülést. Ennyire egyszerű.

Hadd világítsam meg ezt két példával!

SAP-tanácsadóként is dolgozom. Az egyik megbeszélésen a terület szakértőjeként tettem egy javaslatot. A megbeszélésen lévő kollégák ezt nem támogatták. Számomra érthetetlen megközelítést képviseltek. Az én oldalamon volt a valós tudás és a húsz éves tapasztalat. Ráadásul a többiek egy tipikus pesszimista életfelfogást képviseltek. Azonnal észleltem, hogy a nyaki szakaszon az izmaim finoman görcsbe rándultak, pulzusom hevesebb lett. Valós érzelmi és gondolat kontroll nélkül egészen biztos, hogy konfrontálódtam volna. Szerencsére felismertem, hogy megszületőben van bennem a szenvedés, azaz azonnal meg kell találnom, hogy minek a ragaszkodása váltja ki bennem a negatív reakcióimat. Miközben beszéltek hozzám, a következő kérdést tettem fel magamban. „Érzem, hogy készülsz felbosszantani magadat. Mi bánt téged? Mihez ragaszkodsz éppen?" A válasz az EGO ismeretében egyáltalán nem volt bonyolult. Alattomos módon EGO-m éppen aktiválni készült énképem önvédelmi reakcióit, a „vagy én vagyok a hülye, vagy ti vagytok" programot. Vettem egy mély lélegzetet és azt mondtam magamban: „Engedd el a hiúságodat. Nem az a jó kérdés, hogy kinek van igaza, hanem hogy hogyan segíthetsz a legjobban nekik a projektben. Fogadd el, hogy te is tévedhetsz, és lehet, hogy nekik van igazuk." Azonnal visszatért a lelki békém, és képes voltam folytatni az együttműködést a helyes döntések meghozatalában. Mivel nyugodt maradtam és kedves, hallgattam végül rám.

A második példában vizsgáljuk meg azt az általános frusztrációt, amelyet a legtöbb ember érez, ha kisebb vagy nagyobb hallgatóság előtt előadást kell tartania. Éreztünk már ilyet? Meg tudjuk mondani, hogy miért izgulunk? Miért vagyunk feszültek akár már napokkal előtte? Megtanultuk, hogy minden szenvedés oka a ragaszkodás. Fontos kérdés tehát annak megértése, hogy mihez ragaszkodunk ilyenkor. A válasz is elég nyilvánvaló. A többiekben kialakított énképünkhöz ragaszkodunk. Félünk attól, hogy ki fog derülni, hogy esetleg nem is tudunk mindent. Megkérdezhetem, hogy érthetetlen módon miért is várjuk ezt el magunktól? Én tapasztalt előadóként általában nyugodt vagyok. A nyugalmam azonban nem a rutinból vagy a tudásból táplálkozik, hanem a szívből. Tudom, hogy energiát tettem abba, hogy másoknak adjak valamit. Jó szándék vezérel. Nem vagyok tökéletes, és hibázhatok. Elfogadom esendőségemet. Nincs már veszteni valóm. Előadásaim alatt hálát érzek, hogy lehetőséget kapok arra, hogy adjak valamit másoknak. Ők ezt vagy elfogadják, vagy nem. Engem nem érhet veszteség. Nyugodt maradok emiatt. Testem nyitott marad, öröm járja át, mert jól tudom, hogy előadni áldás.

Bár látszólag olyan egyszerű az egész, folyamatosan gyakorolni kell a módszert, vagy egyszerűen nem fog működni, pedig higy-gyük el, hogy megéri.

Mivel könyvem nem egy szirupos kalandregény, hanem a zord valóság, ezért a fejezet végén hadd meséljek el egy régi, újabb szerelmi történetet a múltamból. Teszem ezt azért, hogy lássuk és átérezzük, hogy néha mit tesznek velünk a vágyaink, ha hagyjuk, hogy uralják az életünket.

Húszéves voltam, elsős egyetemista Pécsen. Megtetszett egy lány, de mire közeledhettem volna felé, nyári szünet lett. Elhatároztam, hogy nem várom meg a szeptembert és a tettek mezejére lépek. Fellapoztam a telefonkönyvet, és kikerestem a vezetékneve szerinti lehetséges számokat. Szerencsére csak egy találat volt. Nem volt még mobiltelefon, hanem csak vezetékes. Bíztam benne, hogy Csilla veszi majd fel. Tárcsáztam. Szerencsére ő volt a vonalban. Nagyon kedves volt, örült nekem. Picit flörtöltünk, de finoman visszautasította, hogy találkozzunk, mondván, hogy barátja van. Elbúcsúztunk, és belevetettem magamat a nyárba. Nem voltam még szerelmes.

Eljött a szeptember. Én egyáltalán nem nyomultam, elfogadtam a döntését. Más lányoknak udvaroltam, de láthatóan már figyelt engem. Egy nap, november végén odajött hozzám és beszélgetést kezdeményezett. Kérte, hogy kísérjem el a dékáni hivatalba. Este váratlanul felhívott és egy órát beszélgettünk. Másnap megismétlődött. Sodródtunk egymás felé megállíthatatlanul. Az egyetem abban az időben a késői órákra kibérelte a Parkmozit, így nekünk, hallgatóknak volt rá lehetőségünk, hogy olcsón, fiatalos hangulatban együtt filmeket nézzünk. Elhívtam rá, és igent mondott. Éjfélkor volt az előadásnak vége. Taxira nem volt pénzünk, busz ilyenkor már nem járt. Én a belvárosban, a mozi mellett laktam, ő a város szélén, Kertvárosban. Másfél órás séta volt, amíg hazakísértem. Persze Csilla nem ment rögtön be, hanem még ráhúztunk egy órát a háztömbök között. Csodálatos volt. Hajnalban indultam haza, a téli hóban, alaposan átfagyva, de már a szerelemtől fűtve.

Utána ez még megismétlődött egyszer. Január végén befejeztük a vizsgaidőszakot. Kezdődtek az újabb oktatások. Az egyik alkalommal nagyon meglepett, mert teljesen váratlanul a következőt kérdezte meg tőlem. „Nincs kedved velem és a Mártival két hét múlva elmenni Velencébe egy buszos utazás keretében? Péntek este indulnánk 18:00-kor, és szombat reggel érkeznénk oda. A szombati napot együtt töltenénk Velencében, este pedig visszaindulnánk. Hívd a Ferit is. Leghátra ülünk majd négyen, ahol az öt szék van, és fantasztikus lesz az egész. Nagyon olcsó. Úgy szeretném, ha eljönnél velem! Na, benne vagy?". Márti az ő, Feri pedig az én legjobb barátom volt. Természetesen azonnal igent mondtam, és számoltam a másodperceket. Az egyetemen továbbra is sok időt töltöttünk együtt és sokat beszéltünk telefonon.

Eljött a nagy nap, pontosabban a várva várt este. Izgatottan közeledtem a busz felé, amikor villám csapott belém. Újra. Megláttam, hogy Csilla az ajtónál áll, és szenvedélyesen csókolózik a barátjával. A srác csak kikísérte elbúcsúzni. A dolog érdekessége, hogy tavaly nyár óta szóba sem jött soha egyszer sem. Ha azt hinnénk, hogy itt a vége a történetnek, tévedünk. Csilla – mivel volt még „állítólag" egy szabad hely – elhozta az édesanyját is. Leült a megbeszélt ötös székektől legtávolabb – gyakorlatilag a sofőr mögé –, ráadásul belülre az ablakhoz. Anyukája melléje. Amikor felszálltam, kerülte a tekintetemet és kizárt bármilyen beszélgetés elvi kezdeményezéséből is. Legszívesebben azonnal elmenekültem volna akárhová, de nem tehettem, hiszen én hívtam el barátomat az utazásra. Feldúltan leültem hátul valahol, mert nem fértem a közelébe. Feri mellém ült, és nem szólt egyetlen szót sem. Értett mindent. Velem gyászolt. Az ajtók bezáródtak és elindultunk. Borzasztó volt. Ötven ember között csendben, egy szék fogságában ülve üvöltöttem magamban, míg el nem ájultam valamikor hajnalban. Életem egyik legnehezebb éjszakája volt. Kibírtam, de ma sem tudom, hogyan. Megérkeztünk. Leszálltunk. Próbáltam a közelébe férkőzni, de anyukáját használta pajzsnak. Olyan volt, mintha ő lenne az áldozat. Egész nap ötven méter lemaradással követtem őt és testőrét, hátha tudunk beszélni, de nem adta meg nekem ezt a kegyet. Nagyon lassan telt az idő. Este öt felé egy pillanatra leszakadt állandó társaságáról és akkor odamentem hozzá. Megkérdeztem, hogy „miért?". A válasz csak annyi volt: „most mit mondjak neked?" Elfordult, és otthagyott engem. Sokaknak Velence a szerelmesek, nekem sokkal inkább a Sóhajok Hídjának városa. Nem hiszem, hogy valaha visszamegyek oda. Nekem Velence egy olyan város lett, ahova elcsaltak, leszúrtak, és a vérző testemet végighordozták az utcáin. Este hatkor hazaindultunk. A walkmanemen Cure-t hallgattam. Egy válogatáskazettát tettem be, amelyen lélekemelő számok voltak. Nagyon sokat segített akkor nekem. Mintha a fájdalom összetört, a zene pedig összerakott volna. Mikor megérkeztünk Pécsre, egy jóképű, értékes fiatalembernek éreztem már magam, aki képes volt felülemelkedni ragaszkodásán. Tudtam és átéreztem, hogy még ott áll előttem az egész élet, és hogy vár valahol egy olyan lány, aki értékel majd engem. Én sem értettem igazán, de amikor leszálltam a buszról, olyan szabadságot éreztem, amit még korábban soha. Mintha a fájdalom kovácsműhelyében egy edzettebb acél készült volna el. Boldog voltam és ragyogtam. Egy hétre rá pedig találkoztam a feleségemmel...

Bár életem onnantól fogva mostanáig jellemzően nagyon szépen alakult, sosem fogom elfelejteni azt az érzést, amit a szerelmi fájdalom jelent. Az alábbi verset azoknak írtam, akik velem együtt megélték és így tudják, hogy milyen reménytelenül szerelmesnek lenni.

A 24. vers címe:

A part és a tenger

A part én, a férfi,
s te, a nő, a tenger,
mindig csodáltalak,
hívtalak csábos szemmel.

Elvarázsolt, ahogy
láttam göndör fényedet,
könnyed táncod, zenéd,
igéző szirén-éneked.

Egy szép nap váratlan
nyárba borult a tél,
Aphroditém, felálltál, s
aranyhídon eljöttél.

A nap forró volt,
s lágyan fújt a szellő,
meztelenül lépdeltél,
te káprázatos sellő.

Jöttél egyre közelebb,
s mielőtt bármit mondtam,
rám fröcskölted lényed,
e hullámról álmodtam.

Szomjas, izzó homokomon
keresztül utat törtél,
ahogy betakartál testeddel,
s gyönyörrel megöntöztél.

Ki átélte e mámort,
nincs kétség semmi sem,
ahogy te, a víz simulsz,
nem ölel úgy senki sem.

Forrás-szemeiddel csobogva
hívtad az ajkaim szépen,
s orcádban láttam, hogy
vágyad a tükörképem.

Majd csókolva szerettél engem,
és felhoztad rejtett gyöngyödet,
úsztam benned én, fuldokló,
hát beszívtam pezsegő bőrödet.

Ekkor eleredt az eső,
s hemperegve áztunk,
nevetgélve szaladtunk s
a sekélyben csónakáztunk.

Oh, jaj, de hirtelen villámlott,
s te visszamentél a mélybe,
egy álmot szakítottál ketté,
s a szívemet törted félbe.

A part én, a férfi,
s te, a nő, a tenger,
várok rád azóta
örök szerelemmel.

Utánad mennék azonnal,
ahol te, ott a hazám,
otthonom távol dobod, de
csak te jöhetsz el hozzám.

Egy szomorúfűz áll ott,
ami sohasem nevet,
őrzi közös történetünk,
és suttogja a neved.

Szoknyád fodrozódása
véres sziklámat mossa,
vadul lüktető emléked
a mellemet csapdossa.

Nem sírok, szemem is száraz,
már nem is hallok felőled,
legdrágább kincsem, mégis
egy sós könnycseppem belőled...

Tresch Attila, 2020.05.20.

VI. 3. Tudat – 3. csakra – kétely és önbizalom

A harmadik csakra területén járunk. A félelem és a vágyak után ebben a fejezetben az önbizalomról lesz szó. Ha elhamarkodottan állást foglalunk, akkor azon a véleményen lehetünk, hogy az emberek két nagy csoportra oszthatók. Azokra, akiknek van önbizalmuk, és azokra, akiknek nincsen. Nos, úgy vélem, hogy az a bizonyos két halmaz sokkal inkább három. Az egyes csoportok között egy evolúciós sorrend van, és ideális esetben sikerül a harmadikba kerülnünk. Melyek az egyes fázisok jellemzői? Erről lesz szó ebben a fejezetben.

Emlékszem, gyermekkoromban, ha vendégek jöttek hozzánk, testvéremmel bemásztunk az ágy alá. Jó bátor gyerek voltam, mi? Nem különös, hogy a saját környezetemben, szüleim oltalmat nyújtó jelenlétében is menekültem? Vajon miért? Feltételezem, azért, mert nem volt még egy egészséges énképem arról, hogy a megszokottól eltérő helyzeteket is igenis képes vagyok lereagálni megfelelően. Hadd hangsúlyozzak ki egy fontos részt! Önbizalma szerintem nem annak van, aki lelki nyugalomban végzi a már megszokott tevékenységeit. Sokkal inkább annak, aki nem retten vissza az újdonságtól, illetve lelki békével kezeli a váratlan kihívásokat.

Emlékszem, milyen nehezen kezeltem kamaszkoromban azt a helyzetet, amikor apu megkért, hogy első alkalommal vegyek egy görögdinnyét. Mindig is utáltam a képmutatást. Nem szeretek színjátékot játszani és úgy tenni, mintha értenék valamihez, ha amúgy nem. Azt tapasztalom, hogy legtöbben összevissza kopogtatják ezt a csodálatos, lédús gyümölcsöt, mintha mind szakértők lennének, de kevésbé gondolom, hogy ez valóban így is lenne. Egyszóval én – mivel nem mozgok ebben a helyzetben otthonosan – a mai napig egyszerűen csak rámutatok az egyikre, hogy „azt kérem szépen". Inkább vállalom az esendőségemet, mint azt, aki nem vagyok valójában. Dinnyeszakértő. Hiszem, hogy ez is az önbizalom egy része.

Kislányom, Jázmin 7 éves lehetett, amikor egyik alkalommal elmentünk a cirkuszba. Imádtunk oda járni. Valahol a nézőtér közepén ültünk le, a tömegben. Csodálatosabbnál csodálatosabb produkciók váltották egymást, amikor egy bohócszám következett. Az olasz bohóc a szám elején körbement a nézőtéren és kiválasztott négy apukát a tömegből. Köztük „természetesen" engem is. Izgatottan kimentünk a színpadra, és vezérünk néhány aggodalomra okot adó, öltöztetőkelléket és hangszert adott a kezünkbe. Én egy hatalmas fekete parókát kaptam, meg egy mikrofont. Hamar kiderült, hogy egy együttest fogunk alkotni, amelyben én lettem az énekes, Michael Jackson. Utána egyesével némán ránk mutatott és eljátszotta, hogy mi lesz a feladatunk. Nekem ki kellett mennem a színpad közepére, meghajolnom, körbefordulnom, majd bele kellett ordítanom a mikrofonba egy amolyan „váuuuu"-t. Képes voltam rá. Elengedtem a természetes gátlásaimat. Örömmel nyugtáztam, hogy mentorom is elégedett velem, elfogadta a produkciómat és nem ítélt újabb gyakorló kísérletre a tömeg előtt. Társaim is ügyesek voltak. Ezután hirtelen felbőgött egy háttérzene, majd a bohóc iránymutatásait követve szinte egyszerre mutattuk be frissen megszerzett tudásunkat. A gyerekek nagyon boldogok voltak, jókat nevettek. Jó volt látni kislányomon, hogy nagyon büszke az apukájára. Hazafelé menet egy anyuka rám mosolygott és kifejezte gratulációit. Jólesett. Örülök, hogy így alakult. Egy amúgy is nagyon szép este felejthetetlenebbé változott számomra. Vajon önként jelentkeztem volna a feladatra? Biztos, hogy nem. Általánosságban megfigyeltük már, hogy hogyan reagálunk az ilyen helyzetekre? Ha például a közönség soraiban ülünk és megkérnek minket, hogy jelentkezzen az, aki szereti a piros színt, majd aki nem, akkor aktivitást vagy passzivitást mutatunk? A nagy többség soha nem emeli fel a karját. Mitől félünk egy ilyen veszélytelen szituációban?

Nézzünk további példákat! Képzeljünk el egy olyan helyzetet, amikor elindulunk hazafelé a munkahelyünkről, és kollégánk, személyes jóbarátunk megkérdezi tőlünk, hogy nem iszunk-e meg egy korsó sört, egy pohár bort vagy egy kapucsínót? Esetleg mind a hármat. Mi az ösztönös reakciónk? Miért mond a nagy többség azonnal nemet? Biztos, hogy azért, mert tényleg nem érünk rá, vagy sokkal inkább azért, mert utáljuk a váratlant, és meneküléssel reagálunk az ilyen élethelyzetekre? A megoldást keressük ilyenkor, vagy a kifogásokat? Figyeljük meg reakciónkat! Én úgy tapasztalom, hogy szinte semmi energia sem fordítódik ilyenkor arra, hogy összejöhessen a beszélgetés egy jóbaráttal. Figyelmünket ösztönösen a kifogások keresése köti le. Hát nem szomorú? Pedig nem is olyan rég sokkal spontánabbak voltak az emberek. Emlékszem édesanyámra, hogy jó párszor aggódott azon, hogy merre jár éppen apu. Később mindig kiderült, hogy édesapám (földrajz- és testneveléstanár) még képes volt igent mondani egy váratlan „igyunk meg egy pohár sört" felkérésre. Volt, hogy éppen már a buszról szállt le és háromszáz méterre volt az otthonától, mégsem „kellett" hazaugrani, hogy átöltözzön, vagy bármi más egyébre. A generációjuk még szabadon élt. Nem volt még mobiltelefon, nem lehetett az életüket átszervezni pár hívással. A technikai lehetőségek miatt logikusabbnak tűnne számomra, ha ma lennénk rugalmasabbak, de sajnos én nem ezt tapasztalom. Mintha ragaszkodnánk ahhoz, hogy mindig minden tervezett és szervezett rendben történjen. Miért? Ha az olvasóban rögtön megfogalmazódott egy ellenkezési igény, hogy igen, de az még egy másik világ volt, akkor nem árt, ha felteszi magában a következő kérdést: „ez nem az EGO-m szokásos önvédelmi programja"?

Mi az első reakciónk, ha valaki váratlanul bekopog hozzánk? Őszinte örömöt érzünk, hogy biztos vendég érkezik, vagy sokkal inkább agresszíven reagálunk, hogy vajon ki lehet az, és mit akar? Ha esetleg egy barátunk, nem kérdeznénk meg először magunkban, hogy vajon miért nem telefonált ide? Ezt az illetlenséget. Nincs is elpakolva. Rendetlenség van. Nem vagyunk csinosan felöltözve. Megfigyelésem szerint utóbbi a tipikus reakció, ami általában öt perc alatt elmúlik, és szinte mindig egy spontán, örömteli, felejthetetlen este kerekedik ki belőle. Lefekvés előtt mindenki fogadalmakat tesz, hogy igen, ez így volt tökéletes, és hogy több ilyen estét kell tartani. Másnap mégis folytatjuk a korábbi elválaszthatatlan életünket a határidőnaplóinkkal.

Mikor kopogtunk be mi váratlanul valakihez? Akár a szomszédunkhoz. Gondolom már nagyon-nagyon régen.

Ha wellness hétvégére utazunk a párunkkal, akkor hogyan készülünk rá? Megfigyelésem szerint a bőröndünk bepakolása előtt fejben leforgatjuk előre az egészet. Mi fog történni? Mihez mire van szükségünk? Mit fogunk viselni a fürdőben, a reggelihez és este? Épp csak, hogy nem nyújtjuk át a programfüzetet párunknak. Garantált, hogy a gondos tervezés elhárít bizonyos akadályokat, de sajnos ezzel oda is lesz a varázslat egyik fele.

Hiszem, hogy önbizalmunk fejlődésének első fázisában rejtőzködünk. Mindent megtervezünk. Szigorú és tervezett napirend szerint élünk. Kerüljük a váratlan helyzeteket. Igyekszünk maximálisan beolvadni a környezetünkbe, miközben ellentmondásos módon sóvárgunk arra, hogy valaki ránk találjon.

A 25. vers címe:

Te egyedül (feleségemhez)

Életünk színhelye, mint
cigifüstben úszó bár,
a nap nem kel fel sosem,
csak a korhadt félhomály.

Futsz folyton fel s alá,
állandóan jössz és mész,
eloltjuk sivár fényünk,
a sötétség elemészt.

Láthatatlanok vagyunk,
ez a közöny szemete,
egymás mellett élünk mind,
sok városi remete.

A napon félig fátyol,
az élet felében háló,
élve álmodjuk életünk,
börtönünk e pókháló.

S ha dolgozni indulunk,
az részesít örömben,
ha önmagunkkal utazunk,
négykerekű bőröndben.

Kollégák és barátok, mégis
család nélkül mind egyedül,
hideg némaságban fázunk,
a csend kabátban hegedül.

Mondani talán nem merjük,
de álmodunk róla bezzeg,
keress minket, hisz' vágyunk rá,
hogy világunk felfedezzed.

Talán nincs minden veszve,
halld meg, ahogy imám hív,
szigetünk magánnyal övezve,
de mindig van utolsó híd.

S kérésre megjelentél,
néztem, hogy valaki ott áll,
s ahogy beléptél a sötétbe,
rögtön felszabadítottál.

Nem tudtam, hogy fénycsóván ülsz,
vagy magad vagy a fény,
de belélegeztelek téged,
Te meleg, tündöklő remény.

S ahogy közelebb léptél hozzám,
kitártam feléd könnyes karjaim,
majd köszöntek neked, drágám,
poros mosolytól repedt ajkaim.

Kezdtem már végleg feladni,
azt hittem, nekem végem,
de te voltál az, ki végül
rám találtál a sötétben.

Azóta te vagy, kit látok
mindig minden reggelimben,
ahogy az élet születik,
fénylő barna szemeidben.

Lehet körülöttem bármi,
bozótos vagy sártenger,
szeretlek téged, drágám, mert
egyedül te látsz engem...

Tresch Attila, 2019.02.12.

Önbizalmunkat az adódó élethelyzetek függvényében tudjuk megítélni. Lehetünk magabiztosak az egyik pillanatban, és rendkívül bizonytalanok egy másikban. Én férfiként biztos, hogy otthonosabban fogok sportszárat vásárolni, mint a feleségem, de gondolom a harisnyával kapcsolatban pont fordított lenne a helyzet. Élettapasztalatunk, előéletünk tehát meghatározó jelentőségű abban, hogy komfortosan érezzük-e magunkat egy szituációban vagy sem. Van azonban egy másik fontos tényező is, amely komoly kihatással van önbizalmunk fejlődésére. Úgy hívják, hogy verseny.

Az első pillanattól fogva teljesítményünket folyamatosan a környezetünkéhez hasonlítjuk. Ha úgy ítéljük meg, hogy a többiekhez képest jól állunk, énképünk egy darabig egészségesen fejlődik. Ha azonban folyamatosan alulmaradunk ebben a versenyben, akkor sajnos mi mondunk lesújtó ítéletet önmagunk felett, ami egy mély és állandó frusztrációt eredményezhet számunkra. Nem csoda, hogy életünk rendszeres háborúk helyszínévé változik, ahol az emberek egy képzelt létrán másznak és másznak felfelé, hogy kiemelkedjenek a vesztesek táborából és csatlakozzanak a győztesekéhez. Láttunk már amatőr focimérkőzést? Mi történik általában? A játékosok a szabályok maximális betartási szándékával, kedves kommunikációval, udvariassággal közelednek egymáshoz, vagy teljesen másképp? Hogyan beszélnek a bíróval, ha egy vitatható ítélet születik? Sajnos rosszak az általános tapasztalataim. Úgy látom, hogy a pályán nincs más, csak a nyerés kényszere. Mintha a jelszó nem lenne más, mint „győzelem vagy halál". Megdöbbentő, hogy korunk férfitársadalma úgy tölti a szabadidejét, hogy kölcsönösen „agyonrúgja" egymást.

Adódik egy fontos kérdés. A győzelem önbizalomhoz vezet, a vereség pedig annak hiányához? Meggyőződésem, hogy a pozitív tapasztalatok és az egészséges versenyben szerzett sikerélmény meghatározó kihatással van önbizalmunk fejlődésére. Hiszem azonban, hogy a határ az első és második csoport tagjait nem győztesekre és vesztesekre osztja, hanem azokra, akik úgy élik meg az életüket, hogy saját kezükben tartják azt, és azokra, akik mindezt elszenvedik. Az utóbbiak motivációs kulcsszava a „kell" vagy „kellene", az első csoporté az „akarom", az „én döntöm el".

Ha bemegyünk a konyhába és rendetlenséget tapasztalunk, akkor azt mondjuk: „el kell mosogatnunk". Úgy állítjuk be, mintha külső kényszer hatna ránk, miközben a saját vágyunkat követjük, mert mi akarjuk, hogy rend legyen. Ha ehhez időre és munkára van szükségünk, amihez lehet, hogy nincs is kedvünk, attól még ezek a mi döntéseink lesznek. Ugyanez a helyzet a takarítással, a pakolással, a mosással, a vasalással, a gyermekek körüli logisztikai kihívásokkal és az összes mindennapi feladatunkkal, sőt még a hitvesi eskünkkel is.

Belegondoltunk már abba, hogy mit jelent az, ha esküszünk valamire? Tulajdonképpen eladjuk azt, ami még nem is a miénk, amit nyilvánvalóan nem tehetnénk meg. Valójában a jelen pillanatban kiárusítjuk a jövőt. Ez így nagyon ellentmondásos, tehát joggal merül fel a kérdés, hogy akkor miért része ez az életünknek? A válasz szerintem a következő. Az esküt nem a párunknak tesszük le, hanem a jelenlévőknek, azaz a közösségünk tagjainak. Célja a társadalmi felelősségvállalás bélyegének ránk sütése. Egy boldog házasságban az esküt sokkal inkább mindketten naponta tesszük le, amelyben azt suttogjuk magunkban, hogy az itt és a mostban a párunkkal „akarunk" lenni.

Szülőként hogyan reagáltunk a múltban, ha a gyermekünk úgy kezdte bármely mondatát, hogy „akar" valamit? Nem azt mondtuk rá reflexből, hogy „talán szeretnél" vagy „kéred"? Miért? Sajnos általánosan így neveltek bennünket, így mi is ezt adjuk tovább, pedig a cél az lenne, hogy „életünk értelmei" tudjanak különbséget tenni a kettő között. Egyszerre meg kell tanulniuk kérni és akarni is, és érteniük kell, hogy mikor melyik a helyes.

Az „én döntök" szabadsága az az erő, ami megtölti a csakrát életenergiával, és a „kellene" fojtja meg. Ez az „én akarom" életérzés emeli ki a második csoport tagjait az elsőéből. Általa merjük feladni az állandó tervezési kényszerünket. Miatta vagyunk képesek önmagunkba vetett hittel szembenézni az új kihívásokkal. Az élettapasztalatok, a sikerélmények és spirituális érettségünk alapján tudunk bekerülni a második csoportba.

A 26. vers címe:

Kellene, vagy akarom

Igaz, hiába tagadom,
árnyékban az alakom,
lelken túl és anyagon,
az ördög kése a nyakamon.

Kihullott kezemből a gesztenye,
összetört lényem szabad jelleme,
ahogy megfertőzött szelleme,
az akarom rabsága, a kellene.

Ha hagyod, hogy megtörténjen
és semmit sem teszel ellene,
kifüggeszti trófeád a
börtönbe zárt nyelvedre.

Mindig csak, hogy „muszáj",
onnantól csak egy dolgot mondasz,
önmagad nyúzta szabadságod,
s vele mindent elrontasz.

Darabokra estél szét,
mi egy volt, kerékbe törted,
béklyó és lánc tartja össze
várfalra felnégyelt szörnyed.

Mégis oly könnyen szabadulhatsz,
bár rajtad erős bilincs,
a cellaajtód előtt állsz,
s kezedben ott a kilincs.

Ejtsd ki hát a varázsigét,
s meglátod, csillagod fönt lesz,
a kulcs, hogy felismerd végre,
hogy miként, arról te döntesz.

Túl korláton és falakon,
szárnyat növeszt egy hatalom,
segíthetsz vele magadon,
csak mondd ki mindig: „akarom"!

Tresch Attila, 2020.08.09.

A katolikus egyház jól felismerte, hogy a csakra túl- vagy alulműködése egyformán problémákat okoz számunkra. Szerintem sokkal több önbizalomhiányban szenvedő ember él a Földön, mint olyan, akiben túlbuzog ez az érzés. Ennek a csoportnak talán imponáló lehet a határozott fellépés, de hangsúlyozandó számukra, hogy ne ez legyen a végcél. Talán pont ezért is a harmadik főbűn nem a kishitűség, hanem a kevélység vagy gőgösség lett.

Evolúciós fejlődésünk során egy nap a félelemből és a bizonytalanságból eljutunk a céltudatosságba és a határozottságba. Ha nem ebben az életünkben történik meg mindez, akkor majd egy másikban. Sajnos ez a második egy magabiztos korszak ugyan, de egyben nagyon önző is. Nézzünk rá világunkra! A sikeres emberek közül hányan jutnak el a javak felhalmozásának folyamatában ahhoz a gondolathoz, hogy „elég ennyi, köszönöm"? Az önbizalom építése során oly nagyon sóvárgott győzelmi igény belső lényegükké változik. Többségében nem tudnak megálljt parancsolni. Egy robogó vonattá változnak, amely már túlszaladt a végállomáson, és ők nem voltak képesek leszállni. Állandóan többet és többet akarnak. Soha semmi nem elég. Újabb és újabb célok beteljesüléséről álmodnak, de révbe érve üresnek és kétségbeesettnek érzik ezt az állapotot, és emiatt hajszolják magunkat tovább. Nincs kiszállás. Elhitetik magunkkal, hogy ez az élet. A kiemelkedő teljesítményükből származtatják önazonosságunkat. Elhiszik, hogy különbek és többek másoknál. Nem bírják elviselni, hogy bármiben másnak legyen igaza. Feldúltakká válnak, ha valaki nem hajol meg kinyilatkoztatásaik előtt. Agresszívan reagálnak, ha bármi bírálat éri őket. Remélem, egyértelmű, hogy ez nem lehet az önbizalom definíciója, sokkal inkább az első csoport ellenpólusa. Nagyon sok idő kellhet, míg mindez lecsendesül, és képesek lesznek eljutni a csakra végállomására, azaz a harmadik csoportba.

A valódi önbizalom ismérve, hogy nem félünk. Nyugodtak vagyunk. Tudjuk, hogy képesek leszünk megoldani az élet kihívásait. Ami célszerű, azt megtervezzük, de nyitottak maradunk az élet áramlására, és élvezzük a spontaneitását. Ugyanolyan határozottsággal vagyunk képesek kimondani az igent is és a nemet is. Minden helyzetért magunkat tesszük felelőssé, és sosem a környezetünket. Szeretjük magunkat, és ha hibáztunk, képesek vagyunk a megbocsátásra. Ha probléma adódik, életenergiáinkat mindig a megoldásra fordítjuk. A beszélgetéseket nem párbajnak éljük meg, hanem egy kölcsönös gazdagodási lehetőségnek, amelyben mind tanulhatunk. Hisszük, hogy minden virág egyformán tökéletes, ezért nem tartjuk sem többre, sem kevesebbre magunkat másoknál.

A csakra öntudatlanul megfogalmazott központi kérdései a következőek:

- Bízol-e önmagadban?
- Hiszed-e, hogy nem vagy különb és értékesebb másoknál?

Ha bármelyik kérdésre a válasz nem egy határozott igen, akkor a csakra alul- vagy túlműködik, és gondokat okoz számunkra.

Összefoglalásként Én tehát az önbizalom megítélése szempontjából a következő három csoport létezésében hiszek. Vannak, akik elszenvedik az életüket, és a „kell" vagy „kellene" uralja azt számukra. A második csoportot azok alkotják, akik saját kezükbe veszik az életüket, mindent áthat az „akarom", de jelen van a rivalizálás, a teljesítménykényszer és az önzés is egyben. Végül vannak azok, akiknek már nincs szükségük a versenyre, mert megértették, hogy mindenképpen értékesek. Nagyon szépen utal erre a „lény" és „lényeges" szavaink. Az utunk során tehát először képesnek kell lennünk kiemelkedni a tömegből, majd önként vállalva újra beleolvadni. Egy a sportban tanult gondolattal kifejezve:

- első lépésben meg kell tanulnunk veszíteni
- második lépésben nyerni
- végül megérteni, hogy az életet csak játszani lehet, megnyerni nem...

A 27. vers címe:

A vélemény

Nincs e földön senki sem,
ki ne lenne hontalan,
tétova szavak között
füstöl a bizonytalan.

Nem lehet senkinek igaza,
más életéhez mindenki vak,
mégis tökéletes az összes:
a vélemény, mitől valaki vagy.

Szükségünk van rá, hogy legyen,
hiszen van lüktető tudatod,
az érzést, hogy páratlan vagy,
folyton mindenkivel tudatod.

A testem csak húskupac,
mit gondolok a gerincem,
milyen lenne a világ
e szó nélkül: szerintem?

Hogyan élnénk együtt,
ha nem lenne vetélkedés,
ugyanazt gondolnánk, és
nem lenne beszélgetés?

Mind egyforma, vagy különböző?
Az egyénhez pisztolyod tartanád?
Mindenben egyetértés, vagy vita?
Te melyiket választanád?

Idegesít, ki másképp látja,
próbálod ezeket tiltani,
más fejében hódítani,
s mi eltér tőled, irtani?

Mit tennél, ha egy nap
mindenki egyetértene veled?
Megünnepelnéd azt, hogy
számod lenne, s nem neved?

Én örülök, ha eltérő vagy,
nekem kristálytiszta mára:
nem lehet egység és magam
a vita az egyéniség ára.

Én tisztelem mások véleményét,
jöhetnek évek, hónapok, hetek,
köszönöm, hogy másképp gondolod,
hiszen általad létezhetek...

Tresch Attila, 2020.08.02.

VI. 4. Tudat – 4. csakra – az áldozatvállalás és önzetlenség

Létezhet „értelmes" élet áldozatvállalás nélkül? Nem igazán. Még a legönzőbb embereknek is elemi igényük, hogy időnként lássák, hogy erőfeszítéseiknek eredményeképpen mások boldogabbak lesznek.

Érdekes kérdés, hogy ez a szükségletünk vajon a teremtéskor született-e velünk együtt meg, vagy az évszázadok során a különböző behatások eredményeképpen alakult-e ki? Vannak barátaim, akik az utóbbiban hisznek, de én itt is leginkább az EGO működését vélem felfedezni. Ameddig nem sikerült felébrednünk és tudatosítanunk magunkban az EGO-t, addig kivételesen fontos marad számunkra, hogy mit gondolunk önmagunkról. Élet-halál kérdése, hogy ki tudjunk emelkedni a környezetünkből, amelyért terhek cipelését is felvállaljuk. Egyszerűen szó szerint éreznünk kell, hogy nagyon nehéz az életünk, és hogy szenvedünk a súlya alatt, különben általában képtelenek vagyunk jelentőségünkről, szerepünkről számunkra kedvező ítéletet hozni. Nézzünk csak szét magunk körül, és állapítsuk meg, hogy mit látunk! Én azt, hogy valaki vagy bölcs és békés egyensúlyban él a környezetével – a kisebbség –, vagy készül éppen „összeroppanni" a sokszor nem bevallott, de önként vállalt terhétől. Természetesen van egy olyan csoport is, akiknek sajnos nincs választásuk, de ne felejtsük el, hogy mind hajlamosak vagyunk magunkat ide sorolni, ezért azt javaslom, hogy alaposan gondoljuk át, mielőtt erről véleményt formálunk! Amit nem külső kényszer hatására teszünk, vagy közvetlenül az életben maradásunkért, ott szerintem van választásunk.

A fejezet fontos feladata annak a tisztázása is, hogy van-e különbség áldozatvállalás és szeretet között? A mindennapi életben nem igazán teszünk köztük különbséget. Szinte szinonimaként használjuk őket.

A szeretet az éntelenségből születik. Nem létezik a tudat szintjén, csak a szívből táplálkozhat. A lélek negyedik csakrájánál lesz róla szó bővebben. Az éntelenség azt jelenti, hogy a cselekedeteimet már nem az vezeti, hogy mi a saját érdekem, hiszen nem létezik többet „én". Minden tettemet már az irányítja, hogy mi a legjobb az összes érintett nézőpont szempontjából. A saját nézőpont megmarad ugyan, de egyenrangú lesz bármelyik másikkal. A szeretet a teljes beolvadást jelenti. Nincs semmilyen kapcsolata az EGO-val. Akkor beszélünk szeretetről, ha már nem nekünk fontos az, amit teszünk, hanem bármi vagy bárki másnak, mert megértettük, hogy végső soron minden egy és ugyanaz.

Az „áldozatvállalás" ettől eltér. A szó – ismét meghajolok a nyelvünk szépsége előtt – nagyon szépen utal a valós jelentésére. Tettünk során mérlegeljük, hogy a várható előnyök hogyan viszonyulnak a terhekhez, amelyet vagy elfogadunk, vagy nem. Várható előny lehet egy mosoly, pénz, egy barátság, egy előléptetés, egyszerűen csak egy jó érzés, vagy egy olyan énkép, amely alapján hinni tudjuk, hogy rendes és kedves emberek vagyunk. A thermopülai csatában i.e. 480-ban Leonidast és a mártírhalált halt 300 spártai katonát vajon a szeretet hajtotta? Sokkal inkább a kötelességtudat. Hihetetlen, hogy milyen erős ez az életenergia, hogy megfeleljünk belső elvárásrendszerünknek. Akár az életünket is feláldozzuk miatta, ha a körülmények úgy kívánják.

Az áldozatvállalás akkor nem is igazán nemes cselekedet? Dehogyisnem. Óriási előrelépés, amikor fejlődésünk során a félelemből, vágyaink vak üldözéséből egy eddig ismeretlen dolog nyílik ki. Az, hogy képesek vagyunk sanyargatni vagy akár feláldozni magunkat egy jó és nemes cél érdekében, még ha belső énképünk is táplálja mindezt. Mivel csak kevesen jutnak el a „szívbe", ezért e nélkül a világ egy borzasztó hely lenne. A mindannyiunk által felvállalt áldozatok teszik életünket és bolygónkat egy szép és nemes hellyé.

Hogyan lehet akkor megkülönböztetni az áldozatvállalást a szeretettől? Általában nagyon nehéz. Az én módszerem erre az életenergiák minőségének figyelése. A szeretet mindig pozitív, és örökké az is marad. Az áldozatvállalás mögött viszont elvárások is vannak, amelyek nem teljesülése esetén hirtelen, drámai módon megváltozhat viselkedésünk. Például igyekezhetünk egy közösség tagjaihoz kedvesek lenni, segíteni őket, de ha azt tapasztaljuk, hogy kinevetnek minket, általában rögtön indulatot érzünk és rájuk támadunk. Ebben az esetben nem beszélhetünk szeretetről, sokkal inkább áldozatvállalásról.

Életünket tehát megannyi cél cibálja összevissza. Vagy éppen félünk és menekülünk, vagy sóvárgunk, hogy megszerezzünk, elérjünk valamit. Építjük énképünket, és folyamatosan ön-sanyargatjuk magunkat. Nincs megállás, nincs kiszállás. Tesszük ezt azért, mert ilyen a kontrollálatlan emberi tudat.

Folyton úton

Megállnék, de nem megy,
törvényét fújja a szél,
susogja a múltat, hogy
szüntelen mozog, ki él.

Gyermekként folyton csak
mesékben mentem, éltem,
csodálatos álmaimban
a hőssel mendegéltem.

Vagy önfeledten repkedtem,
s ugráltam összevissza,
a mozgás öröméért tettem,
az emlék oly kristálytiszta.

Szaladtam, ha bújócskáztunk,
és futottam, ha fogócska,
élveztük minden pillanatát,
mi gyönyörű volt, s nem ócska.

De ahogy idősebb lettem,
már leginkább a cél hajtott,
elérni minél hamarabb,
s az öröm már csak sóhajtott.

Siettem mindenhová,
mint velem olyan sokan,
míg fel nem fogtam végre,
az idő gyorsabban rohan.

De továbbra sem pihentem,
szerelmi bánatban merevül
láttam magamat iszkolni,
a büszkét, aki menekül.

Majd döntöttem, hogy elég volt,
inkább felé, mint előle
rohantam rettegve oly sokat,
s elegem lett belőle.

Félelem és vágyaink,
az egyik vonz, másik taszít,
a mágnes két pólusa rángat,
míg egyik szétszakít.

Keringünk a Nap körül,
eddig estem vagy dűltem,
világunk folyton forog,
hintáján elszédültem.

Hogy ez a lecke miről szól (?),
barátom, már tudom jól:
aki itt van, volt már mindenhol,
aki most van, itt van mindenkor.

Ötven évig tartott az út,
magamon nagyot derültem,
mikor életemben végre
talán először leültem...

Tresch Attila, 2020.03.24.

Félénk gyermek lehettem. Születésem óta, ha megkértek valamire, azt próbáltam legjobb tudásom szerint elvégezni. Nem bolygattam a miérteket. Azt vallottam, hogy ami a feladatom, azt teljesítenem kell, kerüljön akármennyi áldozatba. Gondolom, a matematikát is azért szerettem sokáig sokkal jobban, mint az irodalmat, mert abban könnyebben kiismertem magamat. Az axiómák elfogadása után és építőköveinek használatával egy kiismerhető világ tárult elém. Valahogy így lehettem a kérésekkel is. Hamar beláttam, hogy ha azokat teljesítem, konfliktusok, önmarcangoló kérdések és frusztráció nélkül szépen haladhat az életem. Szerencsére velem született szorgalmam ebben jó társam volt. Az egyetemi továbbtanulásom során is szépen visszaköszönt mindez. Általában kitűnő-közeli bizonyítványaim voltak a gimnáziumi éveim végéig. A magyar nyelv és irodalommal volt csak problémám, amely gyakrabban volt négyes, mint jeles.

A gimnázium harmadik osztályában édesapám először a programozó matematikus pályát javasolta (Szeged), ahova könnyedén bejuthattam volna a matekversenyeken szerzett eredményein pluszpontjai miatt. Röviddel utána váltottunk, hogy legyek inkább villamosmérnök (Budapesti Műszaki Egyetem), ezért elkezdtem komolyabban nekifeküdni a fizikának. Rövid ideig felmerült a Külker Főiskola is, ahová a matematika mellett az angol lett volna már a felvételi tantárgy. A negyedik, végzős év elején végül „kikötöttünk" a pécsi Janus Pannonius Tudományegyetem Közgazdaságtudományi Karánál. A választás fő oka az volt, hogy helyben maradjak, és tudjam folytatni a sportkarrieremet. A döntésnek komoly következményei voltak, hiszen nagyon nehéz volt akkoriban bejutni erre az egyetemre, amihez nyilvánvaló volt, hogy nem lesz elégséges egy szimpla ötös történelemtudás. Kiemelkedő felkészültségre volt szükség, amelyet év közben az iskola és a folyamatos edzések mellett nem igazán tudtam megszerezni. Szerencsére ott volt az érettségi és felvételi szünet, amelyet én maximálisan felhasználtam. Kiutaztam a nagyszüleimhez Nagymányokra, oda, ahol testvéremmel a gyermekkorom nyarainak nagy részét töltöttem. Itt laktak anyu és apu szülei is, egymástól ötszáz méterre. A napirendem mindennap ugyanaz volt. Reggel nyolctól este nyolcig tanulás, óránként ötperces pihenőkkel, és egy picit hosszabb ebédszünettel – hat héten keresztül. Szombaton és vasárnap sem tartottam pihenőket. Módszerem a vizualizáció volt. Fogtam a négy történelemkönyvet, és szó szerint beszkenneltem. Minden új oldalnál az összes korábbit felidéztem. Az időben korábbi oldalakra így a rengeteg ismétlés, az újabb oldalakra a frissebb ismeretek miatt tudtam visszaemlékezni. 1,5 hónap napi tíz-tizenkét órás tanulásával a négy történelemkönyv bekerült agyam arhívumába. Amikor a felvételi tesztlapokkal visszamértem a tudásomat, akkor emlékszem, hogy a következő játszódott le a fejemben egy adott kérdés kapcsán: a válasz a második könyvben van, magyar történelem rész, Károly Róbert, bal oldal, könyv közepe, kisbetűs rész, majd megjelent előttem a kép, amelyet képes voltam felolvasni. Megdöbbentő volt számomra is. Őszintén szólva erre a teljesítményre a mai napig komoly büszkeséggel tekintek vissza. Adódik a kérdés, hogy mire volt elég mindez? A maximális 120 pontból 118-ra. Az egyik legmagasabb pontszámmal vettek fel az egyetemre. A fura az volt, hogy matematikából is és történelemből is 59-59 pontot szereztem. Bejutottam egy népszerű egyetemre egy olyan időben, amikor rengeteg fiatal felvételizett, ugyanis a '74-75-ös születésű generáció demográfiai csúcsot képviselt. Mindez nem sikerülhetett volna, ha nagyszüleim nem szállították volna futószalagon a szalámis szendvicseket, és szerető papám nem kezelte volna oly nagy türelemmel, hogy nem ultizunk éppen. Szintén kudarcot vallottam volna, ha nem lett volna meg bennem az a tűz, hogy igenis képes vagyok áldozatokat hozni a jövőmért és a szüleimért.

Ez a tűz ott lobog mindannyiunkban, és fel-fellángol, amikor picit is hinni tudjuk, hogy van értelme a szenvedésünknek. Ilyenkor erőt veszünk magunkon és nekiállunk annak a küzdelemnek, amely kiemel minket halandóságunkból, és halhatatlanná teszi tetteinket és áldozatos sorsunkat. Néha talán nem is tudjuk már, hogy honnan merítjük az erőt, csak vonszoljuk magunkat végzetünk felé...

A 29. vers címe:

Nyílt vizeken

Mind csónakázni vágytunk,
de tarajos hullámmező az élet,
zátony zivatarjai között hánykolódva,
nézd, táltos vitorlám mivé lett?

Sajgó tangóra mozduló
tétova tüske „léptek",
olvadt-szikla testemben
feledett büszke remények.

Ránk sötétedett tengered,
csak árnyéksugarad maradt,
„holló" csillag fényeinél evezek,
félig percek ritmusa alatt.

A holdfényben megelevenedtek
az árbochoz kötözött álmok,
alig alakok, lány foszlányok,
s megfakult, ráncos románcok.

Valami hatalmas sötét közeleg,
mennydörgő villámbottal jár,
hullámfelhők lovasa ő,
elpusztít mindent, ki útjába áll.

Sóhaj-óceán orkánja vágtat,
de én majd megmutatom neked,
hogy szilaj vitorlám tépett ugyan már,
de mer szembehajózni veled.

S beleharapok a levegőbe,
majd szétkarmolom az eget,
sikítva ordítom az arcod
és ökölbe szorítom a neved:
Küzdelem, én csak együtt halhatok veled!

Hirtelen ködfátyolon sütött át a nap,
mikor a gennyes lélekből jellem fakadt.
Meleg sugaraira a test megsemmisült,
és a sarki fénnyel egyesült...

A téli éj végeláthatatlan és hideg csillagsivatagának könnyes
percei e küzdelem által válnak a tavasz déli melegének szívme-
lengető mosolyává.

Tresch Attila, 2018.07.22.

Emlékszünk kiskorunkban olyan élethelyzetre, hogy volt a zsebünkben egy kis csokoládé, szerettük volna megenni, de ha elővettük volna, akkor meg kellett volna, hogy osszuk másokkal? Mit tettünk ilyenkor? Inkább megvártuk, hogy egyedül legyünk? Elővettük, de nem kínáltuk meg társainkat? Esetleg megtettük, de megbántuk, vagy valóban képesek voltunk önzetlenül viselkedni?

Én jól emlékszem, hogy mi zajlott le bennem annak idején. Korábban meséltem már az édesség-szeretetemről, azaz higgyük el, hogy magasan volt nálam a csokoládé ázsiója. Ennek ellenére arra a felismerésre jutottam nagyon hamar, hogy még ennél is értékesebb önmagam számára az az énkép, hogy nem vagyok irigy. Pont emiatt már gyerekkoromban is, és most is általában alapjaiban söpröm el azokat a gondolatkezdeményeket, amelyek az önzés irányába terelnének. Megosztom másokkal, amim van. Természetesen az önzés is jelen van néha bennem, amely szerencsére egyre kevésbé uralja döntéseimet.

A keresztény egyház által nevesített, adott csakrához tartozó főbűn az irigység. A szent tanok itt tehát az energiaközpont alulműködésének negatív jelenségére hívták fel a hívők figyelmét. A csakra központi kérdései a következők, amellyel ellenőrizni tudjuk a megfelelő működését:

- Jelen van-e az életedben az áldozatvállalás és az önzetlenség?
- Képes vagy-e nemet mondani illetve segítséget kérni, ha áldozatvállalásod nincs már egészséges összhangban teherbírásoddal?

Hol, milyen környezetben jelenik meg legjellemzőbben az áldozatvállalásunk? A mindennapi életben leginkább öt élethelyzetben. Az iskolával kapcsolatban a tanulás alatt; a munkahelyen, miközben dolgozunk; illetve otthon a házimunka, a gyereknevelés és az idősgondozás során.

Fiamnál, Márknál sajnos csak egyéves korában derült ki, hogy laktózérzékeny. Hiába vitte feleségem az orvoshoz már a legelején, hogy valami nem stimmel, mert láthatóan nagyon szenved. Azt a választ kaptuk, hogy van ilyen, hasfájós a gyermek. Nem bolygattuk, elfogadtuk. Nem haragszom az orvosra, tévedni emberi dolog, de úgy tűnik, hogy a szoptatás helyett talán indokolt lett volna a tápszer használata. Valószínűleg sok kíntól megóvott volna minket. Egy éven keresztül úgy éltünk, hogy feleségemmel egy átlagos éjszakán hatszor keltünk fel Márkhoz felváltva. Nem volt elég egy picit ringatni, hanem sokszor félórákat kellett vele sétálni az éjszaka közepén. Amikor próbáltuk visszatenni az kiságyába, a legkisebb hangra is felébredt és újra sírni kezdett. Az éjszakai virrasztások mellett pályakezdőként dolgoztam, és emiatt magas teljesítményt kellett nyújtanom a munkahelyemen. Volt, hogy egész nap alig ettem valamit, csak este tíz óra után vacsoráztam, amikor kisfiam elaludt. Olyan voltam, mint egy alvajáró. A korábbi rendszeres sportolásom teljesen összeomlott. Munka után rohantam haza. Otthon feleségem általában fáradtan, teljesen meggyötörten várta érkezésemet. A fő áldozat persze Márk volt, egy védtelen, tündéri gyermek, aki nem tehetett semmiről. Nagyon kemény időszak volt ez mindhármunk számára. Kibírtuk, mert áthatotta az egészet a hatalmas szeretetünk és egy végtelen kötelességtudat, amelyet feleségemmel a gyermekünk iránt éreztünk. A mai napig, ha valahol felcsendül a kiságyra rögzíthető zenélő körforgó hangja, tanult reflexként automatikusan összeugrik a gyomrom. Az előző helyzetet tovább súlyosbította, hogy Márk szalmonellás lett közvetlenül utána, pont egyévesen. Éppen ahogy túlesett volna a laktózérzékenység adta megpróbáltatásokon, mert szervezete már megemésztette azt, jött ez a kegyetlen betegség. Először csak nagyon magas lázzal érkezett meg, és nem tudtuk, hogy mivel állunk szemben. Negyven fokos láza volt napokig szegény fiamnak. Hűtőfürdő éjjel-nappal, folyamatosan egy egyéves gyereknek. Ma is látom magam előtt szemrehányó tekintetét, ahogy kis kezével kétségbeesetten kapaszkodik a kis kád szélébe, és a hozzá képest óriás apukája – legyőzve ellenállását – belemeríti a számára hidegnek érzett fürdővízbe. Borzalmas volt. Tettük, mert tudtuk, hogy ez a helyes. Feleségem naponta ment át az orvoshoz, de nem született döntés a kórházi elhelyezésről, mert vártunk a laboreredményre. Fiam nem volt képes szopizni, sem vizet inni. A harmadik nap, amikor munkából hazaértem, éreztem, hogy baj van, és azonnal felmentünk a kórházba. Az orvos nem szólt egy szót sem, de pontosan értettem aggódó pillantását. Fiunk életveszélyben volt már a kiszáradástól. Kisfiamat azonnal felvették a fertőző osztályra, bekötötték az infúziót, feleségem pedig befeküdhetett melléje. Végigsírtuk az éjszakát. Fiam másnapra jobban lett, de még három hétig nagyon beteg volt. Egyetlen emlék őrzi mindezt, egy fénykép, amelyről egy kiszolgáltatott, teljesen legyengült kisfiú tekint vissza ránk. Hála Istennek megóvta számunkra az ég. Azóta megnőtt, erős és szép férfi lett belőle. Most húszéves, és úgy látom kiheverte, hogy nehezen indult az élete.

Húsz éve vagyok már apa. Három gyermeket nevelek. Sok mindent tudok a felelősségről és az áldozatvállalásról. Bent voltam három szülésen, amely az élet hatalmas áldása volt számomra, de közben láttam feleségem kínjait is. A húsz év alatt nemcsak magammal és a feladataimmal voltam elfoglalva, hanem azt is figyeltem, hogy mit tesz le az „asztalra" egy anya és a többi nő. Ha a kedvenc szavamat kellene megneveznem, azt mondanám: „asszony". Benne van minden, amit én az életben szeretek. A szó talán szinonimája is lehetne az áldozatvállalásnak. Zárja ezt a fejezetet a nők tiszteletét megéneklő hálavers!

A 30. vers címe:

A nő

Minden, ami volt és van,
akármilyen erő is küldte,
hogy itt éljen és szeressen,
nő volt, aki e világra szülte.

Benne élsz mindenben, legyen az
ég, domb, rét, sás, tó és erdő,
mind közös ünnepet ülnek érted,
mint egy végtelen menyegző.

Te ébredsz mindig elsőként:
reggelt kelt a fényes hajnal,
földről égbe „emelsz" minket
csiripelő madárdallal.

Virágmeződ puha parfüm,
így kíván nagyon szép napot,
és mindenhez odabújó,
ölelő, hajlékony illatod.

Évmilliók óta a mi Napunk
a te lenyűgöző szemed,
ahogy ránk emeled fényed,
igéző, forró tekinteted.

Temérdek a dolgod, amihez
mindig illően választod ruhád,
a lágy szellő kócosra fújja
édes, bárányfelhő-frizurád.

Tápláló völgyként ölelve fekszel
minden magányos, kopár hegy köré,
így támogatod a férfit
elérhetetlen csúcsai felé.

Te vagy minden tettünkben
a lelkesítő múzsa,
ahogy elborítod elménk,
lágy ajkaknak vörös rúzsa.

Szivárvány szikláról ugrasz alá,
ahogy vonz a kaland és a mély,
magasból ránt le s tör össze
álmodozó zuhatag-szenvedély.

Lüktető sebek kongatják harangjait
ebben a piciny, törékeny testben,
de te nem szólsz egy szót sem,
végzed dolgaid némán és csendben.

S ha titkolod sajgó sebeid,
„kendővel" takarod a könnyes eget,
ahogy felteszed magadra óvó,
felhő alakú napszemüvegedet.

S ha fájdalmat látsz, szemedből
záporeső zúdul végig a tájon,
így mondod el mindenkinek,
hogy „szeretlek, s úgy sajnálom".

A változás vagy maga,
ott ülünk pörgő szoknyádon,
fel és alá repíted életünk,
négy évszak-körhintádon.

Gyakran rejtőzöl, de néha
feltárod rejtett útjaid,
mikor szirmod bontod,
ahogy kinyújtod angyal-ujjaid.

Bárhova sodor a nappal,
ahol melletted talál ránk az éj,
ott van számunkra család
és otthon, haza, szenvedély.

S mikor alszol is, egyik szemed holdként
félig nyitva hagyod a tájon,
éjszakánként is óvod gyermeked,
ha felsírna, s hogy hazataláljon.

Míg egyetlen nő is van köztünk,
aki reggel álmosan felkél,
addig én itt akarok lenni,
mert ez a világ él...

Tresch Attila, 2018.07.29.

VI. 5. Tudat – 5. csakra – a tudás és a döntés

Volt már olyan érzésed, hogy kétségbe vagy esve, mert nem vagy képes dönteni fontos kérdésben arról, hogy melyik úton haladjon tovább az életed? Gondolom igen, ahogy szerintem mindenki másnak is. Napközben nincs igazán idő agyalni, de éjjel tapintható ez az energia. Szinte hallom, ahogy a döntések nyomasztó súlya alatt álmában felnyög a város szunnyadó népe. Már nagyon régóta érzékelem mindezt. Ilyenkor magamban áldást küldök feléjük és kívánom, hogy békére leljenek.

Az ötödik csakrát a tudás ajándékának is nevezik, és a döntésekkel van kapcsolatban. Ahhoz képest, hogy mennyire fontos részét képezi ez az életünknek, sajnos nem igazán tanulunk róla az iskolában. Hiszem, hogy nagyon nagy szükség lenne egy egyenletre, amelyben ismerjük az összetevőket, és belehelyettesítve támogató útmutatást kapunk. Nekem van ilyenem. Erről szeretnék mesélni nektek.

Sok dologban vigyáznom kell magamra, mert több mindenre érzékenyen reagálok. Fázós vagyok, és néhány óránként ennem kell. Barátaim ki is szoktak nevetni, mert egy dolog biztos: bárhová menjek, van nálam egy szendvics és egy pulcsi. Bár nagyon könnyedén kelek, nem bírom az éjszakázást. Ha alkoholt iszom, napokig gyenge vagyok. Úgy irigyeltem mindig azokat a férfitársaimat, akiknek ezekre nem kell különösebben figyelniük. Szerencsére azt is be kell látnom, hogy testem működésének számos előnye is van. Én ebéd után a rendkívül gyors emésztésem miatt nem kómát érzek – ahogy a többség –, hanem vitalitást. Sosem fáj a fejem, és rendkívül könnyen hozok döntéseket.

Már nagyon régóta figyelem, hogy egy döntési helyzetben mi játszódik le bennem. Első lépésben ráébredek, hogy egy elágazáshoz érkeztem, ahol választanom célszerű, vagy mehetek középen, a bozótosban. Második lépésben felmérem, hogy az egyes ösvények várhatóan hova vezetnek. Ez a pont mindig megelőzi a harmadik lépést, azaz annak beazonosítását, hogy milyen út vezet oda. Autópálya, vagy göröngyös és hepehupás hegyi szakasz? Komolyabb jelentőségű döntésekben a harmadik elem általában nem bír meghatározó jelenséggel. Az erény kell, hogy áthassa döntéseinket még akkor is, ha félelmetesnek és ijesztőnek tűnik az út, amelyre lépünk általa. Én talán ennek felismerése miatt döntök jellemzően könnyen, hiszen nem az tart általában sokáig, hogy tudjuk, hogy melyik irány a helyes. Sokkal inkább a belső párbeszédek végighallgatása, amikor a helyes küzd a vágyottal. Tulajdonképpen ilyenkor egy önámítási mechanizmus „gyógyító" erejére várunk, amely segítségével sikerül meggyőznünk magunkat arról, hogy a vágyott ösvényt egyben a helyesnek is érezzük. Persze ez sosem sikerülhet. Harmadik énünk suttogása elnyomhatatlan, és hiába temetjük önámító magyarázatokkal és kifogásokkal bélelt koporsóba, kimászik alóla és kísért minket. Én felismertem, hogy semmi értelme ezeknek az önpusztító játékoknak. Nincs olyan erkölcsi helyzet, ahol a szív bölcsessége nem mondaná ki azonnal ítéletét, és nincs olyan sem, amikor a tudat okosabb lehetne nála. Természetesen pusztán világi élethelyzetekben indokolt lehet egyfajta információgyűjtés és adatelemzés, de nem ezek a kérdések vájják nyomasztó karmaikat az eltévelyedettekbe. Úgy tapasztalom tehát, hogy általában nem az egyes alternatívák várható következményeinek beazonosításával van legtöbbeknél a probléma, bár néha ez is nehéz. Sokkal inkább jellemzően egy letisztult értékrend hiányával, amely sarkcsillagként mutatná a sötét éjszakában, hogy merre kell vezetni hajónkat. A szív iránytűje nélkül csak sodródhatunk a világban, és sosem érhetünk célba. A feladat tehát tulajdonképpen nem is lenne olyan bonyolult:

- legyen értékrendünk (erény)
- halljuk meg szavát
- hallgassunk rá.

Ha mindezek adottak, nincsenek is döntések. Egyetlen út marad.

Ahhoz, hogy ebben előre léphessünk és tudatosabbak lehessünk, célszerű átgondolni, hogy mit is jelent számunkra mélyebben az erény, illetve milyen elágazásoknál milyen út választását suttogja nekünk. Mit tapasztaltunk az életünk során, kik ezeknek a viadaloknak a páncélos lovagjai? Tipikusan kik között kell választanunk? Tudjuk? Megfigyeltük?

Hogyan éltük meg, amikor kamaszkorunkban szerelmesek voltunk? Szerelmet vallottunk egy szál virággal, vagy levéllel, esetleg egy mosollyal vagy érintéssel? Ha nem, miért nem? Ha bálban vagyunk és megszólal a zene, akkor önfeledt táncra perdülünk, vagy már meggyőztük magunkat, hogy nem is szeretünk táncolni? Ha mélyen a lelkünkbe nézünk, akkor mit súg nekünk? Lehet olyan, hogy valaki tényleg nem szeret táncolni? Ha a családban a boldog szülinapot énekeljük vagy szilveszterkor barátainkkal a himnuszt, akkor hangosan tesszük mindezt? Ha nem, miért nem? Társaságunkban csupa képzett zenész jár? Nem hiszem.

Az első csakra döntési helyzeteiben a félelem küzd a vágy ellen. Az első szabályom: ilyenkor kövesd a vágyat és győzd le a félelmedet! A vakmerőséget és a valós veszélyt persze kerülni kell természetesen, de higgyük el, hogy a valódi – az itt és a mostban jelentkező és nem a jövőtől való – félelem esetén nincs jelen a vágy.

Történt már olyan velünk, hogy munkahelyünkön váratlanul késő estig tartó túlórázásra kértek minket? Iskolásként, ha tudtuk, hogy tanulnunk kellene, képesek voltunk nekiállni, vagy a szórakozást választottuk? Mit tettünk, ha kimerülten és fáradtan úgy aludtunk volna, de többször felsírt a gyermekünk? Segítettünk, ha szüleink már gondozásra szorultak, de nekünk is rengeteg egyéb más programunk lett volna? Kerültünk már olyan élethelyzetbe, hogy házasok vagyunk, mégis vonzalmat érzünk egy másik nő vagy férfi iránt? Mit tettünk ilyenkor? Ha döntöttünk, mi alapján? Miért éppen úgy, ahogy? Jól döntöttünk? Nem bántuk meg?

A második csakra szintjén a vágy küzd a kötelezettséggel. A második szabályom: ilyenkor teljesítsd a kötelezettségedet és győzd le a vágyaidat!

Volt olyan, hogy többet szerettél volna valamiből, mégis meg kellett osztanod másokkal, amid van? Szívesen és önzetlenül adsz, vagy nehezen megy mindez? Hogyan reagálsz, ha mondasz valamit, de a hallgatóközönség nem ért veled egyet, és ennek hangot is ad? Nyitott maradsz, vagy bezárkózol, és anyatigrisként véded álláspontodat? Szereted-e, ha dicsérnek? Titkolod, vagy nyíltan felvállalod-e, ha hibáztál? Szükséged van-e a versenyre és a győzelemre? Képes vagy mást nyerni hagyni? A saját nézőpontod érdekel csak, vagy a mások érdekeit is átgondolod és érdemben képviseled döntéseidben?

A harmadik csakra szintjén az EGO harcol a lelkiismerettel, a szívvel. A harmadik szabályom: ilyenkor mindig hallgass a szívre!

Végezetül lehetnek olyan esetek is, amikor azonos „minőségek" találkoznak egymással, és választanunk kell közülük. A legtipikusabb ilyen dilemma, amikor több kötelezettség találkozik. Hadd mondjak erre is két példát! Mit teszünk, ha nem végeztünk a munkahelyi kötelezettségünkkel – túlóráznunk kellene –, de tudjuk, hogy otthon is fontos teljesítendő feladatok várnak minket? Nem arról beszélek, hogy haza szeretnénk menni, hanem arról, hogy több párhuzamos munka szakít éppen szét bennünket, és választanunk kell közülük. Nyilván az intelligens döntés, ha a következmények súlyossága alapján hozzuk meg ítéletünket. Igen ám, de mit teszünk, ha ez sem segít minket a helyes irány kijelölésében? Kerültünk már olyan helyzetbe, hogy titkot bíztak ránk, és „megesküttek" minket, hogy ne adjuk tovább? Volt olyan, hogy párunk követelte az információt, azzal érvelve, hogy a kapcsolatunknál semmi sem lehet fontosabb? Mit tettünk ilyenkor? A kapcsolatunkhoz vagy a titok megtartásának ígéretéhez voltunk hűségesek?

Ilyenkor derül ki, hogy milyen fontos, hogy tisztában legyünk azzal, hogy kik is vagyunk valójában. Mind olyanok vagyunk, mint egy hagyma. Ahogy haladunk személyiségünkben befelé, egyre fontosabb értékekhez, belső kincsekhez jutunk. Képzeletben le kell, hogy tudjuk hántani magunkról a rétegeket. Egyiket a másik után. Tisztában kell legyünk azzal, hogy mi van a legbelső körön belül. Az lesz az, amit mindenáron védenünk kell. Végső soron azok vagyunk, amit ott találunk. Ha ez semmi, semmik vagyunk. Én leginkább apa és férj vagyok (a mag), majd barát. Ezután ember (szív), és csak utána férfi (vágy), majd valahol munkavállaló, és rengeteg mindenki más.

Összefoglalva tehát az én döntési mechanizmusom, azaz az erényre adott definícióm a következő:

---

1.   2.   3.

FÉLELEM < VÁGY < KÖTELEZETTSÉG ; EGO < SZÍV

...FÉRFI   < EMBER <   BARÁT   < APA és FÉRJ (mag) = ÉN 4.

Életem GPS-e ez a két sor. A sarkcsillagom a sötét éjszakában. Mindig egyértelmű útmutatást adott nekem. Volt, hogy a kijelölt út nagyon nehéz volt. Ritkán olyan is megtörtént, hogy nem a helyes irányt választottam. Olyan viszont sosem volt, hogy nem tudtam, hogy merre kell mennem. Ne felejtsük el, hogy nem az az ember tévedt el, aki nem tudja, hogy éppen hol van, hanem az, aki elfelejtette, hogy kicsoda...

A 31. vers címe:

Tudni, merre

Jobbra vagy balra menjél,
elmédet szaggatják, mint kések,
ahogy éjszakánként nyomasztanak
sorsformáló súlyos döntések.

Pedig nem bonyolult tudni,
hogy mit is kell tenned:
azonosítsd be magadban,
hogy ki ki ellen szenved.

A félelem a vágy ellen
az egyik alap harci forma,
csak akkor nyerhetsz, ha mersz,
így váltod álmaid valóra.

Ha tudsz énekelni mások előtt,
s felemeled a hangodat,
tudják, hogy nem rettegsz már,
s így hallgatják áldott dalodat.

S ha nem érdekel, ki mit gondol,
s táncparketten találod magad,
gratulálok, barátom, mert
életed jó úton halad.

S ha mersz udvarláshoz virágot venni,
s feloldódsz a szerelem örömében,
könnyedén kiállod pillantását, ahogy
szabaddá válsz vágyad börtönében.

De a vágynál is fontosabb,
hogy mi az, mi szerinted helyes,
a kötelezettség uralkodik,
vitatni teljesen felesleges.

Ha nem követed, mit kellene,
az élet megbüntet érte,
hamar eltelik öröme,
s végleg átfordul az érme.

Ha tehát képes vagy küzdeni,
legyőzve lusta önmagad,
bármit is adsz cserébe,
belül gazdagság marad.

S ha vonz magához egy ajak,
de várnak otthon téged,
családjukat választják mind,
akik előtt lepereg az élet.

A harmadik küzdelem
az EGO és lélek harca,
alárendelni önmagad,
a lényed nehezen hagyja.

Önzetlen adni serényen,
nem kérkedni eme erénnyel,
belül gazdagon, kívül szegényen,
csak csendben szeretni, reményben.

Elismerni, ha hibáztál,
s másnak igazad adni,
hagyni a gyengébbet győzni,
s nem vágyni serleget kapni.

Ha ezt tudod már mind,
az utad látni egyszerű,
nincs nyomasztó pillanat,
s az élet nagyszerű.

A döntés tehát nem választás,
hanem bizony próbatétel,
ki-ki tovább fejlődik,
vagy ugyanaz fölött térdel.

Ki legyőz félelmet, vágyat,
s a végén önmagát,
csak annak hint csókot az éj,
s kíván jó éjszakát!

Tresch Attila, 2019.06.21.

Az ötödik csakrához tartozó belső elválasztású mirigy a pajzs-mirigy. A jóléti társadalmakban világjelenség, hogy rengetegen küzdenek pajzsmirigy-problémákkal. Ha veled, az olvasóval is így van, mindenképpen tedd fel magadban a kérdést: nem része az életednek a folyamatos agyalás és a bizonytalanság érzése valós döntéshozatalok nélkül?

Az ötödik csakrát pont azért hívják a tudás ajándékának, mert csak akkor működhet egyensúlyban az adott energiaközpont, ha képesek vagyunk könnyedén döntéseket hozni. Ehhez tudás szükséges, méghozzá az erényünk ismerete. A csakra központi kérdése:

- ha döntési helyzetbe kerülsz, képes vagy-e dönteni és döntésed következményeinek előnyeit és áldásait nézni, nem pedig veszteségeit és áldozatait?

A nem-döntés feszültséget jelent, amely szép lassan elpusztít. Ha a veszteségeket nézed, akkor pedig valójában nem döntöttél. Ha a válasz a fenti kérdésre bármikor nem, van feladatod a csakra működésének gyógyításában.

Nagyon érdekes, hogy a keresztény egyházban az ötödik főbűn a falánkság. Vajon mi köze van mindennek a döntésekhez? Emlékszünk még a test harmadik fejezetére? A testi harmadik csakra a táplálkozás központja. Helye a gyomornál található, amely a tudati szinten az önbizalommal van szoros kapcsolatban. A döntési helyzet okozta bizonytalanság frusztrációhoz, idegességhez, önbizalomhiányhoz vezet, amely a harmadik csakra életenergiáit blokkolja. Jól tapintható is ilyenkor a feszültség a hasunkban. Ösztönös vágyat érzünk ekkor arra, hogy vagy egyáltalán ne együnk, vagy folyamatosan zabáljunk. Sajnos egyik sem jelent megoldást a valós problémára, és helyzetünket mindkettő csak tovább súlyosbítja. Pont ezért kell, hogy jobban ismerjük belső működésünket, és ilyenkor felismerjük, hogyan segíthetünk magunknak.

Ha egy nap képesek is leszünk jó döntéseket hozni, arról is érdemes röviden beszélni, hogy mit tegyünk életünk korábban meghozott rossz döntéseivel? Szóljanak erről a fejezet záró gondolatai!

Ötödikes általános iskolás voltam. Péntek este teadélutánt tartottunk. Mikulás környéke volt. Azért, hogy a buli ünnepélyességét növeljük, húztunk neveket, hogy mindenki megajándékozhasson valakit az osztályban. Én Zsoltit húztam. Ez volt számomra az első ilyen alkalom; nem tudtam, hogy mi ilyenkor a szokás. Más mentségem nem lehet szégyenteljes viselkedésemre. Az ajándékot nem készítettem el előző este, hanem a parti előtt vettem meg a sarki boltban. Elég fukarra szabtam a költségvetést is, mert mindösszesen két darab zöld Lottó csokoládét vásároltam. Nem véletlen, hogy ma is emlékszem rá. Talán még ez elment volna, de ráadásul úgy döntöttem, hogy az egyiket inkább megeszem. Így is tettem. Még ez sem volt elég. Amikor odaértem a helyszínre, a lányok éppen díszítették a klubhelyiséget, és azt gondoltam, milyen jó ötlet lesz, ha az egyetlen, amúgy is nyamvadt csokoládét körbetekerem cellux ragasztóval. Ebben az állapotában került a többi díszes ajándékcsomag közé. Láttam Zsolt csalódottságát, amikor átvette. Szégyelltem magamat, ami előtte ismeretlen érzés volt nekem. Nagyot hibáztam. Sosem felejtem el. Megtanultam a leckét.

Gimnázium második osztályába jártam. Egyik alkalommal, amikor mentem ki a matematikateremből, egy elsős lány – én még nem ismertem őt – kedvesen rám mosolyogva a nevemen szólított. Felkeltette az érdeklődésemet. Pár napra rá iskolabál volt, ahonnan hazakísértem. Nyilvánvaló volt, hogy erős a vonzalom közöttünk és minden adott volt, hogy járjunk egymással. Sajnos a barátaim, akiknek a véleménye és társasága nagyon fontos volt számomra, benne konkurenciát láttak. Talán féltek, hogy elveszítenek engem, ezért elég lesújtó véleményt mondtak róla, ami bizonytalanságot alakított ki bennem. Ő várt reám, de én egyszerűen nem voltam képes lépni. Elszúrtam. Elengedtem őt, amit a mai napig bánok. Hatalmas áldás lett volna akkor nekem ő, de még annál is jobban sajnálom, hogy nem adtam meg neki azt, amit megérdemelt volna.

Az alábbi verset azoknak írtam, akiknek fájdalmat okoztam. Őszintén sajnálom mindet. Csak remélni merem, hogy egy nap meg tudnak bocsátani nekem.

Úgy sajnálom

Emlékszem, mi történt,
a szívem nagyot dobban,
gyermekként cukorkát,
volt, hogy a boltból loptam.

S ha nem adtál igazat,
mindig veszekedtem,
barbár büszkeség miatt
folyton verekedtem.

Oly messze az egész,
valóság vagy álom,
de fáj még ma is,
úgy sajnálom.

Tudtam, mi a helyes,
de párszor „aludtam",
elgyengültem sajnos,
s volt, hogy hazudtam.

Nem vagyok büszke rá,
suttogom csak halkan,
a játékban, hogy nyerjek,
volt bizony, hogy csaltam.

Oly messze az egész,
felteszek egy kérdést:
Megérte e fájdalom?
Hadd kérjek elnézést!

S hogy szégyenem
csak tovább fokozzam,
bevallom, hogy néha
csalódást okoztam.

Átléptem határod,
tiéd volt e szent telek,
s bitoroltam földed,
ahogy megsértettelek.

Oly messze az egész,
bennem él a bánat,
ahogy fáj még ma is,
őszinte bocsánat.

Mind közül a legrosszabb,
ha könnyet hoztam neked,
te mindent odaadtál, de
eldobtam szerelmedet.

Tudom, hogy e vers
sok-sok évet késett,
talán számít még:
sóvárgom a nevetésed.

Oly messze az egész,
várlak egy másik életben,
ez fájjon csak mindig,
e seb úszik a véremben.

Oh, mennyi-mennyi bűn,
a létünknek csak átok,
Te akármit is tettél,
Én mindent megbocsátok...

Tresch Attila, 2020.05.12.

VI. 6. Tudat – 6. csakra – a bölcsesség

Tudjuk, mit jelent a bölcsesség? Az általánosságban adott válasz a kérdésre sajnos szerintem helytelen. A legtöbben a szót úgy értelmezik, hogy bölcs az a személy, aki élettapasztalatából adódóan nagyon sok mindent tud. Meggyőződésem, hogy nem erről van szó. Sok éves gondolkodás után az én véleményem az, hogy a bölcsesség az elfogadást és a megbocsátást, illetve az itt és a mostban élést jelenti.

> **BÖLCSESSÉG** = ELFOGADÁS ÉS MEGBOCSÁTÁS,
> ITT ÉS A MOSTBAN ÉLÉS

A két fogalom egy és ugyanaz valójában, de szétválasztásuk segíti a megértést. Az ötödik csakra a tudás ajándékáról szólt. Arról, hogy ha felkészültek vagyunk, akkor döntési helyzetben képesek vagyunk dönteni és döntésünk előnyeit nézni, nem a választott útért hozott áldozatokat. Sajnos nem mindig van választásunk, sőt életünkben ez történik gyakrabban. Gondoljunk csak az időjárásra! Hányszor bosszankodunk olyan apróságokon, hogy miért esik, vagy miért nem esik (mezőgazdaság), miért van ilyen hideg vagy éppen meleg, miért van sötét, miért van tél, miért van hétfő vagy éppen reggel? A bölcsesség azt jelenti, hogy nem teszünk fel ilyen kérdéseket. A bölcsesség az, hogy elfogadjuk azokat a körülményeket, amelyekre nincs kihatásunk, azaz összhangban élünk az élet áramlásával.

Gyermekkoromban leginkább három dologban tapasztaltam meg, hogy nem minden úgy lesz, ahogy én szeretném. Volt, hogy bizonyos játékért sóvárogtam a kirakatot bámulva, mindennap ugyanarra sétálva, hogy legalább gyönyörködhessek benne. Percekig nézve, majd nagy sóhajjal hazaindulva. A másik nagy terület a játékokban elszenvedett vereség volt, amelyet meg kellett tanulnom elviselni. Végül, ha rosszak voltunk bátyámmal, akkor a kapott büntetések. Egy-egy pofon, vagy hogy nem nézhettünk meg egy filmet a tévében. Ritkán volt ilyen, de ma is emlékszem, hogy mennyire nehezen viseltem el az igazságtalanságot. Persze nem volt az, de én annak éltem meg. Szerettem volna védőbeszédet tartani, és úgy éreztem, ha apu meghallgatna, igazat kellene, hogy adjon nekem. Apu azonban – ma már tudom – nagyon helyesen nem adott erre nekem lehetőséget. Iszonyatos dühöt éreztem. Majdnem szétrobbantam.

A kamaszkor a szerelmi beteljesülések és csalódások időszaka volt. Amikor fájdalom ért, soha nem dühöt éreztem. Egyszerűen csak mély, letargikus szomorúságot. Olyat, mintha csendes eső lennék, csak nem vízcseppek hullanának belőlem, hanem nagyon lassan vereznék. Talán ilyenkor éreztem először enyhe depressziót és nihilt, az életem értelmének hiányát. Szerencsére a sport, a szerető család és barátok, illetve a rengeteg feladat mindig hamar visszarántottak az életbe. Hálásan köszönöm mindenkinek.

A feleségemet az egyetemen ismertem meg. A diploma megszerzése után egy évvel eljegyeztük egymást, rá egy évre összeházasodtunk. Pont egy évre megszületett kisfiunk, Márk. A felelősségek, a szabályok, a napirend olyan új és teljesen rugalmatlan struktúrájában találtam magamat egycsapásra, ahol nem volt mozgástér. Ebben az új helyzetben sokkal többet kellett alkalmazkodnom. Az elfogadás olyan nehéz kihívásával találtam szemben magamat, hogy egyik pillanatról a másikra már nem én voltam a legfontosabb a feleségemnek, és pontosan tudtam, hogy már sosem leszek többet az. A már említett éjszakázások, gyermekem betegségei, a megváltozott párkapcsolat folyamatosan tanítottak arra, hogy ne mereven, hanem nyitott szívvel és rugalmassággal próbáljam meg befogadni az új körülményeket. Nyilvánvalóvá vált már akkor számomra, hogy jellemfejlődésünknek szüksége van ezekre a fájdalmas próbatételekre. Talán pont ezért is lehet egy fiatal ugyan nagyon okos, de bölcs sosem.

Én a párkapcsolati konfliktusokat az érintett téma alapján öt nagy csoportba sorolom. Az első a pénzzel van kapcsolatban, azaz hogy mire költjük a jövedelmünket. Olyan számonkérő kérdésekkel indul, mint hogy „miért voltál kozmetikában", esetleg „ez mennyibe került"? Ebben az esetben mindig a család fő „kenyérkeresője" támad rá a párjára. A lényeg sosem a kimondott mondat, hanem annak hangsúlya. Ha az támadó, szinte biztosak lehetünk benne, hogy a veszekedés a kérdéssel megkezdődött. A második a hálószoba. Beleértem a szerelmi életünk minden részletét, a féltékenységet, hogy hogyan öltözködünk, mennyire figyelünk alakunk és szépségünk fenntartására. A harmadik nagy terület a gyerekneveléssel kapcsolatos. Mit egyen a gyermek, fegyelmezési eszközök, tévénézés, sportoljon vagy zenéljen, hol tanuljon tovább. A negyedik a szülőkkel kapcsolatos. Mibe szólt éppen bele anyósom vagy apósom, amin begurultam? Végül megérkeztünk az utolsó halmazhoz, amit én csak a mindennapi élet apró hülyeségeinek nevezek, de hívhatjuk egyébnek is. A dolog érdekessége, hogy bár jelentőségét tekintve ez a legkevésbé lényeges csoport, mégis itt találhatóak azok a látszólag jelentéktelen dolgok, amelyeken hatalmasakat tudunk párunkkal veszekedni. Feleségemmel szerencsésnek tartom magunkat. Mindketten diplomások vagyunk, és az évek szorgalmas munkája révén jó anyagi helyzetet tudtunk kialakítani magunknak. Legalábbis mi elégedettek vagyunk. Azonosak a gyereknevelési elképzeléseink, szüleink fantasztikus módon támogatóak és nem szólnak bele az életünkbe. Huszonhat éve vagyunk együtt, és kijelenthetem, hogy ebben a kicsit hosszabb, mint negyed évszázadban a fennmaradó két halmaz – hálószoba és egyéb – ugrasztott csak össze minket. A hálószoba-téma is főként a kapcsolatunk első tíz évében, azóta egyensúlyt találtunk benne. Csatározásaink fő témái így leginkább a mindennapi élet apró hülyeségei: a rend, a pontosság, és a „ki mikor mit mondott" voltak. Régen nagyokat veszekedtünk rajtuk, újabban már szerencsére egyre ritkábban. Ma már sokszor csak legyintünk egymásra. Megértettük, hogy sokszor nincs is semmi értelme „megküzdeni" egymással. Elfogadtuk, hogy a másik másként gondolja. Belefáradtunk az érvekbe. Apró dolgokon nem akadunk már fenn. Viccesen csak annyit szoktunk ilyenkor mondani egymásnak, hogy „lejátsz-szuk"? Pontosan tudjuk, hogy mi történne. Kisebb dolgokban képesek vagyunk mosolyogva mondani, hogy „nem". A humor sokszor nagyon sokat tud segíteni, persze csak, ha még időben érkezik, a bomba robbanása előtt.

Megfigyeltük már, hogy mi zajlik le bennünk egy veszekedés során? A forgatókönyv ugyanaz. Ha tudatosítjuk az ismétlő-dő drámát, akkor lesz lehetőségünk érdemben beavatkozni, és nemcsak cselekvő színészei lehetünk, hanem történetírói is. Szerintem minden konfliktus a következő két folyamat egyike szerint játszódik le:

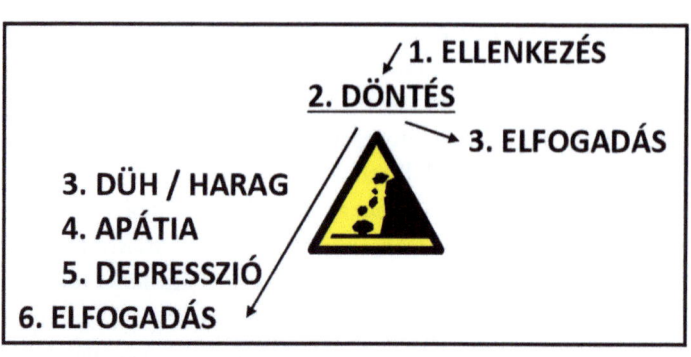

Ellenkezéssel indul, azaz valami nem tetszik nekünk. Ennek általában azonnal hangot is adunk. Olyan is lehet, hogy magunkban tartjuk, de belül érezzük, hogy feszültség támadt bennünk. A folyamat második lépése során egy nagyon fontos szakaszhoz érkezünk: a döntéshez. Ezt a pontot csak olyan személyek érzékelik, akik tudatosan figyelik saját érzelmi reakciójukat, és eltökélten fejlődni szeretnének benne. A legtöbben sajnos egyáltalán nem észlelik ezt a leglényegesebb állomást, hanem EGO-nk szoftvere automatikusan tovább szalad rajta, múltunk mintázata alapján választva utat, tipikusan a szakadék felé robogva. Nagyon fontos megértenünk, hogy a körülményeinkben nem, de a reakciónkban mindig van választásunk. Dönthetünk helyesen, azaz ráléphetünk az egyszerűbb útra is azáltal, hogy rugalmasságot mutatunk és elfogadást tanúsítunk a szív bölcsességét használva. Ha erre nem vagyunk képesek, levetjük magunkat a szakadékba. Ha ez megtörténik, onnantól fogva már nincs visszaút, végig kell, hogy menjünk a zuhanás állapotain: harag, apátia, depresszió, hogy végül elfogadhassuk sorsunkat. A körülmények függvénye, hogy melyik állomáson mennyi időt töltünk, de biztosak lehetünk benne, hogy érintjük ezeket a szakaszokat.

Nézzünk erre egy mindennapi példát! Családi házban lakunk, ahová nem járunk be cipővel. Ezt a szabályt nem én, hanem a feleségemmel közösen hoztuk meg. Ahogy belépünk az ajtón, levesszük a lábbelinket, és betesszük a szekrénybe. Mivel én fegyelmezett vagyok, természetesen ezt mindig, minden körülmények között betartom. Ha otthon felejtek valamit, mielőtt felszaladnék az emeletre, leveszem a cipőmet. Nagyon sokszor előfordult már ez, azaz sok energiát tettem bele. Elképzelhetjük, hogy hogyan reagálok, ha azt tapasztaltom, hogy feleségem rugalmasan kezeli a közös szabályunkat. Ő más, mint én, sokkal inkább irányelvekben gondolkodik. Számára a legtermészetesebb, hogy ha vissza kell mennie valamiért, akkor nem fogja levenni a cipőjét. Elkövettem néha azt a hibát, hogy ezt szóvá is tettem (ellenkező szakasz). Ha erre annyit mondott volna, hogy igazam van, elnézést, a dolog le is lett volna zárva. Igen ám, de az EGO nem így működik: megkezdte automatikus védekező mechanizmusát. Feleségem kifejezte, hogy siet, és különben is ő takarít ebben a házban. Elképzelhetjük a reakciómat. Rutin hiányában nem volt itt meg a döntési fázis érzékelése, hanem csak az átérzett indulat, aminek hangot is adtam (düh, harag szakasz). „Akkor én sem fogom soha többet levenni a cipőmet, és nem fogok hülyét csinálni magamból". Ráadásul úgy éltem meg, hogy hogyan várhatja el tőlem, hogy erős férfinak érezzem magam mellette, ha egyoldalúan lesöpri az asztalról közös megállapodásunkat. Mi értelme így az egésznek (apátia szakasz)?

Nyilván feleségem is besértődött, hiszen nem értette, hogy miért kell ebből a jelentéktelen ügyből vitát gerjeszteni. (Csendben jegyzem meg, hogy mindig az mondja a másiknak, hogy legyünk lazák, akinek a spontán szabályértelmezését éppen a másiknak kell követnie. A másik irányba sosem vagyunk olyan nagyon rugalmasak.) A szóváltás hatására jött a különvonulás, majd belső szükségletünk hatására újra és újra lejátszottuk a drámát magunkban, és megéltük fájdalmunkat (depressziós fázis). Ilyenkor írjuk meg a vádiratunkat, ahol gondosan összeszedjük az érveinket, hogy miért nekünk van igazunk, és miért nem a másiknak. Ekkor érezzük már, hogy célszerűbb lenne békülni, de még képtelenek vagyunk rá. Ameddig zuhanunk, és nem érkezünk meg az „elfogadás" nevű állomásra, addig nem leszünk képesek nyitni társunk felé. Persze egy kisebb vitánál hamar megérkezünk oda, ahogy velünk is történt a fenti példában.

Ha fejlődni akarunk a konfliktuskezelésünkben, akkor figyeljünk alaposan arra, hogy mi játszódik le bennünk! Törekedjünk arra, hogy kitapintsuk a döntési pontot! Ennek az érzékelése nagyon jó hírek hozója. Ha már itt járunk, egyre gyakrabban leszünk késesek jó irányba menni tovább, elkerülve az önként választott szakadékot. Értsük meg, hogy a körülményekben nem, de reakciónkban mi döntünk! Mutassunk rugalmasságot! A hatodik csakrában erre tanít minket az élet.

A 33. vers címe:

A vihar

Véres a távoli ég alja,
mind, ki él, már hiába bánja,
tettünket jön büntetni Urunk,
serege a felhők óceánja.

Sokkal jobb lett volna engedni,
nincs remény, senki sem áltat,
most már késő letérdelni,
felénk a pokol lovasa vágtat.

Ha mást akarsz, mit tenni kell,
hát Ő majd megmutatja neked,
hogy a ragaszkodás háború, és
szabálya az erősebbnek lehet.

Hangyák fejvesztve rohannak,
megvadult a vadon nyája,
bűnös szolgáit bekeríti
a pusztítás koronája.

Az ég fénye kialszik
s szétszakítja álmaim,
ahogy hozzám ér haragja,
s halál ül villámain.

Meghajolsz vagy kettétörsz,
hogy megtanítsa, ez a célja,
így hirdeti ítéletét,
süvít a lovagi páncélja.

Nem bújhatsz el előle,
ég zengi kínzó dalait,
füled befogva, de hallod
süvöltő szidalmait.

Lassan alábbhagy a dörgés,
s csak fájdalom, amit érzel,
könnyben áztatja a tájat,
csendben esik, de te vérzel.

Nincs semminek értelme,
a veszteség végtelen,
apátia lesz úrrá rajtad,
nincs gyötrelem, se félelem.

Csak a múlton merengsz,
mélabú térdel a melleden,
elvonultak a fellegek,
s vele egy álom, oly kegyetlen.

S ahogy telik az idő
s kisüt újra a nap,
beragyogja börtönödet,
s szabad újra a rab.

Elfogadod az életed,
rálépsz egy másik útra,
élvezed a pillanatát,
s örömmé válik újra.

De ha mosolyogsz is éppen,
s kezedben tea vagy szivar,
szólok, nem csak áldozat vagy,
hanem te magad vagy a vihar...

Tresch Attila, 2019.09.29.

Hiszem, hogy minden, ami megvan nagyban, az létezik kicsiben is, és fordítva. A konfliktus folyamata leginkább a viharban érhető tetten. Emiatt született meg a fenti vers.

A katolikus egyház szerint a hatodik főbűn a harag. Nagyon jól ragadja meg a lényeget, hiszen a rossz döntést követő zuhanásunk első állomása ez a negatív és rendkívül erőteljes érzelem. Tudtuk, hogy a harag még a félelemnél is erősebb? Elképesztő, hogy milyen indulattal és hirtelen tud kitörni. EGO-nk kobra kígyója azonnal torkon marja az ellenségét, ha csak teheti. Az egyház választásában benne van annak az üzenete is, hogy az ellenkezés még egészséges, normális jelensége életünknek. Feladatunk, hogy minden ilyen esetben a nyugodt hangvételű közös megoldáskeresés és a harag nélküli elfogadás irányába vegyük utunkat. A csakra központi kérdése a következő:

- Elfogadod-e azokat a körülményeket, amiken nem tudsz változtatni?
- Képes vagy-e ezekért a körülményekért megbocsátani mindenkinek?

Ha bármelyik kérdésre a válasz nem, akkor van feladatod az adott csakra működésével kapcsolatban.

Az elfogadásba bele kell, hogy érezzük, a megbocsátást is, de egy külön kérdésben ki is emeltem, hogy félreérthetetlen legyen. Nem beszélhetünk elfogadásról, ha ugyan megértettük azt, hogy a körülmények adottak, de negatív érzelmekkel éljük meg mindazt.

Sajnos a filmek nagyon nagy károkat okoznak az embereknek a megbocsátás területén. Nem arra tanítanak minket, hogy a rossz mindenképpen elnyeri méltó büntetését, amit a karma biztosítani fog. Sokkal inkább arra, hogy avatkozzunk bele a dolgok menetébe önbíráskodással. A Talio-elv, azaz a szemet szemért, fogat fogért ősi elv húzódik meg mindezek mögött.

Nézzünk meg egy tipikus akciófilmet! Különös kegyetlenséggel megölik a főhős valamelyik hozzátartozóját, majd ő „igazságos" bosszú jogcímén legyilkolja ellenségeit. A média eszközeivel egy gyilkosból készítünk példaképet. A szomorú az, hogy fel sem fogjuk, hogy a pozitív szerep egyedül a megbocsátás lenne. A szív sosem pusztít, csak épít. Sajnos még itt sem álltunk meg. A John Wick-filmekkel újabb határt léptünk át, ahol már egy kutya megölése is elégséges indokot adott arra, hogy a „pozitív" főhősünk emberek százait mészárolja le. Az eddig három részes sorozat kasszasiker lett, már készül a negyedik. Bele sem merek gondolni, hogy mi jön majd még? Olyan az egész, mintha az emberek nem a megbocsátást keresnék, hanem indokokat a pusztításra. Semmi nem számít, csak az átérzett fájdalmat verekedéssel levezetni, a diszkókban lefejelni valakit. Csak túrni és túrni az indokok között, hogy belerúghassunk másokba. Pedig lenne más megoldás is. Világunk nagy része sodródik a féktelen harag felé. Ám szerencsére egy olyan korban élünk, amikor egyre többen ébrednek fel és válnak le erről a működésről. Van remény, hogy egy nap meggyógyulunk.

A 34. vers címe:

Megbocsátás vagy bosszú

Már a teremtés hajnalán
sziklába véste egy vérző toll:
az idő és a fájdalom
elválaszthatatlanok egymástól.

Ahogy magadra tekintesz,
a sebeid száma hosszú,
tán hiszed, hogy eldöntheted:
megbocsátás vagy bosszú.

Bár sóvárgod a békét,
valami nyugodtat, szelídet,
de kit magadnak hiszel, harcol,
képét kínzó múltadból meríted.

Nem hagyja, hogy átgondold,
sorsod űz, a karma,
kinyúl feléd hegyes karma,
felzabál, akar ma.

Amíg hiszed, hogy több vagy,
áthat ez az önző látás,
addig számodra nincs
igazi megbocsátás.

Vagy azonnal büntetsz,
vagy elteszed későbbre,
egy nevet írva fel
egy megcímzett vérrögre.

Végül könny könnyet okoz,
folyton árad e folyó,
egy nap fiad sebzi meg
egy tőled indult golyó.

Hát ülj le mellém, kérlek,
várjunk, míg a fény feléleszt,
a szíved kinyílik és
rémálmodból felébreszt.

Ekkor megérted végre,
hogy minden te vagy,
örök éjben éltél, de
felkelt végre a Nap.

Nincs többé buta önámítás,
a pofonod végén magadat látod,
s átérzed, kiket bántottál:
rokont, idegent, mind a családod.

Emiatt én csakis ölelek,
már senkire se haragszom,
érzem, hogy nem a tiéd,
a sötét ujja van a ravaszon.

Visszaütni oly könnyű,
mit eddig tudtál, minden hamis,
hajnal van, s te ébredsz,
rájössz lassan te magad is...

Tresch Attila, 2020.10.24.

A fejezet végén szeretném hangsúlyozni, hogy aki képes az itt és a mostban lenni, nem pedig a múltban vagy a megálmodott jövőben, abban a legtermészetesebb módon fogalmazódik meg a körülmények elfogadása. Az nem az elvárások torz szemüvegén keresztül szemléli a világot, hanem áldásain át. Nincs benne ellenkezés, hanem kinyújtott kézzel és mosollyal csodálja az élet áramlását. Mindannyiunk célja ide eljutni. Lesz erről bővebben szó a „lélek" részben.

Ha az elfogadás kihívásait nézzük, akkor találkoztam már sok formájával. Nem kaptam meg néha vágyott játékokat, párharcokban veszítettem. Volt, hogy büntetést kaptam, veszekedtem, vagy éppen elveszítettem dolgokat. Szenvedtem nagyon mély szerelmi bánattól. Szerencsére eddig nem találkoztam úgy igazán a halállal kapcsolatos elfogadással, ami még vár reám, hiszen szüleim élnek. Ez a csakra legkeményebb kihívása, amellyel ideális esetben csak öregkorunkban kell szembesülnünk. Egy élet tapasztalatával is elviselhetetlennek érzett kín lesz sokáig. Abba bele sem merek gondolni, hogy mit élhetett át az, aki ezzel a feladattal korábbi életszakaszában találkozott. Utolsó soromban feléjük és leendő fájdalmam elviselésére küldök egy mély és együttérző ölelést.

VI. 7. Tudat – 7. csakra – a hit

A hit sarokköve annak átérzése, hogy a halál nem az ellenségünk. Ameddig távol érezzük magunkat a pusztulástól, nem kísért minket, de ahogy közeledünk hozzá, egyre inkább nyomaszt bennünket. Nem létezik olyan öregkor, amikor ne merülne fel annak feladata, hogy az életünk értelmére megnyugtató választ találjunk, és elfogadjuk elmúlásunkat ebben a testben. A háborúk, a betegségek, bármely nagyobb fájdalom vagy félelem jelenléte esetén a hit igénye szintén megjelenik, így nemcsak az időskor sajátja. Ahogy mondani szokás, a lövészárkokban nincsenek ateisták. Végül azt se felejtsük el, hogy a hit nemcsak az életünknek, hanem bármilyen tevékenységünknek az átérzett értelmét is jelenti, azaz folyamatosan velünk van már születésünktől fogva. Mi más hajtana minket bármerre, ha a dolgok legmélyén értelmetlenséget és káoszt gondolnánk? Valószínűleg megállnánk, és önpusztító életet kezdenénk élni. Ameddig vannak céljaink, addig megnyugodhatunk, hogy a hit igenis ott van velünk.

A napokban volt a Real Madrid – Manchester City Bajnokok Ligája elődöntő visszavágója. Néhány perc volt vissza a mérkőzésből, és a Real Madrid továbbjutásához még három gólra volt szükség, kettő a hosszabbításhoz. Nem hiszem, hogy akár egy néző is hazaindult volna – vagy kikapcsolta volna a tévét –, mert láthatóan érezték, hogy csoda fog történni. A Real Madrid három gólt rúgott hat perc alatt, és létrehozta ezzel a labdarúgás történetének legnagyobb fordítását. Hogyan sikerülhetett volna mindez, ha egy halvány fénysugár nem hajtotta volna végsőkig a pályán lévő játékosokat?

Ha nem lennének céljaink, amelyekért mindenre hajlandóak vagyunk, és ha nem lenne a dolgokat megszervező erő, akkor káoszban élnénk. Ezt az emberi tudat nem lenne képes kezelni, mert félelembe és értelem nélküliségbe taszítana minket. Belső szükségletünk egy átlátható működés, amely segítségével térképet és útmutatást találunk választandó céljainkhoz, és az ahhoz vezető úthoz. Elméleteket gyártunk hát jóról és rosszról, követve a belső sugallatot. Ameddig az élet ezt igazolja, nincs is különösebb probléma. Amikor viszont szemben találjuk magunkat vele – mert nem értjük és igazságtalannak tartjuk –, elveszítjük a kapcsolatot és eltévelyedünk. Egy cél nélküli élet nyomasztó és elviselhetetlen nihilje telepedik ránk. Ha nem számít, hogy merre megyünk, akkor egyáltalán nem is akarunk menni semerre. A tudat célpont nélkül olyan, mint egy vadász vad nélkül. A hit a sarkcsillag a sötét éjszakában, ami mutatja a követendő utunkat.

A hit szerintem azt jelenti, hogy a következőt gondoljuk:
- van egy mindent átható szervező erő (a Teremtő vagy abszolútum)
- ez az erő minden felett áll (a legfelsőbb erő),
- ezen erő számára létezik egy értékrend, amely alapján van jó és rossz, helyes és helytelen,
- ez az értékrend egyezik a belső sugallattal, a lélek útmutatásaival,
- úgy gondoljuk, hogy ha áldozatokon és próbatételeken keresztül követjük a belső hangot, akkor a legfelsőbb erő vigyáz ránk és biztosítja szép sorsunkat.

A szép sors mögötti elképzelések nagyban eltérhetnek. Lehet egy egészségben töltött hosszú és szeretetteljes élet, a mennyország, vagy akár a lélekvándorlás egy magasabb rendű létformába.

Úgy látom, édesapám és testvérem az elsőben hisz, azaz az áldozatok nyújtotta békés családi életben. Sajnos a túlvilági élettel kapcsolatban teljesen racionálisak, és mintha elvetnék a létezését. Nem csoda, hiszen vannak dolgok, amelyekre meg kell érni, és a „józan" ész eszközeivel felfoghatatlanok. Gondoljunk csak a végtelenség fogalmára.

Ötéves voltam, amikor megértettem, hogy egy nap meg fogok halni. Alig vannak emlékeim ebből az időszakból, de erre mégis emlékszem. Néhány napig azt álmodtam, hogy egy szkafanderben lebegek a világűrben, egyes-egyedül az idők végezetéig. Nagyon nyomasztott a dolog. Végül képes voltam megnyugodni, amikor rátaláltam arra a gondolatra, hogy bármi is történik majd velem, ott nem leszek egyedül. A túlvilág kérdése akkor még nem foglalkoztatott, és később sem igazán. Nem gondolkodtam rajta, de bizonyos, hogy ért bennem valami öntudatlanul. Ma már meggyőződésem, hogy létezik lélekvándorlás. Örülök neki, mert hatalmas vigaszt nyújt nekem. Bárcsak mindenki át tudná ezt érezni! Egész más hely lenne ez a világ. A dolog érdekessége még az is, hogy születésem óta valahányszor a nevemet hallottam, sosem éreztem úgy, hogy én lennék. Sokkal inkább úgy fordítottam, hogy a név, ahogy a többiek szólítanak. Mindig éreztem a kettő között egy elkülönülést.

Ha megvizsgáljuk az emberiség történetét, akkor megállapíthatjuk, hogy a kezdetektől fogva létezett a világi és a vallási hatalom elkülönülése. Vajon miért? Mindig is jelen volt az erős vezető, aki a törzsfőnököt, a hadvezért vagy az uralkodót testesítette meg. Ám sosem volt egyedül. Szüksége volt spirituális tanácsadóra, amikor az elme a racionális döntés meghozatala során korlátokba ütközött. Kellett valaki, aki kapcsolatban állt a formákon túli világgal, és közvetítette az istenek akaratát. Arthur király mellett ott volt Merlin, vagy gondoljunk csak bele az áldozati szertartásokba, amelyek minden kultúrában tetten érhetők, így a magyarban is. Ópusztaszeren megtekinthető a Feszty-körkép, amely a magyar honfoglalást ábrázolja egy 120x15 méteres panoráma olajfestményen. A hatalmas és lélegzetelállítóan szép kép néhány jelenetében, jelentőségét kiemelve helyett kapott egy fehér ló áldozati szertartása is a táltos vezetésével. A táltos volt a kor magyar kultúrájának olyan természetfeletti erejű személye, aki megválaszolta a megválaszolhatatlan. Egyszerre volt a szertartások vezetője, pap, jós és orvos. Később, a kereszténység felvétele után az egyház vette át ezt a szerepet néhány évszázadra. Hadd hangsúlyozzam, hogy az 1517-es kezdetű reformáció Luther Márton vezetésével nem a hit ellen indított támadást, hanem a katolikus egyház ellen. Az ipari forradalom, a gépesítés, az olcsó energia óriási mértékben megnövelte a termelékenységet, folyamatosan nőtt a fogyasztás és a jólét. Az orvostudomány fejlődése pedig nagyban csökkentette a betegségeket. Létrejöttek a parlamentáris államok, amelyek a montesquieu-i elvek alapján szétválasztották a törvényhozói, végrehajtói és bírói hatalmakat, megteremtve ezzel a legújabb kori demokráciák alapjait. Megjelentek az alkotmányos jogok. Az általános iskola kötelezővé vált, és szinte mindenki írástudó lett. A könyvek számának növekedése, a nyelvtudás térhódítása és az internettel megtámogatott gyors információáramlás lehetővé tette, hogy az egyház közvetítése nélkül is eljussanak hozzánk a különböző gondolkodók erkölcsi és életfilozófiai tanai. Az egyház jelentőségének drámai csökkenése mellett természetesen mindezen változások a hitre is kihatottak. A hit szerepének visszavonulása azonban csak annyiban érhető tetten, amennyiben a jóléti társadalmakban csökkent a fájdalom és félelem jelenléte az életünkben. A kialakult tőkés verseny, az anyagi szélsőségek megjelenése, a túlhajszolt életmód, a hedonista és önző gondolkodás, a válások számának drámai növekedése, a természettől való elszakadás azonban újabb embereket sodor a kétségbeesésbe, és tömegek keresnek válaszokat olyan kérdésekre, amelyek nem fellelhetők a forma világában. Milliók keresik újra az élet értelmének alapvető kérdéseit, és térnek vissza a hithez.

A hit

Míg Nap süti koronád,
Ő lombod egy gyenge ága,
leveled és virágaid a
tervek és vágyak országa.

De ahogy fáj és reszketsz,
vagy közeleg a véged,
kétségbe esve kutatsz,
hitre van szükséged.

Jöhet hát a szent egyház,
ki törvényére felesket,
de Isten elkerül, míg csak
imák közt zajban kerested.

Ám ha elcsendesülsz végre
és lehunyod a szemed,
az itt és mostban árad,
hogy végtelen a neved.

Mert ha a tudat alszik,
felébred a lélek,
áramlik a szellem,
mit suttog az az élet.

A hit egyenlő egy
átérzett igennel,
egyetlen válasz, hogy
egy vagy mindennel.

Három nyelven beszél hozzád:
öröm, béke és szeretet,
minden mástól eltévedhetsz,
hát keresd csakis ezeket.

Ráébredsz, hogy nem lehetsz több,
mint aki már most is vagy,
az „én" ekkor megsemmisül,
s elhagyja testét a rab.

A cél, hogy eljuss ide,
ezért fogja ő a kezed,
útjelzőket küldött, bár
minden út hozzá vezet.

Hát szétszórta a Teremtő
mindenfelé a néma „tárgyait",
a szeretet ott van bennük, ahogy
nyaklánc hordja egy lány álmait...

Tresch Attila, 2020.02.09.

A sakk a sah, azaz király szóból származik. A sakk-matt jelentése: meghalt a király. A játék gyakorlatilag egy stratégiai hadi játék. A sakkban a legerősebb bábu a vezér. A vallási hatalom látszólag nem jelenik meg a táblán, amely meglehetősen különös. Valahogy azt várnánk, hogy a király másik oldalán egy pap áll, de nem így van. Lehet, hogy a király testesíti meg mindezt? A király, aki sosem pusztán egy személy, hanem egy államot, egy népet, egy eszmét testesít meg. Ha így lenne, akkor furcsa módon a sakk üzenete az lenne, hogy a játék célja ennek az eszmének, azaz hitnek a védelme bármi áron? A parti során akár tizenöt embert áldozunk fel, hogy egyetlen élhessen. Lehet, hogy mégis ott lapul a hit a nyolcszor nyolcas csatamező négyzetrácsai alatt? Talán érdemes picit elgondolkodnunk ezen.

Hétéves voltam, amikor tüdőgyulladásom lett, és a komlói kórház fertőző osztályára kerültem éppen karácsony előtt. Nagyon nehéz hat napot töltöttem ott, elválasztva a szüleimtől, akik csak egy zárt erkélyablakon keresztül láthattak. Borzasztó volt, ahogy ez a súlyos betegség elválasztott a családomtól. Ma is emlékszem anyu ragyogó és könnyes szemére, ahogy lágyan és simogatóan megérinti a köztünk húzódó üveget. Tapintható volt a fájdalma, hogy nem tud megölelni. Átéreztem, hiszen én is ugyanígy szenvedtem. Testvérem tévéújságot rajzolt nekem. Abban az időben még csak két csatorna volt, a magyar egy és a magyar kettő. A papírlapon nem csak a programok és időpontok, hanem az egyes és kettes szám díszes mintázatai is láthatóak voltak. Olyan meghato volt ez nekem, hogy hatalmas erőt adott a küzdelemhez. Napi négy injekciót kaptam, és időnként hűtőfürdőt. Ha nem hittem volna, hogy egy nap vége lesz mindennek és meggyógyulok, nem bírtam volna ki. A hit mindvégig ott volt velem, hogy hazajutok. Tudom, hat nap nem sok idő, de gyermekként egy örökkévalóságnak tűnt. Minden gyógyulás végső soron annak elfogadásával indul, hogy betegek vagyunk, és annak erejével halad, ahogy hisszük, hogy felépülünk.

A hit egy híd az élet és a túlvilág között, amely átíveli a halál folyóját. (Csodálatos, hogy a szó „H"-val kezdődik, ami így meg is

jeleníti ezt a hidat.) A hit egy ajtó megértett utunk folyosójának
végén. Egyszerre jelent reményt, vigaszt, bizalmat, és a létezé-
sünk átérzett értelmét. E nélkül elhatalmasodik bennünk a lét
elviselhetetlen könnyűsége (Kundera). Nem az számít, hogy mit
fogunk érezni a halálos ágyunkon, hanem a többi megélt nap.
Azért fontos a hit, mert az mindig velünk van, és szükségünk
van rá az úton. Ha mindez nincs bennünk, akkor összeomlunk
és passzívvá válunk. A kilátástalanság megfojtja az életenergi-
áinkat, és hajlamossá válunk miatta a semmittevésre. A katoli-
kus egyház által megnevezett hetedik főbűn a lustaság, amely
szerintem erre utal. A hetedik csakra központi kérdései:

- Hiszed-e, hogy van értelme az életednek?
- Hiszed-e, hogy mindent áthat egyfajta jóság és kegyelem?

Ha bármelyik kérdésre a benned megfogalmazott válasz bármikor
nem, van feladatod az adott csakra működésével kapcsolatban.

Életünk olyan, mint egy hatalmas fürdőkád, amelyből születé-
sünk pillanatában kihúzták a dugót. Úsznunk, küzdenünk kell
benne a felszínen maradásért, vagy megfulladunk. Másodper-
cenként fogy az időnk, csökken a mozgásterünk. Egy darabig
hajózhatunk a felszínén, kedvünk szerinti kikötőket keresve, ám
mind tudjuk, hogy a halál örvénye egy nap beszippant minket.
Megélhetjük ezt sokféleképpen. Aggódhatunk csak öregkorunk-
ban, vagy akár az egész életünket is végigkísérheti. Én egyiket
sem szeretném. Arra vágyom, hogy méltósággal éljem az egész
életemet, ahol a terheim cipelését áthatja egy belső mosoly és
ragyogás. Általában eddig ez sikerült nekem, remélem, így is
marad. Mindez annak átérzéséből táplálkozik, hogy a testem
ugyan pusztulni fog – Tresch Attila meghal egy nap –, de ami
igazán értékes volt bennem, az halhatatlan. A lelkem érinthetet-
len, túlnyúlik a formán, összekapcsolódik a mindenséggel, ezért
örök. Minden egy. Én megértettem ezt, és benne hazataláltam.
Remélem, így gondolom majd az életem összes hátralévő kihí-
vása során is. Kívánom mindenkinek, hogy eljusson ide. Addig

is minden kétségbeesettnek vigaszként írtam az alábbi verset. Talán segít majd a rászorulóknak. Hiszem, hogy minden időskori természetes halált követő temetés egy ünnep kellene, hogy legyen. Megélni az agg kort annak elismerése az élet által, hogy nagyon sok mindent jól csináltunk. Küzdjünk hát a végsőkig, és soha ne adjuk fel. Higgyük el, hogy nem vagyunk egyedül...

A 36. vers címe:

A tetőn állva

Húszemeletes tetején állsz,
vonz a mély, a remény csekély,
úgy érzed, nem vár öröm, se kéj,
életed üres és sekély.

Hiszed nincs már célod,
elveszett a miért, a minek,
sötétben kanyarognak a színek,
s a forgalom lentről sziszeg.

De megelőzve, hogy ugornál,
és ilyen őrültséget teszel,
egy belső hang megszólít,
mielőtt öngyilkos leszel.

Magány-mag ha kivirágzik,
s ha fájdalommal porozzák,
önsajnálatban érlelve
önpusztítóvá sorozzák.

De te nem vagy egyedül!
Nem lehetsz ilyen vak!
Te tényleg elhiszed,
hogy e földön sziget vagy?

Amióta a szent kertben
megettük azt az almát,
az emberiség együtt cipeli
minden halál fájdalmát.

Lehet bárminek vége,
legyen gyász vagy szerelem,
sosem távozik önként, csak
keresztül könnyes szemeken.

Gondolod, más nem szenved?
Most is meghalnak betegek
mindenhol e világon,
vének, felnőttek, gyerekek.

A két halálról hiheted,
hogy egymásnak másuk,
pedig nagyon nem, mert
nekik nem volt választásuk.

A szenvedésünk közös,
hát a ruhánk sokszor ében,
és te itt vagy velünk most is
az emberek seregében.

Szükségünk van rád!
S ha szavaimat meglelted,
érezned kell, hogy a tetőn
itt állunk mind melletted.

Halld hát a jelszavunk,
a kínod most ugyan nagy,
de küldetéssel születtél, s
az élet katonája vagy!

Ha fájni kell, fájjon, majd elmúlik,
menetel, ki bátor, s nem bújik.
Kéz a kézben megyünk előre,
míg eljutunk egy boldog mezőre.

Akárhogy is döntesz hát,
nem fog érni vád.
Utoljára kérdezzük:
számíthatunk rád?

Tresch Attila, 2020.03.29.

VI. 8. Tudat - Összefoglalás

Foglaljuk össze röviden az elmúlt nyolc fejezet legfontosabb gondolatait!

A Paradicsomból azért kerültünk ki, mert a tudás fájáról ettünk, amely életre keltette az egészséges gondolatok, illetve a folyamatos kételkedés és okoskodás elválaszthatatlan kettősségét mindannyiunkban. Pandora szelencéje kinyílt. Az EGO megszületett. Kívülről rátekintett a környezetére, és minden helyzetben már a továbbfejlődés lehetőségét kereste. Semmi sem volt jó és tökéletes többé. Elindult az emberiség lázas, végeláthatatlan és egyben önpusztító fejlődése. Mindaz, ami történik velünk, nem Isten büntetése, hanem egyenes következménye tettünknek.

Ha megnézzük, hogy miben különbözik az ember a többi állattól, akkor úgy vélem, hogy a helyes válasz az emberi tudat.

Az emberi tudat a barátunk vagy az ellenségünk?

Nyilvánvalóan mindkettő. A tudatunknak van egy egészséges és nagyon értékes része. Általa vagyunk képesek élethelyzeteket, problémákat megoldani. Segít nekünk megtervezni és végrehajtani a mindennapi élet feladatait. Van azonban egy másik fele is a tudatunknak, amelyet EGO-nak hívunk. Mindaz a borzalom, amelyet az emberiség végrehajtott az elmúlt évezredek során, miatta van. Az összes negatív emberi tulajdonság az EGO műve.

Mi az az EGO, és hogyan működik?

Tudatunk egy részének nagyon erős késztetése van arra, hogy egy pozitív énképet vagy – ha ez nem sikerül – egy „mártír"-képet (fájdalomtest) hozzon létre, amelyet mindenáron meg akar védeni. A fő probléma azonban nem ezzel van. A nagy csapda az, hogy az EGO elhiteti velünk, hogy ő mi vagyunk. Ha ezt a súlyos tévedést nem észleljük, lényünk minden eseményt az

„én" nézőpontjából vizsgál, és a sértődékeny, féltékeny, bosz-szúálló és gonosz tudati részünk veszi át helyettünk az irányítást. Az énképünket mind a múltunkból merítjük, ami nagyon fontos nekünk. Ha bármilyen szituációban vagyunk, és akármi „fenyegetheti" ezt az énképet, akkor agresszióval, támadással reagálunk. Jelszavunk a „mi nem hibázunk, a környezetünk a felelős mindenért" lesz.

Hogyan tudunk különbséget tenni a tudat pozitív része és az EGO között?

A gondolatok jó szolgák, de rossz gazdák. A fő különbség köztük a céljaikban található. Minden gondolat, amely egy nemes célt szolgálni akar, jó és egészséges. Ha viszont valami felett őrködik és védi, legyen az énkép vagy fájdalomtest, biztos, hogy a negatív fél (EGO) dominál, amely káros nekünk.

Minden spirituális fejlődés első lépése, hogy megértjük, hogy mi az EGO. Ezt hívják megvilágosodásnak. Általa ráébredünk, hogy nem létezik külső ellenség, csak belső, azaz mi magunk vagyunk. Feladatunk a tudatnak a kontrolja, azaz Ádám lecsillapítása.

A tudatunk mind a hét energiaközpont szintjén más-más feladatokat állít elénk.

Cs.	Tudati energiaközpont	A csakra központi kérdése
7.	Hit	Hiszed-e, hogy van értelme az életednek? Hiszed-e, hogy mindent áthat egyfajta jóság és kegyelem?
6.	Bölcsesség	Elfogadod-e azokat a körülményeket, amiken nem tudsz változtatni? Képes vagy-e ezért a körülményekért megbocsátani mindenkinek?
5.	Tudás	Ha döntési helyzetbe kerülsz, képes vagy-e dönteni, és döntésed következményeinek előnyeit és áldásait nézni, nem pedig veszteségeit és áldozatait?
4.	Áldozatvállalás	Jelen van-e az életedben az áldozatvállalás és az önzetlenség? Képes vagy-e nemet mondani illetve segítséget kérni, ha áldozatvállalásod nincs már egészséges összhangban teherbírásoddal?
3.	Önbizalom	Bízol-e önmagadban? Hiszed-e, hogy nem vagy különb és értékesebb másoknál?
2.	Vágy	A vágyaid egészségesek, azaz lazák, könnyedek, ragaszkodástól mentesek?
1.	Félelem	Elfogadjuk-e a fizikai körülményeinket és adottságainkat? Biztonságban érezzük-e magunkat?

Ha a központi kérdés bármelyikére a válasz nem, akkor az adott csakra nincs egyensúlyban, azaz alul- vagy túlműködik, ami negatív tulajdonságokhoz vezet. Ilyenkor van feladatunk az adott csakra megfelelő működése eléréséhez. A megvilágosodás után ezekben a feladatokban kell sikerre jutnunk ahhoz, hogy a tudatunk ne álljon szabadságunk és boldogságunk útjában.

Nemcsak a fenti kérdések őszinte megválaszolásával tudhatjuk meg, hogyan állunk tudatunk kontrolljának harcában, hanem a következő táblázatban szereplő tulajdonságok vizsgálatával is:

Tudati energia-központ	A tudat sötét oldala (EGO)	Főbűn	A tudat fényes oldala
Hit	céltalanság, nihil, lustaság, passzivitás, pesszimizmus	Lustaság	optimizmus, reménykedés, bizalom, lelkesedés, szorgalom
Bölcsesség	panaszkodás, ellenkezés, düh, apátia, depresszió, a múltban vagy a jövőben élés	Harag	elfogadás, méltóság, az itt és a mostban élés, nyugalom
Tudás	nem letisztult értékrend, bizonytalanság, zavarodottság, halogatás, felelősségvállalás hiánya	Falánkság	belső értékrend ismerete, döntésképesség, gyors döntéshozatal, mértékletesség, igazságosság, intelligencia, humor
Áldozat-vállalás	önzés, egoizmus, irigység	Irigység	áldozatvállalás, altruizmus, jóakarat, türelem, segítőkészség, kitartás, kedvesség, segítség kérése és annak elfogadása
Önbizalom	mindig minden „kell" vagy „kellene", spontaneitás hiánya, győzelmi kényszer, sértődékenység, vitatkozás, harc a saját véleményünkért, makacsság, teljesítménykényszer, nagyképű, dicsekvő, függőségek	Kevélység	nyugalom, spontaneitás, magabiztosság, határozottság, cselekvőképesség, felelősségvállalás, problémamegoldás fókusz, nyitottság mások véleményére, nincs teljesítmény- és győzelmi kényszer, szerénység, alázat, őszinteség
Vágy	ragaszkodás a vágyainkhoz	Bujaság	ragaszkodás megszüntetése, elfogadás, lazaság, rugalmasság a vágyaink tekintetében, hűség
Félelem	pénz, siker, hatalom iránti vágy, ellenkezés, tagadás, gyávaság, féltékenység	Zsugoriság	megvilágosodás (EGO ismerete), bátorság (én és nem más a felelős), együttérzés (megbocsátok magamnak, ha hibázok)

Következő lépésben gondolkodjunk el picit egy nagysikerű film mondanivalójáról, amely mélyítheti a témával kapcsolatos megértésünket.

– Vajon miről szól a Csillagok Háborúja (Star Wars) történet?
– Az EGO és a bennünk lévő jó küzdelméről.

– Kit testesít meg Darth Vader?
– A sötétséget, az EGO-t.

– Kit testesít meg Luke Skywalker?
– A fényt, a jót.

– Miért pont Luke a keresztneve?
– Lux (Luke S.) a fényerősség mérésére használt mértékegység.

– Miért az apa és fia között van a fő küzdelem?
– A történet így utal arra finoman, hogy ugyanannak a tudatnak (rokonság) a küzdelme.

– Miért pont fénykard?
– A sötétséget csak fénnyel lehet legyőzni. A világ összes sötétsége sem tudja elnyomni egyetlen gyertya fényét. Ameddig egyetlen jedi is él, addig van remény. Az EGO-t csak úgy lehet legyőzni, ha ráirányítjuk a fényünket. Mi is lenne alkalmasabb ennek a küzdelemnek a szemléltetésére, mint egy kard, aminek fénye és konkrét iránya van?

– Mikor van a megvilágosodás a filmben?
– Amikor Luke ráébred, hogy az igazi ellenség Darth Vader, a saját vére (önmaga).

– Mit értünk „erő" alatt, amely áthatja az egész világot?
– Annak átérzése, hogy minden egy és összefonódik. Énként (EGO) nem tudjuk irányítani, hiszen különválunk tőle. Ha összeolvadunk

a mindenséggel, akkor szerves részeként irányíthatjuk, hiszen nem különbözünk tőle, ő mi vagyunk.

– Ki a jedi?

– Egy megvilágosodott ember, aki fényt irányít saját önzésére, és így sikerrel vívja meg az EGO elleni küzdelmét. Összhangban él a világ lüktetésével, teljesen beleolvad és felszabadul. Erre tanít minket ez a csodálatos történet.

A tudat áttekintése után a következő fejezetben a lélekről lesz szó bővebben, de mielőtt tovább megyünk, érdemes feltenni magunknak egy kérdést: mi történt volna az emberiséggel, ha a tudás fája helyett az élet fájáról ettünk volna? Egyáltalán miért ez a kettő szerepel a Bibliában?

VII. A lélek (Éden)

VII. Lélek – A mátrix

Emlékszünk még a nagy sikerű akciófilmre, a Mátrixra? Sokak szerint az egész egy remek akciófilm, szerintem viszont sokkal több. Hihetetlen érzés, amikor a mű szerzőjének apró, nekünk hagyott nyomaira rátalálunk és érezzük, hogy már várt ránk. Az első impulzus számomra a főhősnek, Keanu Reevesnek a neve volt (Neo). Rögtön gyanús volt, de ekkor még elhessegettem, hogy a dolgok mögé nézzek. Amikor viszont megjelent Trinity (a hősnőnk), akinek a neve azt jelenti, hogy szentháromság, rögtön tudtam, hogy ez nem lehet véletlen. Számomra olyan volt a párosuk, mintha egy nagy, piros, villogó felkiáltójelet tettek volna a képernyőre. Neo Trinity mellett nem lehet más, mint Jézus, aki szenvedése által egy új világot hoz el nekünk. Ráadásul Morpheusszal egyértelműen a szentháromság intézményét idézik meg, amelyben Trinity a szeretet.

Hogy is kezdődik a történet? Mi a legelső a cselekményben? Neo álmából felriad. Váratlanul megjelenik egy üzenet a számítógépén: „Neo, ébredj fel!". Nyilvánvalóan a megvilágosodásra utal, ami a történet fő üzenete is mindannyiunk számára. Bekopognak hozzá. Neo egy floppy lemezt ad a látogatóinak. Erre a következőt mondja neki a látogató: „Hallelujah! Te vagy a megváltóm, az én személyes Jézus Krisztusom". Szó szerint ki is mondják a filmben, hogy kit testesít meg Neo. Mi van a lány vállára tetoválva? Egy fehér nyúl, ami a szellemi átalakulás szimbóluma. Neónak a film legelején ezt kell követnie. Milyen szám szerepel az ajtón? 101. Emlékszünk még az első fejezetben olvasott részekre, arra, hogy mit is jelent az egyes? Egyes a mag. Innen indul ki minden. A cselekmény legelején rögtön nyomok csokrát kapjuk, hogy lehetőségünk legyen a kódolt üzenet lefordítására, és képesek legyünk megérteni az akciójelenetek mögött meghúzódó mély tartalmat.

Mi a mátrix? Tudatunk végtelenül bonyolult szabályrendszere, amelyet születésünk első néhány évében belénk tápláltak, és minden egyes percben tovább erősítenek bennünk. Általa ránk kényszerítik, hogy a siker bűvöletében éljünk, és el is magyarázzák, hogy mi számít annak. Ez a börtönünk, amelyből szeretnénk kitörni, mert elegünk van abból, hogy élethelyzetre szabott programként működjünk. A mátrix tehát az emberi EGO-k hálózata. A társadalmi program.

„Emberek milliárdjai élik le az életüket öntudatlanul" – Smith ügynök mondja Morpheusnak.

Kik a lázadók? A megvilágosodottak, akik ráébredtek saját EGOjuk, és így a mátrix létezésére.

Kik az ügynökök? Mindig hárman vannak – nem véletlenül. Ők a félelmünk, a vágyunk, és a saját EGO-nk.

Ki Smith ügynök? Ő az EGO-nk. Őt nem lehet legyőzni, mert csak együtt pusztulhat el tudatunk fényességével. „Szmisz"-nek ejtjük. Sziszeg a szó eleje, és a vége is. Az eredendő bűn kígyója ő.

Kik a gépek? A gépek az EGO programjai, amelyek tudatunk részei. Itt nem úgy jelennek meg, mint a Terminátorban. A gépek az emberi testből nyerik az energiájukat. Ezt meg is mutatják a filmben. Elválaszthatatlanok a testtől.

Mi van az Orákulumnál a falra írva? „Temet Nosce", ami azt jelenti, hogy „Ismerd meg önmagad!". Mi másra utalna mindez, mint az EGO létezésének felfedezésére?

Mit mond az Orákulum Neónak? „Kiválasztottnak lenni olyan, mint szerelmesnek". Olyan, mintha azt mondta volna, hogy felvilágosodottnak lenni olyan, mintha a szíved vezérelne, és nem a tudatod...

Neo az Orákulum szerint kiválasztott? Mi az Orákulum válasza Neónak? „Megvan benned a képesség, de mintha várnál még valamire." Ennek nagyon fontos üzenete van, hiszen benne van az, hogy kiválasztottnak lenni belső fejlődés és döntés kérdése, így mindenkinek lehetőségében állhat.

Mi az ellenállók központjának neve? Zion, ami visszafelé azt jelenti, hogy Noiz (Noise), azaz zaj. Zion tehát az ellentétét jeleníti meg, azaz az EGO csendjét. Zion a béke, tudatunk fényességének győzelme.

Hol van Zion? „A föld alatt, közel a maghoz, ahol még meleg van." Tank mondja Neónak. Mi más lehetne, mint a szív?

Miért van mindenkiben poloska? Az EGO mindenről tud. Előle nem lehet eltitkolni semmit.

Miért olyan hevesek a csaták Neo és Smith között, sokszor nem is tudják megütni egymást? Természetes, hiszen ugyanannak a testnek a két énje küzd egymással. Tudatunk fényessége, és az EGO-nk.

Miért viselnek a mátrixban főhőseink sötét napszemüveget? A fényűzéstől védik magukat, ami az EGO egyik legnagyobb csapdája. Miért telefonvonalon tudnak elmenekülni a mátrixból? Menekvést csak a tudat csendje adhat. A csend a fülünkkel kapcsolatos fogalom, a telefon erre tereli a figyelmet. Ahogy Tolle fogalmaz: „semmi sincs olyan közel Istenhez, mint a csend". Erről majd lesz szó bővebben a lélek ötödik fejezetében.

Neo benyitna egy szobába a film végén. Milyen szám van az ajtóra írva? 303. Három, az első eredmények. Neo belépne, de nem tud, mert Smith ügynök már ott várja. Smith lövéseitől Neo

280

meghal, ám Trinity csókjától újjászületik. Jézus feltámadását jelképezi, amely elhozza a tudat uralma helyett a szeretet világát. Ebben Neo már nem veszíthet. Ráirányítja a szeretet fényét Smith ügynökre, amitől az EGO legyőzettetik. Enélkül Neo nem juthatott be a 303-as szobába, mert oda csak a szív léphet be.

A golyók miért esnek csak úgy le Neo előtt? Az EGO csak akkor győzhet, ha menekülünk előle. Ha megértjük, hogy az EGO nem mi vagyunk és ráirányítjuk a belső fényt, az EGO-nak nincs hatalma felettünk. A film tehát a megvilágosodással indul, és az EGO pillanatnyi legyőzésével zárul. A könyvnek az előző, tudatról szóló fejezetei is pont ezt a logikát követik.

Hogyan fejeződik be a film? Mit mond Neo a hallgatóságnak?

„Tudom, hogy ott vagytok. Most már érzem. Tudom, hogy féltek. Féltek tőlünk. Féltek a változástól. Nem ismerem a jövőt. Nem azért jöttem, hogy elmondjam, hogyan fog végződni a háború. Azért jöttem, hogy elmondjam, hogyan kezdődik. Leteszem ezt a telefont és megmutatom az embereknek, amit eltitkoltak előlük. Megmutatom nekik, milyen a világ nélkületek. A szabályok, ellenőrzés, határok és korlátok nélküli világot. Egy olyan világot, ahol minden lehetséges. Hogy utána hogyan folytatjuk, az csak rajtatok múlik..."

Neo felszólít mindannyiunkat a megvilágosodásra...

A Mátrix nem más tehát szerintem, mint egy akciófilmbe burkolt spirituális mű, amely arra szólít fel minket, hogy ébredjünk fel és küzdjünk meg saját EGO-nkkal az emberiség szebb jövőjéért. Fantasztikus alkotás. Javaslom, hogy nézzük meg egyszer ilyen szemmel is.

VII. Lélek – A hét szentség

Volt már, hogy hosszasan néztük a saját szemünket a tükörben? Láttuk a fényt benne? Mindig ott van. Amíg élünk, elválaszthatatlan a létezésünktől. Olyan, mint Róma tüze, amit a Vestaszüzek tápláltak. Nem olyan így, mintha egyszerre két szempár bámulna vissza ránk? Az egyik a szemünk, a másik a benne lévő fény. Elképzelhetetlen lenne, hogy általuk a bennünk élő két lény egymástól függetlenül fürkészi a világot? Nem lehet, hogy az egyik a tudatunk (formák), másik pedig a lelkünk (érzelmek) látása? Én hiszem, hogy így van.

Mit jelent számunkra a szentháromság? A tipikus válasz az „atya, a fiú, és a szentlélek". A gépies válasz mögött tudjuk is, hogy mit jelent mindez? Számomra a következőt. Ha létrehozunk egy fogalmat, mint hogy szépség, akkor ezzel párhuzamosan az ellenpólusa is megszületik. Létrejön tehát a csúnya is. A szépség az atya, a közvetlen következmény pedig a fiú, azaz a csúnyaság. Mi az egyetlen életenergia, ami elmossa a határokat a szép és a csúnya között? Az egyetlen ilyen erő a szeretet (szentlélek). A szentháromság arra tanít minket, hogy szeressünk, és semmiben se tegyünk különbséget. A szeretet csak az éntelenségből születhet meg. A fő lecke tehát annak megértése, hogy nem kiemelkedni kell, hanem beolvadni a mindenségbe, hiszen minden egy és ugyanaz. A szentek különlegessége nem abból áll, hogy áldozataikkal kivívják a környezetük elismerését, hanem, hogy képesek minden pillanatot végtelen ragyogással megélni. Különlegességünk tehát abban állhat csak, ha egy nap ráébredünk, hogy minden egyformán tökéletes, és így benne mi magunk is. Ahhoz, hogy eljussunk ide, hosszú út áll előttünk.

Éva a test, Ádám a tudat, a Paradicsom pedig a lelkünk. Van visszaút az Édenkertbe, csak meg kell értenünk, hogy hol kell keresnünk. A tudat a test fogságában áll. Ha a test beteg vagy fáradt, nem képes támogatni a gondolatainkat. Első feladatunk tehát megadni a testünk hét csakrájának szükségleteit: mozgás, víz és szexualitás, étel, oxigén, beszéd, az érzékszervek megfelelő terhelése, és az alvás. Ha mindez sikerül, akkor a test tele van életenergiával és vitalitással. Éva ilyenkor kézen fogja Ádámot, és követi őt bárhová. A lakat kinyílik, és a tudat felszabadul a test fogságából. A tudatnak ugyancsak hét feladata van, hogy lecsillapodjon. A pozitív gondolatainknak le kell győznie az EGO-t. A csata hét szinten folyik.

- Le kell, hogy győzzük a félelmünket (pénz, siker, hatalom),
- az egészségtelen vágyainkat (ahol a ragaszkodás jelen van),
- azt, hogy magunkat másnál kevesebbre vagy többre tartsuk,
- áldozatokat kell, hogy hozzunk a belső pozitív hangot követve,
- képesekké kell, hogy váljunk egy stabil belső értékrend (erény) alapú döntéshozatalra,
- harag és ítélkezés nélkül el kell, hogy tudjuk fogadni, amin nem változtathatunk, és tudnunk kell megbocsátani érte,
- végül hinnünk kell, hogy van értelme az életünknek.

Ha mindez sikerül, a tudat lecsillapodik, a lakat kinyílik, és a lélek felszabadul a test és a tudat fogságából. Ádám és Éva kézen fogva besétál a szívbe (Éden), oda, ahonnan oly sok évvel ezelőtt az EGO megszületésével kiűzettetett. A három „én" öszszeolvad, és létrejön az egység (egészség). Életünket áthatja a lélek ragyogása. Azt, hogy milyen erős ez a fény, azt a lélek hét csakrájának működése határozza meg. Hogy mi ez a hét csakra?

Nagymamám nagyon vallásos, csendes ember volt. Alig-alig hallottam a hangját. Trombózissal küzdött. Hatalmasra dagadt lábait minden este borogatnia kellett. Soha nem hallottam panaszkodni. Fájdalma ellenére végtelen szorgalommal tette a dolgát. Reggelre kipucolta a cipőmet, reggelit, majd ebédet készített nekünk. Papámmal és testvéremmel egész nap ultiztunk, miközben ő hordta a szalámis szendvicseket és üdítőket. Nagyon finom sütiket sütött, és fantasztikussá tette számunkra a nyarat. Életében egyetlenegyszer szólt rám, soha korábban, és később sem. A kertben éppen fociztunk. Gyakran előfordult ilyenkor, hogy a játék közben ki-kirúgtunk egy-egy nagy becsben tartott krizantémot. Ám nem ezért kaptam ki, hanem mert az egyik rosszul sikerült labdamenet végén azt merészeltem mondani, hogy a „Hétszentségit!". Döbbenetes volt számomra, hogy miért pont akkor szólt erélyesen rám. Az én szememben ez nem is számított egy komolyabb káromkodásnak. Harminc évvel később azonban eszembe jutott. Ha ez a mamámnak ilyen fontos volt, akkor felébredt bennem az a vágy, hogy én is megértsem ennek mélységét. Feltettem magamban tehát négy kérdést. Hány szentség van? Természetesen hét. Már megint a hét. Melyek a szentségek? Keresztelkedés, a bérmálás, a házasság, a papi hivatás, az oltár szentsége, a gyónás, és végül az utolsó vagy szent kenet. Melyik szentség melyik csakrával lehet kapcsolatban? A megfelelő sorrendben írtam bele a következő táblázatba. Jöjjön végül a legfontosabb kérdés: az egyes szentségek minek feleltethetőek meg a mindennapi életünkben? Ha erre rájövünk, akkor átláthatjuk, hogy melyik hét dologtól függ lelkünk ragyogása. Van ötletünk?

Szentség	Lélek csakrái
Utolsó vagy szent kenet	?
Gyónás	?
Bérmálás	?
Oltár szentsége	?
Papi hivatás	?
Házasság	?
Keresztelkedés	?

Erről fognak szólni a következő fejezetek.

Ki vagy te végleg?

Az vagy, mit végsőkig védesz,
hiszem, hogy ez igaz,
ha nem tudod, mi legbelül,
ott burjánzik a gaz.

Kérdezek hát párat,
hogy segítsek néked,
gondold hát végig,
hogy ki vagy te végleg?

Az út vagy utas,
sofőr vagy kutas?
Csatár vagy védő,
kapus vagy néző?

Vezér vagy huszár,
bástya vagy futár?
Hetes vagy ász,
piros vagy gyász?

Gödör vagy hegy,
fájdalom vagy kegy?
Olló vagy papír,
kő vagy zafír?

Üres vagy polc,
számít vagy nyolc?
Félig vagy részben,
alig vagy egészen?

Ének vagy halkan,
madár vagy dallam?
Nagyon kicsi vagy jókora,
könnyűzene vagy zongora?

Szörp vagy víz,
színtelen vagy íz?
Keserű vagy édes,
ecet, vagy ki mérges?

Vonalzó vagy kanyar,
egyenes vagy csavar?
Fehér vagy titok,
erény vagy piszok?

Pénz vagy élet,
szabályok vagy véglet?
Jövőkép vagy lottó,
szerencse vagy mottó?

Zeneszó vagy lánc,
félelem vagy tánc?
Galamb vagy ketrec,
szabad, vagy reszketsz?

Meleg vagy hideg,
kedves vagy rideg?
Vers vagy próza,
nyers vagy rózsa?

Keringő vagy mambó,
rumba vagy tangó?
Völgy vagy domb,
ajak vagy comb?

Szeretet vagy szerelem,
nyújtani vagy elveszem?
Család vagy playboy,
ölelés vagy téboly?

Erdő vagy színes virág,
kalász vagy fagyos világ?
Forró nyár vagy tavasz,
hulló levél vagy ravasz?

Kereszt vagy négyzet,
háromszög vagy végzet?
A pillanat vagy álom,
várni rá vagy lábnyom?

Cinege vagy sas,
préda vagy vas?
Kulcs vagy zár,
sereg vagy vár?

Szellő vagy tombol,
hűsít vagy rombol?
Éjszaka vagy nappal,
pusztulás vagy hajnal?

Most vagy egyszer,
talán vagy vedd el?
Küzdeni vagy soha,
vágyott vagy mostoha?

A végül lény vagy lényeg,
mindenség vagy részlet?
Menny vagy dörög,
mulandó vagy örök?

Tresch Attila, 2019.07.06.

VII. 1. Lélek – 1. csakra – a rítusok és az ünnepek

Az emberiség története során a legtöbb tevékenységében kötődött a természethez. Az utóbbi évtizedekben a társadalom – teljesen abszurd módon – függetlenné próbál válni attól a bölcsőtől, amelybe beleszületett. Nyilvánvalóan ez lehetetlen, hiszen nem létezhet egy ház első emelete annak földszintje nélkül. Olyan világrendet hoztunk létre, amelyben lehetséges egy szobában leélni az életünket anélkül, hogy kimennénk a szabadba. Tömegek dolgoznak „home office"-ban, autóval járunk vagy tömegközlekedünk, cipőt viselünk, és elveszítettük a fizikai kapcsolatot az anyafölddel. A falvak elnéptelenednek, és a lakosság 90%-a nagyvárosokban él. Kevesen termelik meg a számukra szükséges élelmiszereket, többségünk hipermarketekben vásárolja meg azokat. Annak eldöntéséhez, hogy mennyire maradt meg a kapcsolatunk a természettel, segítségünkre lehetnek a következő kérdések. Egy nap átlagosan mennyi időt töltünk a szabadban? Mikor áztunk meg utoljára? Mikor álltunk meg egy fa előtt, és néztük hosszasan? Mikor ültettünk egy növényt utoljára? Mikor simogattunk meg egy állatot legutóbb?

Az első szentség a keresztelkedés, ami a születésünket jelképezi. Az alap lelki csakra azt a gyökeret képviseli, ahogy kapcsolódunk a bölcsőnkhöz, azaz a természethez, a mindenséghez, és az abban megtalálható őselemekhez. Az emberek rítusait, közös ünnepeit foglalja magában.

Képzeljük el a következő szituációt. Állunk egy emeletes tömbház erkélyén. Nyári meleg este van, már besötétedett. Ráérünk, nincsenek terveink. Észleljük, hogy egy tömeg vonul el alattunk. Ütemesen szólnak a dobok, gyertyák égnek a kezekben. Egyesek maszkokat viselnek, mások ki vannak festve. Nincsenek transzparensek, az agressziónak nincsenek jelei. Mindenki mosolyog és énekel. Mit éreznénk ebben a helyzetben? Bemennénk az erkélyről, néznénk a tömeget, vagy legszívesebben csatlakoznánk hozzá? Ha képesek lennénk legyőzni a félelmünket és a gátlásainkat, akkor valószínűleg a legutolsó opciót választanánk. Miért? Nem lenne szükség magyarázatokra, mindenki szavak nélkül is pontosan értené és átérezné, hogy az egész miről szól. Ha leszaladnánk és beállnánk a csoport tagjai közé, velük énekelnénk és gyújtanánk egy gyertyát, hogyan éreznénk magunkat már pár perc után is? Egészen biztosan csodálatosan. Minden embernek elemi szükséglete néha visszarepülni a „méhkasba", oda, ahol sokan vagyunk, hogy átérezzük, hogy mind összetartozunk. A rítusok ereje a tömeggel arányos. Ezt az erőt érezzük egy hatalmas stadionban egy focimeccsen a közös szurkolás során, vagy akár egy szabadtéri nagykoncerten. Egészen mást éreznénk, ha ugyanazt a mérkőzést néznénk vagy zenét hallgatnánk, de nem ezrekkel egyetemben, hanem egyedül.

Huszonkét éve pár munkahelyi kollégával létrehoztunk egy amatőr focicsapatot, amellyel beneveztünk a városi bajnokságba. Néhány hét alatt egy nagyon összetartó közösség jött létre. Sosem az volt a célunk, hogy játékerőben legyünk kimagaslóak. Sokkal inkább az emberi értékrend volt a meghatározó. Fiatalos, könnyed, laza, humoros jó fej srácokat kerestünk, akikből dől a hülyeség. Mondanom sem kell, hogy sosem unalmas az, ha közel húsz alfahím találkozik és barátilag hecceli egymást. Közösségünkben, ha például nem megfelelően viselkedsz egy vendéglátóhelyen, rögtön megkapod az „éttermi fogyatékos" címet. Ha elkésel, biztos lehetsz benne, hogy valaki megjegyzi, hogy te amolyan későn érő típus vagy. Andrásunkat például azért hívjuk Joó Andrásnak, mert egyszer egy félpályás gólt kapott, miközben azt üvöltötte a védőinek, hogy „jóóóóóó", ami annyit tesz a pályán, hogy „engedd el a labdát, rajta vagyok". Sajnos nem volt rajta, de mi nem bántuk. Úgy félórát röhögtünk az egészen. Engem a „könyörgöm, tanítsatok meg hibázni" szarkasztikus kijelentéssel, de egyben szeretettel gúnyolnak társaim. A világ legrövidebb könyveinek tartjuk a következőket: Zozi (edző) taktikai repertoárja (1 db – álljunk vissza félpályára), Julio lapos passzai (szenvedélyes védő), Imike faultjai (60 kg).

A csapat történetének második évében úgy döntött, hogy benevez egy zánkai kispályás tornára, hogy a barátságunkat néhány együtt töltött balatoni élménnyel is megerősítsük. Az üdülőtáborban szálltunk meg a hétvégére. A labdarúgás mellett kosaraztunk, kapura fejelgettünk a vízben, röplabdáztunk, pingpongoztunk, csocsóztunk, pókereztünk. Fantasztikusan éreztük magunkat. Ott és akkor fogadalmat tettünk, hogy ezt minden évben megismételjük. Feleségemmel, amikor a nyári programokat tervezzük, az első bejegyzés, ami bekerül a naptárba: „július harmadik hétvégéje – Atis Zánka". Ez a többi csapattaggal is pontosan így van. Tavaly voltunk huszadszor, és a többség mindig eljön. Én még egyszer sem hiányoztam. Mikor megismertük egymást, még senkinek sem volt gyermeke. Azóta családot alapítottunk, és fiaink és lányaink születtek. A cég már megszűnt, és mindenfelé elsodort minket az élet. Valaki Pesten él, más Nyíregyházán, egyesek Székesfehérváron, megint mások Németországban. Többségünk év közben nincs is kapcsolatban, nem sokat hallunk egymásról, de mind tudjuk, hogy július harmadik hétvégéjén Zánkán találkozunk.

Miről szól mindez? Ez a mi törzsi rítusunk. Egy évben egyszer visszatérünk a bolyba, ahol megénekeljük fiatalságunkat, férfiasságunkat, a sportszenvedélyünket, és azt, hogy mindörökre összetartozunk.

Úgy tapasztalom, hogy sajnos egyre kevesebb időt töltünk rítusokban. Kihalóban van az étkezés előtti imádkozás, a tánc általános szeretete, a közösségi éneklés gyakorlata. Mit értek én rítusok alatt? Tág értelemben én belesorolom az összes köszönésfajtát, a kézfogást, az ölelést, az imádkozást, az esküvőt, a temetést, a legénybúcsút, a tejfakasztó bulikat, a koszorúcskát, a ballagást, a szerenádot, a felvonulásokat, az álarcosbálokat, és úgy általában a tánc és az éneklés minden közösségi formáját. Őselemek szerint is összeszedtem őket. Föld: tánc, tetoválások, kövek, egyenruhák, álarcok, maszkok, arcfestékek, emléktárgyak, zarándoklat, kegyhelyek felkeresése. Víz: szentelt víz, megfürdés általi megtisztulás. Tűz: tábortűz, máglya, gyertya, régi fájó emlékek (pl. fényképek) elégetése. Levegő: taps, ének, zene, fogadalom illetve eskütétel, közös szurkolás, mozi, színház, koncertek.

Ha végignézzük a listát, mit állapítunk meg magunkban? Nem azt, hogy sajnos nem mindennaposak az ilyen események az életünkben? Néha egy-egy esküvő, egy évben két bál, februárban a farsangi, októberben a szüreti, esetenként egy színház vagy koncert. Folyton rohanunk valahová (például bevásárlás), és tipikusan egyedül vagyunk ezekben a tevékenységekben. Néhány fős családra korlátozódik a korábbi törzsi életünk. Lelkünk egyik fontos gyökere nagyon gyengén áramoltatja csak felénk azt az energiát, amely a közösséghez, és általa a mindenséghez tartozásból táplálkozik.

Szerencsére időnként jelen van az említettek mellett a rítusok egyik eddig nem ismertetett fajtája is: az éves visszatérő ünnepek. Mind ismerjük azt a kellemes érzést, amikor szülinapunk van. Ezeken a napokon mintha minden másképpen lenne. Környezetünkből néhányan kedveskednek nekünk, akár egy telefonhívással, akár egy apró öleléssel. Kapcsolatba kerülünk emberekkel, akik pozitív energiákat küldenek felénk, s általa végbemegy a lélek töltődése. Este szűk környezetben megünnepelnek minket, amelyeken a családunk apró ajándékokkal köszöni meg fáradozásainkat és létezésünket. A tortán elfújjuk a gyertyákat, és csendben kívánunk valamit. Kinyitunk egy üveg bort, és beszélgetünk egy picit. Időt szakítunk arra is, amire máskor nem jut energia. Este összebújunk a párunkkal, és egy pillanatra mindent tökéletesnek találunk. Nagy szükségünk van erre, hogy hinni tudjunk abban, hogy igenis szép az élet.

Mit érzünk karácsonykor? Nem olyan, mintha ilyenkor kapcsolódnánk minden emberhez? Hogyan lehetséges mindez? Nem olyanok vagyunk, mint egy hatalmas gyertya, amelyet mind együtt táplálunk szeretettel, és viszonzásként ránk veti hatalmas fényét, melegét? Pontosan ezt jelenti a rítus ereje, amely nem csak karácsonykor vagy a szülinapunkon lehetséges. Tudatosan törekednünk kell arra, hogy folyamatosan fenntartsuk a kapcsolatot a természettel, az őselemekkel, a közösségeinkkel, ahová – akarjuk vagy sem – lelkileg tartozunk.

A 38. vers címe:

Szenteste

Kint nagyon hideg van,
minden mozdulatlan fázik,
bent ölelően meleg,
a filter fürdőben ázik.

Tudós tea töpreng,
gőzben árad az ereje,
fahéjjal szórja a tájat,
csókban érződik melege.

Az ajtó őrségben áll,
a társa dalra fakad,
vonyítja, hogy távozz,
a rossz az távol marad.

Az ablak most boldog,
tükre csillagszóró-táncban,
kívülről udvarol a hold,
hát ragyog e románcban.

Körülötte egy-egy függöny,
az egész annyira valótlan,
az elnyelt fény árad,
a karnis fülbevalóban.

Az összes lámpa alszik,
de fényből van mégis bőven,
mindenhol gyertyák égnek,
a szoba árnyékerdőben.

Mit megvilágít sugara,
tiszta és szivárványszínes,
majd korcsolyázik a padlón,
ezt látnod kell, hát siess!

Az asztal estélyibe bújik,
csak úgy tündököl e bálban,
mézeskalács ruhája csábít,
s ahogy pirul e lázban.

Mindenfelé csak finomság,
a tányér folyamat nassol,
az idő boldogan szalad,
az óra ütemesen tapsol.

Egy-egy pohárhullám ütközik,
és ha a koccintásnak vége,
lecsendesül a nedű vihara,
s hallatszik kristály-nevetése.

Apró gyermekek a székek,
jókedvüknél fogva,
szánkón csúsznak körbe,
egymást kézen fogva.

Fenyőangyal nyújtózkodik,
s tűszoknyában forog,
gyantás lábán tűsarkúban,
szíve szeretettől dobog.

Habcsók és szaloncukor
csimpaszkodik rajta,
kókuszos és zselés,
s mindenféle fajta.

Nézői az ajándékok,
csíkos nadrágban és inggel,
hívnak, hogy bonts ki minket,
a száncsengő csilingel.

Mellette együtt játszanak,
az egész annyira jó,
kis cipő és nagyobbak,
nyakkendő és boleró...

Az ünnep mégis több ennél,
elbújt az „adni jó" szellemben,
egyetlen helyen találhatsz rá:
tágra nyílt gyermeki szemekben.

Tresch Attila, 2019.10.23.

VII. 2. Lélek – 2. csakra – a csók

Feleségemmel Pécsen találkoztam, a közgazdaságtudományi egyetemen. Amikor egy pár lettünk, én szüleim lakásában éltem egyedül, ő albérletben. Természetesen azonnal összeköltöztünk. Hármasban éltünk Lucival, párom teknősével. Csodálatos napokat töltöttünk együtt azokban az években. Velünk volt a fiatalság, a szerelem, és a rengeteg szabadidő. Együtt csináltunk mindig mindent évekig. Nem igazán volt zsebpénzünk, de ebben is volt valami nagyon szép. Reggel kisétáltunk a piacra és vettünk két szelet kenyeret, egy kis vajat, egy szem paradicsomot és paprikát. Állandóan lógtunk a buszokon – amit úgy utáltam –, hogy maradjon pénzünk az egyetemi előadások jegyzeteinek fénymásolására, illetve mozira vagy egy buli belépőjére. Jól be kellett osszuk az anyagi forrásainkat, de valahogy pont emiatt is mindent nagyon tudtunk értékelni. Télen, ha elmentünk otthonról, még a fűtőtest gázlángját is lekapcsoltuk. Amikor a hétvégét anyuéknál töltöttük, úgy kihűlt a lakás, hogy vasárnap este órákat ültünk télikabátban a tévé előtt. Otthonunk berendezése is meglehetősen egyszerű volt, de én nagyon szerettem. A nagyszoba falát színészek Cinema újságokból kivágott képeiből általam készített, 3x2 méteres poszter díszítette. Imádtuk. Ezekben az időkben alakult ki köztünk az a szétválaszthatatlan kötődés, ami megalapozta, hogy ma is egy pár vagyunk. Mivel ő szolnoki volt, ezért háromhetente hazautazott a szüleihez vonattal. Nem volt még mobiltelefon, így nem is nagyon volt köztünk ilyenkor kapcsolat. Milyen elképzelhetetlen lenne ez a helyzet a mostani generációknak! Volt, hogy meglepetésként egy zeneválogatás kazettát adtam fel neki postán. Mire a válaszképeslap megérkezett, akár egy hét is eltelt. Oh, hányszor kísértem ki őt az állomásra, vagy éppen mentem elé! Nincs is romantikusabb hely a világon, mint a vasútállomás, és talán nincs is érzelmesebb pillanat, mint amikor elindul a vonat.

A 39. vers címe:

Búcsú a peronon

Kéz kéznek suttog,
kapaszkodnak egymásba,
nadrág szoknyát ölel úgy,
hogy más ne lássa.

Az izmos póló simul,
női blúzhoz öltözik,
egy-egy lüktető szív a
másik testébe költözik.

Az ajkak forrón némák,
köszönik a nyári szélnek,
ahogy cirógatja lényük,
csak a szemek beszélnek.

Lázas csók hirtelen kitör,
kitárva kettőjük vágyait,
elpirulva árad az érzés,
a titok kigombolta álmait.

Ütött-kopott ősi vonat
felbőg, mint dörgő zivatar,
szétválasztja, mi egybeforrt,
a szerelem örökké fiatal.

Megszólal a búcsúsíp,
a fájdalmat csak szítja,
a kettő rezgő húr sikít,
a tonna szétszakítja.

A vonat lassan indul,
bár sok lóerő hajtja,
de hiába erős nagyon,
két sóhaj visszatartja.

A hideg vas felgyorsul,
célja felé halad,
kapaszkodik az állomás,
ahogy mellette szalad.

A fiú arcán még látszik,
ott a vörösen izzó rúzs,
magára maradt, mely
gőzölgő csókot koszorúz.

S a távolból szomorún
még egy utolsót intett
egymást szorosan ölelő
két könnyes tekintet...

Tresch Attila, 2019.02.24.

Az első csakra a törzs. Testünkben az anyafölddel való kapcsolódást jelenti, amelyet a sport és a mozgás testesítenek meg. Ennek a köteléknek a gyökereit lelki szinten a rítusokkal tudjuk táplálni. A második csakra kulcsszava a kapcsolat. A testben ez a víz elemmel van összefüggésben, azaz azzal az elemmel, amely szinte mindenhez hozzátapad. A tudatunkban ez a vágyainkban manifesztálódik. Az életösztön után a legerősebb vágyunk a szerelem és a szex. A test közösül, a tudat álmokat próbál valóra váltani, azaz hatalmi és egyéb szerepjátékokat játszik, ám a lélek szeretkezik. A katolikus egyház második szentsége a házasság, amely a csókot foglalja magában. A lélek ragyogásának második energiaforrása tehát a rítusok után a csók.

Ha tartunk egy kis önvizsgálatot, akkor mit állapítunk meg, hogy állunk ezzel a szentséggel? Pár kérdéssel segítem a tisztánlátást.

- A csók „csak" előjátéka a szexuális együttléteinknek, vagy előfordul, hogy csak úgy csókolózunk?
- Szeretünk csókolózni a párunkkal?
- Mikor szoktunk csókolózni a párunkkal?
- Milyen gyakran csókolózunk a párunkkal?

Megfigyeléseim során arra jutottam, hogy a férfiak a csókot akkor képesek igazán élvezni, ha szerelmesek. Akkor fantasztikus és felejthetetlen gyönyört okoz nekik, egyébként nem különösebben szeretik. A nőkkel – nagy szerencséjükre – ez állítólag nem így van. Egy férfi sokkal könnyebben fekszik le egy nővel, mint hogy kéjesen, öntudatlanul és hosszasan csókolózzon vele. Sajnos a párkapcsolatokban lévő vágy és szenvedély a sok éves együttélés alatt csökken, és szép lassan eltűnik az az áldás, amely oly fontos életenergiával töltené fel lelkünket. Mindannyiunk számára ismert pedig, hogy egy romantikus este szerelmes csókjai milyen sokáig égnek bennünk. Napokig fel vagyunk dobva, és tele vagyunk belső fénnyel és ragyogással. Pont ezért nem kellene olyan könnyen feladnunk. Eredménnyel kecsegtető kísérlet lenne, ha néha párunkkal esténként, frissen megfürödve, csinos ruhába bújva meginnánk egy teát, majd feltennénk egy romantikus „lemezt", és táncolnánk egyet a nappaliban. Próbáljuk meg, és soha ne adjuk fel! Ha tetszik még a partnerünk, akkor a vágy még ott van, így a remény is, hogy együtt belobbantjuk ezt a máglyát...

A 40. vers címe:

A csók

Női és férfi ajkak, mint céltáblák,
s egy-egy világ két külön partja,
köztük félelmetes, mély szakadék,
mégis, a vágy őket arra hajtja.

Nyelvünk az angyalszárnyunk
rejtőzködő egyik fele,
kell a másik is, hát keressük,
hogy lelkünk tudjon repülni vele.

Ahhoz, hogy párjára leljünk,
kell, hogy egy érzés elkábítson,
s hogy a túlpartról egy szempár
közös ugrásra csábítson.

Mosollyal halkan suttogjuk
meztelenségünk izgató titkait,
s ahogy megnedvesítjük a
forróság örökké szomjas ajkait.

Az édes gyönyörhöz szükséges a
vágy mellett a bizalom és hit,
s ha ez adott, hiába kapaszkodsz,
mindez leránt a mélybe akárkit.

Együtt zuhantok alá,
s lebeg mindkettőtök haja,
kettéhasítja a csendet
félelmetek sikító sóhaja.

Nyújtózkodtok egymás felé,
bizony nem kevesebb a tét,
vagy összetörsz, vagy megmaradsz:
el kell érned a másik kezét!

S ha sikerül összefonódtok,
nincsen köztetek semmi rés,
kapaszkodtok erővel egymásba,
ez az öntudatlan ölelés.

Vigyázó fogaink mögött lapul
templomunk szentélye, ez tény,
ahova szemünkből árad be és ki
örök reményként a fény.

Mégis, ha az ajkak találkoznak,
elfújjuk két-két gyertyánkat,
hisz' a csók olyan titkos valami,
amit a szem sajnos nem láthat.

S ha a nyelvek végre összeérnek,
megtörténik a káprázatos csoda,
egy égi ajtó nyílik fent nektek,
ahova egyedül nem léphetsz be soha.

S villámcsapás és mennydörgés
közepette együtt felrepültök oda,
ahogy nyelvetek, mint közös szárny verdes,
s az angyalok édeni otthona.

Megszűnik ilyenkor a
végtelen tér és idő,
ahogy együtt lubickol a
gyönyörben férfi és a nő.

S te mire vársz még? Indulj hát!
Mindegy, hogy erre vagy arra!
A csók nélküli élet olyan,
mint férfi és nő félbehajtva.

Kívánom neked, hogy sikerüljön,
érd el nagyon könnyedén vagy harccal,
hogy viszont szeressen, ki tetszik,
s csókjából nyíljon a hajnal...

Tresch Attila, 2018.09.11

VII. 3. Lélek – 3. csakra – a sikerélmény

A harmadik szentség a papi hivatás, amely a munkánkkal kapcsolatos lelki elköteleződés áldásaira utal. Nem munkának hívjuk pont ezért, hanem hivatásnak. A mindennapi életben ez az áldás a végzett tevékenységeink során átélt sikerélményben jelenik meg. Ahogy a korábbi fejezetekben írtam, ebből meríti részben a tudat az önbizalmát, illetve a test azt az életenergiát, amely nagyban csökkentheti a függőségeinek kialakulását. Van egy kínai mondás, amely a következőképpen szól: „Ha egy napig boldog akarsz lenni: rúgjál be! Ha egy évig boldog akarsz lenni: házasodj meg! De ha egy életen át boldog akarsz lenni: kertészkedj!"

A bölcsesség a soha véget nem érő munka mögötti sikerélmény végtelen erejét fejezi ki.

Napi tevékenységeink legnagyobb részét a munkahelyünkön végezzük, ezért nagyon fontos az életünkben az ott végzett feladataink során átélt öröm. Mivel elég régóta vezetőként dolgozom és felismertem ennek jelentőségét, ezért már évek óta kialakítottam magamnak egy motivációs táblázatot. Az ábra teljes mértékben követi a könyvben ismertetett rendszert, de picit munkahelyi viszonyokra van szabva. Hogy hogyan néz ki ez a táblázat?

Csakra	Motivációs elem	Tartalma
7.	HIT	Szükséges, hogy a kollégák lássák, hogy a munkájuk milyen „magasabb" célokat szolgál.
6.	ELFOGADÁS	Annak elmagyarázása, hogy mit kell számukra adottságként elfogadni és miért.
5.	TUDÁS	Annak egyértelmű kommunikációja, hogy miben dönthetnek és miben nem. Támogatás, ha bizonytalanok egy feladat kapcsán.
4.	SZERETET	A dicséret nem elég. A munkavállaló belső igénye, hogy szeressék, különben fél és aggódik.
3.	ÖNBIZALOM	Szükséges a megfelelő mennyiségű és arányú pozitív visszacsatolás.
2.	ALKOTÁS	A mozgástér. Minden ember alapvető igénye, hogy lássa, hogy a munkája révén valami „hasznos", kézzel fogható dolog megszületik. Sokkal inkább magáénak érzi mindenki a területet, ha saját javaslatok válnak valóra. Vezetőként vagy a mi-t mondd meg, vagy a hogyan-t. A kettőt egyszerre soha.
1.	FIZIKAI KÖRÜLMÉNYEK	– a biztos pont (kályha), – a fizetés, – a státuszelemek (pozíció). – munkakörnyezet

Az emberek általában nem tudják elmondani, hogy mi az oka annak, ha esetleg nem érzik jól magukat egy munkahelyen. Mivel én tudatosságra törekszem a csapatom és saját magam motivációjának kezelésében, ezért a fenti lista alapján folyamatosan figyelem őket és magamat. Ha úgy érzékelem, hogy valami nem egészséges, még időben próbálom gyógyítani.

Az első és legfontosabb elem szerintem nem a fizetés, hanem a „biztos pont" létezése, lásd első csakra. Életünk legnagyobb részét a munkahelyünkön töltjük, ezért kollégáink egyben a második családunk is. Pont emiatt elképesztően fontos, hogy legyen legalább egy ember, akivel érdemi időt töltünk, és akihez mély érzelmi szálak kötnek minket. Mindannyiunknak kell legalább egyvalaki, aki miatt szívesen megyünk be dolgozni. Ha ez nincs meg, magányosak vagyunk, amely az egyéb motivációs elemekkel pótolhatatlan hiányérzetet vált ki bennünk. Hiába tökéletes minden más, ha ezt nem kapjuk meg, csak idő kérdése lesz, hogy állást változtatunk. Ketten lenni mindig teljesen más, mint egyedül. Én emiatt folyamatosan szemmel tartom a csapatomban, hogy mindenkinek vannak-e pozitív érzelmi kötődései a szűk környezetében. Nézem, hogy ki kivel megy ebédelni, vagy elszívni egy cigarettát.

A legtöbb vezető óriási tévedésben él. Úgy tekint a munkavállalóra, mint egy robotra, akibe a munkabérrel tankol, és az ezen felüli „lelkizést" az emberierőforrás-osztály feladatkörébe sorolja. Hiszem, hogy a vezető legfontosabb feladata a szakmai támogatás mellett a stabil érzelmi háttér megteremtése, amely egyszerűen nem delegálható. Soha senkinek sem lehet mindegy, hogy kitől kapja a simogatást. A fluktuáció minden komoly cég legnagyobb ellensége. Egy vállalat csak és kizárólag akkor fejlődhet, ha értékeli és megbecsüli a tagjait minden szinten. Ennek nagyon fontos eleme a fizetés, de nem egyedüli. Nem lehet elégséges tehát a megfelelő munkabér, a státusz vagy a munkakörnyezet – amelyet a multik évtizedekkel ezelőtt már felismertek –, hanem elképesztően szükséges egy pszichológiai szempontból felvértezett vezetői csapat kinevelése. A vezető 50%-ban döntésképes szakember, de 50%-ban pszichológus kell, hogy legyen.

A második csakra szintjén minden ember alkotási igénye jelenik meg. Rendkívül fontos, hogy mindenkinek legyen mozgástere, amelyen belül kiélheti kreativitását és emiatt magáénak tudja érezni azokat a szolgáltatásokat, amelyeket nyújt, vagy termékeket, amiket előállít. Vezetőként mindig fel kell, hogy ismerjük a munkavállaló adott feladattal kapcsolatos komfortérzetét, és ennek függvényében kell instrukciókat adnunk. Olyan lehangoló, ha túlmagyarázunk triviális dolgokat, illetve ijesztő, ha nem adunk kellő támpontot, csak fenyegető elvárásokat. Az egyik esetben hiányzik a szabadság, a másik esetben nincs mankó.

Ha a vezető jól funkcionál és példakép tud lenni, ami a feladata, akkor komoly súlya van a szavának. Elismerése és dicsérő szavai nagyon jelentős életenergiát tudnak áramoltatni. Az ennek eredményeképpen átérzett sikerélményről, mint a harmadik áldásról szól ez a fejezet. Óriási hiba az „ezért kapja a munkavállaló a fizetését" attitűd. Ha valaki jól elvégez valamit, azért mindig köszönet jár, természetesen az elvégzett feladat komplexitásának függvényében. Nem elég mondani, átérezni is kell, mert csak így kapja meg áldásunkat a kollégánk.

A legalapvetőbb érzelmeink egyike a félelem. Vajon érezhetjük-e jól magunkat egy olyan munkahelyen, ahol nem érezzük magunkat biztonságban? Vajon nyújthat-e bármi nagyobb biztonságot nekünk, mint a vezetőnk irányunkban kimutatott szeretete? Semmi sem. Higgyük el, hogy ha ezt képesek vagyunk megadni a környezetünknek, lehozzák nekünk még a csillagokat is, mert egyszerűen ilyen csodálatos lény az ember.

Minden munkahelyen mindenki számára vannak olyan dolgok, amelyek adottak, és vannak olyanok is, amelyek megváltoztathatók. Nagyon fontos, hogy ezek a határok élesek legyenek, ismertek és elfogadottak. Ezeknek a hiánya esetén komoly veszteség éri a vállalatot és frusztráció a dolgozót. A munkavállaló például nem karolja fel a számára elszenvedett probléma megoldását, mert úgy érzi, hogy nem az ő feladata. Esetleg bírál olyan körülményeket, amelyek mögött meghúzódó tudatos döntésekről nem kapott tájékoztatást. Nagyon fontos szerepe van a vezetői kommunikációnak az előzőek miatt.

Végezetül mindannyiunknak alapvető belső igénye, hogy lássuk, miszerint a napi küzdelmünk mögött meghúzódik valami értelem. Hinnünk kell, hogy szenvedésünk valami jó célt szolgál. Sajnos egyre többen dolgozunk távol a főfolyamatoktól, ahol a termékek előállítása történik. Sokan az adminisztrációban vesznek részt, ahol a „szent" cél megtalálása nem is olyan egyszerű feladat. Az ilyen helyzetekben a másik ember áldozatkész, kedves és együttműködő szolgálata lehet az egyik választásunk, amely biztosítja a számunkra oly szükséges magasztos életérzést.

Amikor észlelem, hogy valamelyik kolléga motivációs problémákkal küzd – legyen az a beosztottam, más kolléga vagy jóbarát –, akkor beszélgetést kezdeményezek vele. Szó szerint végigmegyek a fenti struktúrán és beazonosítom magamban, hogy hol van a fő probléma. Általában egy vagy maximum kettő szokott lenni, ami az adott élethelyzetben mérgez. Vigasztaló megjegyzéseimet és tanácsaimat erre szabottan fogalmazom meg. Úgy tapasztalom, hogy nagyon jól működik.

Jelenleg egy multinacionális vállalatnál dolgozom, ahol amellett, hogy az informatikai projektmenedzsment iroda vezetője vagyok, saját projekteket is viszek. Az általam támogatott üzleti terület a beszerzés. A cégcsoport beszerzési szervezete hatalmas, több száz embert foglal magában. Mivel feladatom a terület folyamatos fejlesztése, ezért négy nagy részre osztottam szét a projekteket:

- folyamat-standardizáció és folyamatfejlesztés,
- információs rendszer (riportfejlesztések),
- tudásgyarapítás (oktatási anyagok, oktatások, vizsgák),
- végül a motivációs rendszer.

Mindig tudatosan törekedtem arra, hogy mind a négy területen legyenek folyamatosan projektek, így – szerintem példamutató módon – a motiváció fejlesztése is mindig kellő figyelmet kapott. Néhány kulcsfelhasználóval bevezettük a személyes interjúkat, amikor négyszemközt egy-egy órában leültünk beszélgetni a kollégákkal, hogy megértsük a problémáikat, meghallgassuk módosítási javaslataikat. Bevezettünk egy újítási rendszert, amelynek segítségével tárgyi ajándékokkal díjaztuk az érdemi fejlesztési észrevételeket. Elindultak a negyedéves beszerzési konferenciák, amelyeken hét videós helyszínen tájékoztatjuk a csapatot az elkészült fejlesztésekről, folyamatot érintő változásokról. Írásos, névre szóló, a menedzsment által egyesével aláírt köszönetnyilvánító leveleket juttattunk el számukra, amelyben kifejeztük hálánkat a korábbi években nyújtott kiemelkedő erőfeszítéseikért. Bevezettük az „év beszerzői" címet, amelyet a csapat tagjainak egymásról alkotott visszajelzései alapján osztunk ki minden év végén. Figyeljük a rendszerben lévő bizonylatszámokat és plaketteket osztunk azoknak, akik elérik a kimagasló számokat. Végezetül minden év végén egy zenés, saját verset tartalmazó, lélekemelő prezentációban köszönjük meg a munkájukat. Az első ilyen vers, amit a kétszáz főnek írtam, az alábbi volt. Kifejeztem benne, hogy milyen hálás vagyok azokért az értékekért, amiket a csapat képvisel, és azokért az erőfeszítésekért, amelyeket véghezvisz. Próbáltam hatni arra, hogy sikerélményük legyen. Bízom benne, hogy sikerült.

A 41. vers címe:

Vers a beszerzőknek

Sötét „farkas" felhő
takarja el az eget,
„pokol" dörgés felüvölt,
ijesztően fenyeget.

Gyarlóság és közöny,
vadak lepik el a partokat,
tisztán látszik már:
megváltást csak harc hozhat.

Ám nem rettegünk vagy félünk,
hisz' ismeri minden jöttment,
pajzsaink és páncélunk
a beszerzői értékrend.

Mi tudjuk jól,
hogy minden perc
fájdalom, kárhozat,
ha nem hatja át a
jó érzés, az áldozat.

Hogy az összes szabályt
szétzúzni akaró ököl
karban és vállban bölcs
elfogadásban tündököl.

Hogy ki fejlődni akar,
folyton keres, kutat, ás,
nyugodt lépteket a ködben
nem adhat más, csak a tudás.

Hogy fásultságnak humor
az egyetlen gyógyírja,
ezért a receptre mindenki
kedvenc poénjait írja.

Hogy minden gondolatszikra
elpusztul, elvetél,
hogyha nem táplálja
önbizalom, szenvedély.

És hogy minden változás magja
a lüktető hús, izom, velő,
a tengert is elhordja
a bennünk lakozó erő.

S ha a munkánk végre elkészült,
oh, mind halljuk, figyelmeztet,
ahogy tovább űz-hajt legbelül
a szorgalom és igyekezet.

Mint megédesíteni a „sóceánt",
olykor oly nehéz a feladat,
hogy beleremegjen a föld,
s megöntözni, mi sivatag.

De mi beszerzők tudjuk jól, hogy
egy csizmában lépkedünk a mában,
kalandos utunk sorsa közös
egymásnak támogatásában.

És ha mi összefogunk, nincs oly kihívás,
mely nem sápadna láttunk,
ami földhöz köthetné nevünk,
szívünk, lelkünk, szárnyunk.

Jöhet hát vihar, vagy a vadak ereje,
együtt haladunk csatánkba bátran,
kézen fogva menetel a beszerzők serege,
és mi ott leszünk mind a kétszázan.

Gyémánt szerződésünk
fent ragyog az égen,
néha egy-egy csillag kihull,
de sosem tűnik el egészen.

Búzakalász, repcemező,
tej, szalámi, kenyér,
igy győzedelmeskedik mindig
kétszáz összesimuló tenyér.

S mosolyhullámainkon ringatózik majd
az egykor oly súlyos feladat,
partjához érve megpihen
gondoskodó oltalmunk alatt...

Tresch Attila, 2018.05.31

VII. 4. Lélek – 4. csakra – a szeretet

A Biblia szerint Krisztus önként vállalt kínhalált halt. Adódik
a kérdés, hogy vajon miért áldozta fel magát másokért? A vá-
lasz az, hogy végtelen szeretetből. Mit jelent a szeretet? Az én-
telenséget. A szeretet azt jelenti, hogy nem a saját önző nézőpontunkból szemléljük a világot, hanem mindenkiéből. Bármi,
amit teszünk, csak akkor sorolható ide, ha a szándékunknak és
tettünknek semmilyen közvetlen kapcsolata sem létezik a sa-
ját érdekünkkel. A negyedik szentség az oltár szentsége, ami a
szeretetet jelenti, és a negyedik lelki csakrában, azaz a szívben
található meg. Ez testünk középpontja, főhadiszállásunk. Halá-
lunk előtt ide húzódik vissza az élet, és innen is távozik el. Ami
a testünkben a légzés, a tudatunkban az áldozatvállalás, az a
lélekben a szeretet. Tudatunk szintjén nem létezik szeretet, csak
áldozatvállalás saját céljaink érdekében. A szeretet lelki csakrá-
val bármikor kapcsolatba tudunk kerülni, ha veszünk néhány
mély lélegzetet. Nincs az a feldúlt pillanat, amikor a személyes
ragaszkodásunk okozta frusztrációt ne szüntetné meg azonnal
a lélek ragyogása, amihez nem kell mást tennünk, mint megtöl-
teni a tüdőnket oxigén táplálta életenergiával. Használjuk hát
tudatosan és gyakran légzésünk áldásait. Ez akkor is nyitva áll
előttünk, ha még tudatunk börtönében élünk.

Néhány napja Pécsről utaztunk a Balaton felé a családommal.
Gödrénél, amikor felértünk a hegy tetejére, egy rókatetem fe-
küdt az országúton. Egy kis róka nyalogatta az anyukáját, hogy
életre keltse. Nyilvánvaló volt, hogy ez nem fog sikerülni, és a
kis róka védtelenül magára maradt ebben a kegyetlen világban.
Mind elérzékenyültünk, de nem igazán tettünk semmit, kivéve
feleségemet. Egy percen belül már hívta is a gödrei polgármes-
tert. Ma sem értem, hogy hogyan találta meg ilyen gyorsan a
telefonszámát. A telefonban egy mondatot tudott kinyögni, és
elsírta magát. A polgármester megnyugtatta, hogy szól a fővadász-
nak, és segítenek a kis állaton. Ezt jelenti a szeretet. Feleségem
ebben fantasztikus. A szívcsakrája mindig teljesen nyitva van.

Lehet, hogy az emberiség a kamaszkorában jár, és ennek megfelelően az önzés, az élvezetek maximális kiaknázásának és a másik problémája irányában tanúsított közönynek az időszakát éljük, de soha egyetlenegy pillanatra sem szűnt meg a szeretet is párhuzamosan jelen lenni világunkban. Az utcán az anyukák másnak a gyerekére mosolyognak, összeszorul a szívünk egy rokkant ember láttán, imádkozunk, ha halljuk a mentő hangját, rászorulóknak adományozunk, kedvességgel szólunk idegenekhez, megvigasztaljuk és megöleljük egymást. Lehet ugyan, hogy a tudatunk még el-elnyomja ébredező jóságunkat, de egyben biztosak lehetünk: a szeretet mindig jelen van.

Az ölelés

Tér és idő egy pár,
csillag és fénytelen,
így telik és örök
a véges és végtelen.

Enyvből van a mindenség,
ország-világ ragaszkodik,
forgó, keringő golyóbis,
hát mindenki kapaszkodik.

Így cipőhöz a fűző,
kopasz üvegre a kupak,
kérdéshez a válasz,
egymást keresztező utak.

Hideg sörhöz a korsó,
forró csókhoz a mámor,
más-más nevük van,
de egyek igazából.

Anyjához a gyermek,
tortához a hab,
a szeretet börtönében
mindannyiunk rab.

Mindentől félsz, tartasz,
érzed, hogy fáj, éget,
egyhelyben zuhanhatsz csak,
mert mi tartunk téged.

Legyünk hát akárhol,
sosem vagyunk egyedül,
beszívjuk, mi körülvesz,
a lélegzetben egyesül.

Hossza csak egy pillanat,
de nem múlik el mégse,
világunkat összetartja
a dolgok ölelése.

A lét fortyogó vulkán,
sok egymást érintő katlan,
közöttük szeretet árad,
minden más mozdulatlan...

Tresch Attila, 2021.02.06.

Gondolkodtunk már azon, hogy mit tennénk, ha választhatnánk a következő kettő közül? Vagy így marad minden, ahogy van, vagy minden a miénk lehet ezen a földön, de egyedül kell, hogy leéljük az életünket. Ugye nem nagyon kérdés, hogy melyiket választanánk? Miért fontosabb a csoporthoz tartozás minden más birtoklásánál?

Hiszem, hogy a lelkünk a belénk égetett jóság, lényünk alapvetése, amely a szeretetet sugározza magából szüntelen. Ez a legbelső kör, természetünk hagymájának közepe, a mag. Születésünk pillanatától fogva azt suttogja nekünk, hogy minden egy. Feladatunk tehát nem kiemelkedni a tömegből – amit a tudat oly hevesen akar –, hanem beleolvadni a mindenségbe. Olyan nyilvánvaló, hogy a kapcsolódás egy másik lényhez áramoltatja felénk a legnagyobb örömöt, legyen az egy megbámult fa, egy megsimogatott állat, vagy egy esti, meghitt beszélgetés valakivel. Mi egyéb magyarázhatná meg azt, hogy egy kedves idegen váratlan mosolya is milyen hatalmas erőket mozgat meg bennünk, ha a dolgok legmélyén nem tartoznánk össze? Ha figyeljük érzelmeinket, hát nem azt súgják nekünk, hogy minden lénnyel egy családot alkotunk? Nem olyan, mintha sorsunk nem lenne más, mint minden életnek, mint csillagpornak az áramlása a másik felé, hogy egy nap összeálljunk egy nagy egésszé? Hiszem, hogy így van. Világrendünk legnagyobb problémája, hogy túl szűken értelmezzük a család fogalmát. Boldogságunk csak a kapcsolatainkból táplálkozhat. Minden egyes eleme egy-egy érzelmi gyökere életünknek, amely nélkül elszáradunk, és korhadt fává változunk.

Mikor egy nap elgondolkodtam azon, hogy a lelkem legmélyén milyen élőlény is volnék, ha nem lennék ember, úgy éreztem, hogy leginkább egy vízpart mellett élő magas fa lennék, aki oltalmat nyújt a mellette lévő többinek. Oly megkérdőjelezhetőnek tartom azt a szerintem téves kijelentést, hogy vannak a növények, amelyeknél fejlettebbek az állatok, és végül jövünk mi, emberek, a teremtés koronái. Ha pusztán a lélek nézőpontjából közelítjük meg az egyes lényeket, akkor szerintem a sorrend pont fordított. A növények mély szimbiózisban élik az életüket a környezetükkel, az időjárással, és megható elfogadással viseltetik sorsukat. Nem harcolnak, nem ütnek vagy harapnak vissza, soha nem bántanak senkit sem. Beleolvadnak a mindenségbe, mindezt úgy, hogy élnek. Mi, emberek, elpusztítunk mindent, soha semmi nem elég jó. Olyanok vagyunk, mint a vírusok. Kik is akkor a fejletlenek? Lehet, hogy a tudás fájáról nem enni kellett volna, hanem nézni őt és tanulni tőle? Valószínűleg sokkal jobb döntés lett volna...

A kertben én már nem letépem a virágokat, inkább megsimogatom a leveleiket. Mivel hamar felismertem, hogy minden élet fontos számomra, talán pont ezért is akartam mindig tanár lenni. Ugyan tanácsadó lett végül belőlem, de mindig azon kapom magamat, hogy valakinek éppen oktatok valamit. Hiszem, hogy életünk két legcsodálatosabb tevékenysége a tanítás és a gyógyítás. Nem csoda, hogy erre az ösvényre sodródtam és írom ezt a könyvet, hiszen ebben talán megélhetem mind a kettőt egyszerre. Szerencsére kapcsolataim mélyek, így életem érzelmi gyökerei erősek. Mindben jól érzem magamat. Szeretek egyszerre gyermek lenni, apa, férj, jóbarát, férfi, magyar, ember. Tudom jól, hogy létezik is „én", meg nem is, és a dolgok legmélyén leginkább egy olyan lény vagyok, aki mindennel kapcsolatban áll.

A 43. vers címe:

Mondd

Mondd, jól gondolom hát,
én vagyok, mit kezedben tartasz,
menjek hát bárhová,
te mindig velem tartasz?

Mondd, ha én vagyok a fa,
akkor te vagy maga az erdő,
mely védi gyenge hajtásom,
míg egy nap az talán felnő?

S ha én vagyok a kérdés,
mondd, te vagy akkor a válasz,
mely bizonytalanságomnak
megnyugtató támasz?

S ha én vagyok a hullám,
te vagy a hatalmas tenger,
mely kiemel magából,
máskor mélységében elnyel?

S ha én vagyok a mosoly,
te vagy akkor a nevetés,
hol boldog élményeinket
nem érheti feledés?

S ha én vagyok a betű,
te vagy akkor a mondat,
mely magányos tetteket
bölcs értelemmé forgat?

Megértettem végre, hogy
én vagyok, mit kezedben tartasz,
fussak, rohanjak,
te mindig velem tartasz.

Akkor, ha én leszek a szál,
tudom már, te leszel a forma,
szövetségünket a szél
hajkölteménybe fonja.

S ha én leszek a láng,
tudom, te leszel a gyertya,
mely önmagából táplál
s létem fényben tartja.

S ha te leszel a toll,
akkor én leszek a tinta,
életem öntöm beléd,
sorsunk együtt írva.

S ha én leszek a hang,
tudom, te leszel a zene,
hisz' így tökéletes együtt,
ha egyéniségekkel tele.

S ha én leszek az ujj,
te leszel a víg kezek,
közös érintésünktől
születnek a sikerek.

Megértettem végre, hogy
én vagyok, mit kezedben tartasz,
fussak, rohanjak,
te mindig-mindig velem tartasz.

S ha én leszek a cél,
talán te leszel az út,
mely ragyogóan fényes
s néha sötét alagút?

S ha én leszek a vádlott,
talán te leszel a bíró,
a törvényeid alapján
ki ítéletet kiró?

S ha én leszek a test,
talán te leszel a tudat,
csináljak majd bármit,
mutatod az utat?

S ha én leszek a hideg,
talán te leszel majd a hó,
együtt lüktetünk folyton fázva,
míg felolvad az örökkévaló?

Már csak egy dologtól félek,
s most ne válaszolj, kérlek,
mondd, te végül mi leszel,
ha én leszek az élet?

Érzem legbelül, hogy
én vagyok, mit kezedben tartasz,
éljek vagy haljak,
te akkor is örökké velem tartasz...

Tresch Attila, 2018.11.05.

Ugyan a kedvenc zenei stílusom a rock, de Anett barátnőm megszerettette velem az operát is. Emlékszem, hogy a munkahelyi ebédszünetekben heteken keresztül mesélt nekem a számára legkedvesebb darabokról, amiért oly hálás vagyok ma is neki. Nagyon megmaradt bennem Puccini Turandotja, ami egy kínai mesejáték. A cselekmény Pekingben játszódik, egy nem meghatározott múltbeli időben. A darab librettója röviden a következő. Turandot egy gyönyörűséges hercegnő, aki próbatétel elé állítja a férfiakat, hogy megbüntethesse őket. Feleségül megy ahhoz, aki képes megválaszolni a három feltett kérdését, azonban életével fizet, aki nem. Kérők százainak feje hullott már a porba. Kalaf, aki egy messze földről érkezett tatár herceg, meglátva Turandot szépségét, azonnal szerelmes lesz belé. Az első felvonás végén megüti a gongot, amellyel kitárul előtte a hatalmas palota kapuja, és belép rajta, hogy kiállja a próbákat. A darab folytatásában Kalaf Turandot mindhárom kérdésére tud válaszolni, ezzel elnyeri a hercegnő kezét. Kalaf azonban tudja, hogy a szerelem nem így működik. Parancsra nem lehet szerelembe esni. Felajánlja hát Turandotnak, hogy mégis lefejeztetheti őt, ha napfelkeltéig ki tudja deríteni a nevét. Turandot mindent elkövet, de nem sikerül neki megtudnia, hogy hogyan hívják az „ismeretlent". Turandot ellenállása a férfi lehengerlő magabiztosságának hatására lassan összeomlik. Kalaf ekkor hirtelen szájon csókolja a lányt, aki visszacsókol. Még nincs napfelkelte, mégis Kalaf elárulja a nevét Turandotnak, hogy a lány döntésére bízza a saját sorsát. Ekkor a lánynak már esze ágában sincs bántani a férfit. Hívatja apját, a császárt, hogy közölje vele: „tudom már az ismeretlen nevét, úgy hívják: szerelem".

A librettó ismeretében javaslom, hogy hallgassuk meg Pavarotti előadásában a Nessun Dormát, ami a szerelmes Kalaf áriája. Talán minden idők legszebb opera betétje szólal meg benne. Higgyük el, érdemes időt szakítanunk rá.

Vajon a szerelem is a lélek negyedik csakrájában lakik? A fejezet nagyon fontos feladata annak a tisztázása, hogy mi a kapcsolat a szerelem és a szeretet között. Tapasztalatom szerint a kérdésre adott legtipikusabb válasz az, hogy a párkapcsolatok szerelemmel indulnak, majd idővel szeretetté alakulnak át. A válasz azt sugallja, mintha a kettő majdnem ugyanaz lenne, az egyetlen lényegi különbség csak az időbeliségben lenne felfedezhető. Nos, szerintem ez óriási tévedés. A két fogalom sok tekintetben inkább egymás ellentéte. A szeretet jelszava: „megadni neked azt, amire te vágysz. A szerelemé: „megkapni tőled azt, amire én vágyom". Ilyenkor jön az a csalfa gondolat, hogy „de hát a szerelmes férfi vagy nő mindenre képes a párjáért, azaz itt szó sem lehet önzésről". A szerelem és a szeretet közötti különbség általában nagyon nehezen érhető tetten, de azt a következő példa szerintem képes egyszerűen és jól megvilágítani.

Legyünk szerelmesek egy olyan férfiba vagy nőbe, aki boldog párkapcsolatban él egy harmadik féllel. Ha a szerelemben tényleg a másik lenne a fontosabb, akkor határtalan boldogságot kellene, hogy érezzünk ilyenkor, hiszen a számunkra oly fontos lény mindent megkap, amire vágyik – igaz, nélkülünk. Ez játszódik le bennünk? Örömöt érzünk vagy fájdalmat? Mit teszünk? Védjük a kapcsolatukat vagy támadjuk? Ez kinek az érdeke?

Ha szeretünk, akkor célunk sosem a pusztítás, mindig csak építeni próbálunk. Sosem vagyunk féltékenyek. Érzelmeink nem rapszodikusan változóak, hanem stabilak és állandóak. Az ember két legnagyobb tévedése, hogy az „én"-nel azonosítja magát, illetve, hogy elhiteti önmagával, hogy a szerelem egy „szent" érzelem, és hívó szavát akkor is követnünk kell, ha általa romba döntünk sok mindent.

A két fogalom elkülönítésére jellemeztem is őket.

SZERELEM	SZERETET
2. csakra	4. csakra
Jele: a vágy és a szex	Jele: a szív
Kapni és adni	Adni
Önzés és önfeláldozás	Önfeláldozás
Rabság és szabadság	Szabadság
Vakság	Igazság
Félelem és bátorság	Bátorság
Féltékenység	Nagylelkűség
Ítélkezés és elfogadás	Elfogadás
Változás	Stabilitás
Szegénység és bőség	Bőség
Feszültség	Nyugalom
Merevség	Rugalmasság
Türelmetlenség és türelem	Türelem
Konfliktus és együttműködés	Együttműködés
Birtoklás	Tudás
Rombolás és építés	Építés
Harag és megbocsátás	Megbocsátás
Káosz	Rend
Múlandó	Örök

Hadd hangsúlyozzak egy nagyon fontos dolgot! Szó sincs arról, hogy a szerelem ne lenne életünk egyik legfontosabb érzelme. Nem szeretnék olyan világban élni, ahol nincs ez a csodálatos érzés. Tiszta szívemből kívánom, hogy ne haljon meg úgy senki, hogy nem tapasztalta meg az érzés fájdalmait, és főként gyönyöreit. Én csak azt szeretném megvilágítani, hogy még mielőtt a szerelem oltárán áldozunk fel családokat, gyermekeket, jusson eszünkbe, hogy ez a döntés nem a szív üzenete, nem eredendő jóságunk ragyogásáé, hanem saját gyarló önzésünkké. Én nem a szerelmet támadom, hanem a családokat és a gyermekeket védem.

A 44. vers címe:

A szeretet

A szeretet meleg,
harminchét fokos,
huszonegy gramm, és
rendkívül okos.

Számára mindenki egyenlő,
nagyon tiszta a kép,
nincsenek különbségek,
a szemében mindenki szép.

Csak ő egyedül szabad,
minden más ön-ítélt rab,
mely éles sikoly közt markol,
féltékeny, önző és vak.

Másról terjesztik hamisan,
mi arcomon bánatot redőz,
ugyan ki más lenne képes rá?
A szeretet minden legyőz.

A szív nem csak az Ő jelképe,
erre sajnos sok sors ráment,
ha e súlyos tévedést megérted,
mondok egy boldog áment.

Csak épít, sose rombol,
ad folyton nesztelen,
nincs rajta pajzs, se más,
a szeretet meztelen.

Nem születik és pusztul,
nevezhetnénk vénnek,
a mindenség anyaga ő,
s cseppjei a lélek.

Nincs nála erősebb senki,
egy harc nélküli védelem,
ha ő jelen van, előtte
letérdel a félelem.

Egyetlen kihívója akadt,
az ördög műve, hogy testvérek,
zászlaja alatt pusztít,
melynek kínjaiból nem kérek.

Szerelemnek hívja magát,
mely kővé dermeszti tested,
és önzővé válsz általa,
ahogy fejed végleg elveszted.

S ő feláldozza önmagát
miként anya neveli bocsát,
ha „pusztul" is, nem szól,
a szeretet megbocsát.

De egy nap rátalálsz újra,
s mély lüktetését kezdi,
ahogy sebeid vére
a szívet felébreszti.

S végül mindig ő nyer,
egyszer majd megértjük talán,
hogy a szeretet gyökere áttör
minden vágyak aszfaltján...

Tresch Attila, 2021.07.30.

VII. 5. Lélek – 5. csakra – hála, öröm, mosoly és nevetés

Én nagyon szeretek ajándékozni, és pont ezért általában már nyár végén elkezdem megtervezni, hogy kinek mivel fogok kedveskedni karácsonyra. Bevállalós típus vagyok, ezért nem riadok vissza a női ruha, sőt akár a cipő megvásárlásától sem. Miért is tenném, ha egyszer azt tapasztalom, hogy ennek örülnek legjobban a lányok? Alapos vagyok. Megfigyelem, hogy kinek min időzik el a tekintete egy-egy kirakat előtt, hogy kinek mi áll jól, illetve hogy milyen színű vagy stílusú darab hiányzik a ruhatárából. Ha megszületik bennem a döntés, utána ellenőrzöm a pontos méreteket. Ha valaki jót akarna nevetni, annak látnia kellene egy próbafülkében, ahogy egy női ruhadarabbal küzdve, a divat és az ízlésem mellett próbálom érvényre juttatni a mérnöki szempontokat is. Mindig keresem a különlegeset, és nem riadok vissza a saját ajándék készítésétől sem, ha támad valami jó ötletem. Az egyik évben feleségemet egy saját magam által írt és szerkesztett könyvvel leptem meg. Címe annyi volt, hogy „213". Egy nagyon egyszerű mondattal kezdődött: „Szeretem benned:", amit 213 sor követett. Nagyon tetszett neki. Elsírta magát, amikor olvasta. A címe akár az is lehetett volna, hogy „Amikért hálás vagyok neked..."

Mit érzünk a mindennapokban? Mi hozzuk életünk döntéseit, vagy úgy érezzük, mintha mindent elszenvednénk? Kit teszünk felelőssé, magunkat vagy a környezetünket, ha bármi nem úgy alakul, ahogy terveztük? A pohár általában félig üres vagy félig tele van? Arra koncentrálunk, ami nem tökéletes, vagy képesek vagyunk megpillantani azt, ami jó és szép az életünkben? Sokat nevetünk? Előfordul, hogy tudatosan rámosolygunk idegenekre? Ha igen, figyeltük már a reakcióit? Hálásak vagyunk az életünkért?

Van egy fura elméletem, amelyet szeretnék megosztani veled. Az emberek, amikor felháborodottak és éppen panaszkodnak – ami a hála ellentéte –, általában az igazságtalanságság érzéséből teszik mindezt. Úgy gondolják, hogy másnak több jut, mint

önmaguknak, pedig azok nem is érdemlik meg. Picit játszadoz-
zunk el a szó jelentésével: „érdemli". Mit súg a belső hang, mi
alapján lenne tisztességes szétosztani a javakat? Vegyük figye-
lembe a velünk született rátermettséget és képességeket, vagy
egyszerűen a befektetett munka alapján járjunk el? Talán az
utóbbi tűnik a legigazságosabbnak. Ha valaki tehát sokat, má-
soknál többet dolgozott, annak jusson is több. Ha ebben egyet
tudunk érteni, akkor mi lenne a méltányos fizetség, mondjuk
napi tizenhat óra munkáért? Gondolom, olyan javak, amelyek
tizenhat óra munkát érnek. Ezzel a zord és kegyetlen szabállyal
találkoztak az ősközösségben az emberek, hiszen történelmünk
hajnalán nekik senki sem halmozott fel örökséget. Nem kaptak
„ingyen" találmányokat, nem segítette a munkájukat gépek sere-
ge, és nem volt még jól szervezett munkamegosztás, amely bizto-
sította volna a komparatív előnyöket (hatékonyságot). Ha tehát
tényleg objektíven akarom megítélni az életszínvonalamat, ak-
kor nem másokhoz kellene hasonlítani a jólétemet, hiszen pont
úgy fogok találni gazdagabbakat, mint szegényebbeket. Ez min-
denkivel így van. Az egyetlen pártatlan, az egész emberiségre
vonatkozó mérce nem lehet más, mint hogy egy nap hány mun-
kaórát dolgozom, és hány munkaórányi hasznosságot képviselő
terméket vagy szolgáltatást veszek igénybe. Az ősközösségben
a kettő egyenlő volt. Ha tehát több jut nekem, mint amennyit
és magam elő tudnék állítani, akkor jobban élek, mint ami a
nagy többségnek jutott, és elégedettnek kellene lennem. Én napi
nyolc órát dolgozom, az első része a képletnek tehát adott. Mi
a helyzet a másik oldallal? Most jön a döbbenetes rész. Ma ép-
pen kerékpárral jöttem dolgozni. Mennyi munkaórára lett volna
szükségem egymagamnak, hogy feltaláljam, kibányásszam vagy
megalkossam a kereket, a gumit, a kaucsukot, a vulkanizációt,
a küllőket, a szelepet, a pumpát, a láncot, az olajozást, a vasér-
cet, az acélt, a lámpát, az elemeket, a macskaszemet, a csengőt,
a szivacsot, az ülést, a rugót, a betont, az országutat, a KRESZ-t?
Pár napos munka árából vettem a biciklimet, ami mögött sok
millió munkaóra van. Még megdöbbentőbb a helyzet a gépko-
csival vagy a lakásunkkal kapcsolatban, amelyek az innováció

százezreit tartalmazzák. Nézzünk azért egy egyszerűbb másik példát is! Ha veszünk egy kilogramm kenyeret, akkor nekünk ezt előállítani mennyi munka lett volna? Gondoljunk csak bele, hogy a növénynemesítés, a kapálás, az ültetés, küzdelem a faggyal és kórokozókkal, a locsolás, az aratás, a betakarítás, az őrlés, a kemencekészítés, a tűz táplálása, a kenyérkészítés, a szállítás stb. mekkora energiákat égetett volna el? A tisztességes az, ha nem a korunk jóléti társadalmainak legfelső köreihez hasonlítunk, hanem az emberiség történetének összes emberéhez, márpedig nekik mindent magunknak kellett megteremtenie, szinte nulláról. Hogy is néz ki akkor a képlet a legtöbb mai ember nézőpontjából? (Tisztelet természetesen a ma is rendkívül nehéz helyzetben élőknek, akiknél ez nem igaz.) Napi nyolc óra munka áll szemben napi sok millió órányi értéket képviselő termék és szolgáltatás fogyasztásával. Mindezt azért tehetjük meg, mert kíméletlenül kizsákmányoljuk a Föld erőforrásait (pl. kőolaj és földgáz), szervezett munkamegosztásban élünk, illetve az elődeink örökségül hagyták nekünk a tudományos elméleteiket és találmányaikat. Mindez nem jár. Ez ajándék, amelyért köszönettel tartozunk. Egyetlen helyes reakciónk csakis a mérhetetlen hála lehet. Amikor fiam panaszkodik és én szúrós szemmel ránézek, csak annyit szokott mondani: „tudom, apa, meztelenül a hóban". Ez az, ami jár nekünk születésünk jogán, minden más áldás.

E fejezet az ötödik lelki csakráról szól. A testben ez a terület a torok és a száj környékén található, és a beszéddel (hang) van kapcsolatban. A csakra energiaellátása szempontjából tehát elképesztően fontos, hogy amit kimondunk, azt negatív vagy pozitív érzelmekkel tesszük-e. Minden panasz szó szerint gyengít minket, minden hálaadás pedig erősít. A tudat szintjén a csakrát a tudás ajándékának is nevezik, mert egészséges működése esetén könnyedén képesek vagyunk döntéseket hozni, és annak előnyeit nézni, nem az áldozatait. A lélek szintjén a hálát, örömöt, mosolyt és nevetést foglalja magában, amelyek átérzése érzelmi intelligencia függvénye. Ezek a dolgok határozzák meg ötödikként lelkünk ragyogását.

Csakra	Test	Tudat	Lélek
5.	Helyes beszéd (hang)	Tudás ajándéka: döntés	Érzelmi intelligencia ajándéka: hála, öröm, mosoly, nevetés

Minden tényező mindegyik másikra kölcsönösen hat. Az ötödik csakra egyensúlyát ezeknek a tényezőknek az együttes eredménye határozza meg. Ha a pajzsmirigyünk esetleg nem megfelelően működik, érdemes elgondolkodnunk, hogy a fentiek alapján mit kellene másképp csinálnunk:

- kevesebbet panaszkodnunk esetleg,
- vagy befejezni a sok agyalást és nem halogatni a döntéseket,
- vagy észrevenni az életünket körülvevő áldásokat,
- esetleg minden változtatni egyszerre.

Ha a katolikus egyházat nézzük, akkor a bérmálás szentsége tartozik ide. Hogy mit jelent a bérmálás? Amikor már felnőtt fejjel, saját döntésből teszünk fogadalmat a megfelelő élet követésére. (A keresztelkedés általában már születésünk első évében megtörténik, és nem a mi, hanem a szüleink döntése). Jól látható tehát, hogy egy önként felvállalt, egy életre szóló döntésről beszélünk, amely pont ezért nagyon szépen beleillik a modellbe. Itt a helye.

Ha átjár minket a hála, akkor a többi már jön magától. Képesek vagyunk a jóra és a szépre koncentrálni, ami örömmel tölt el bennünket. A pohár nem félig, hanem teljesen tele van. Viszszatalálunk gyermeki mosolyunkhoz és ellazulunk. Ebben a környezetben oly könnyedén tör elő belőlünk a humor és a nevetés, amely megtöri a problémák jegét, legyenek azok akármilyen vastagok. Ha a kislányomtól megkérdeznétek, hogy „Nikol, mi a legerősebb fegyver?", azt fogja válaszolni, hogy a „mosoly és a nevetés".

A 45. vers címe:

A mosoly

A Titanicon ülünk mind,
de jobb, ha ezt most hagyod,
fog e tenger még tombolni,
de most nézd, ahogy ragyog.

Mikor életed nagyon nehéz,
telis-tele a könny-edény,
a legerősebb fegyvert szólítsd:
mosolyogj lágyan, könnyedén.

Magában foglal mindent:
múltat, jelent és értelmet,
szépsége a remény, és
elijeszti a félelmet.

Nincsen nagyobb életkedv nála,
gondolhatsz pajkos delfinre,
de ilyenkor az egész tenger
jön fel boldogan a felszínre.

Mint mikor a kutya kiszabadul,
s rohan a rétet felszántani,
az örök fény tör elő belőled,
a lélek jött téged megáldani.

S figyeld, ahogy a vidámság
azonnal megfertőz másokat,
nincs, ki sikerrel dacolna,
felveszik derűs másodat.

Ha útvesztőben érzed magad,
a kiút egyszerű térképe,
angyalok ölelnek általa,
ő a mennyország fényképe.

Mindig királyként uralkodik,
a környezet szürke mattban,
gazdagsága lenyűgöző,
a végtelen egy pillanatban.

Az öröm és a mosoly
mindig egy boldog pár,
ahol egyik, ott a másik,
a kettő egymás nyomában jár.

Ha tehát összetört az élet,
szomorú, könnyes a szemed,
igézd meg az alakjával,
s meglátod, jókedvhez vezet.

Tartsál hát bárhová,
körülvehet zord, hideg tél,
szelíden hívjad sugarát, és
érezd, vele megérkeztél...

Tresch Attila, 2020.08.25.

VII. 6. Lélek – 6. csakra – a könny

Vannak kultúrák – sajnos a magyar is ilyen –, ahol arra nevelik a fiúgyermekeket, hogy sírni lányos dolog. Úgy vélem, ez egy újabb hatalmas tévedése a társadalmunknak. Olyan fantasztikus emberi kiváltság, hogy könnyezhet a szemünk, hogy időt kellene szakítanunk rá, hogy mélyebben megértsük az értelmét.

Mindennek, ami él, annak szüksége van megtisztulásra. Ha három lélegző „én" van bennünk, akkor mind a háromnak meg kell találnia a módot arra, hogy megszabaduljon a benne felhalmozódott méregtől. A test ezt az anyagcsere-folyamatokkal biztosítja, illetve a mosdással. A tudatunk az alvással. A lelkünk pedig a sírással. A könnynek azonban van egy nagyon különös tulajdonsága a többihez képest, mégpedig az, hogy kristálytiszta. Ha a belső szenny távozna általa, akkor véres vagy piszkos kellene, hogy legyen, de nem az. Hogyhogy? Mi ennek az oka? Ne felejtsük el, hogy a lélek a bennünk lévő kapocs, amely által mind egy család vagyunk. Ha fájdalommal vagy szenvedéssel találkozunk, akkor gyógyítani akarjuk azt, és együttérzésből a segítségére sietünk. Létrehozunk testünk bugyraiban hát néhány tiszta könnycseppet, hogy megkíséreljük általa lemosni a nyomort kiváltó közös bűneinket.

A 46. vers címe:

A könny

Gondolkodtál már esetleg rajta,
hogy a sírás, mint érzés, mi fajta?

S hogy mikor tör belőlünk elő
ez a páratlan, simogató erő?

S vajon ilyenkor mi történik veled?
Nem olyan, mintha fogná valaki a kezed?

S hogy mi a kapcsolat a szemmel,
ki és mit akar üzenni ezzel?

És hogy a könny egyáltalán minek,
hisz' hiányzik-e az ugyan bárkinek?

Mit súg éber ösztönötök,
melyikőtök mire tippel,
sok páros szervek mellett miért
élünk mind egyetlen szívvel?

Ha az édent keresed,
ne a csillagokhoz menj fel,
a sírás maga a
találkozás a mennyel!

S ha kérdezed ilyenkor,
egy dob lent ütemesen mit ver,
a sírás nem más, mint
találkozás a szívvel!

Amiből csak egyetlenegy lehet,
hisz' a végtelen jóság is szükségképpen egy.

Feljön hozzád a mélyből,
ha bármi fájna,
máskor csak vár reád odalent,
az öröm ajtaját kitárva.

S ahogy ránk emeli ilyenkor végtelen fényét,
így tapasztaljuk melegét, meglétét.

Ettől lesz könnyes a szem,
amelynek minden cseppje valamit üzen:

Sosem vagy egyedül,
mindig van remény,
ameddig a szíved ver,
a menny is ott van,
hisz' benned él!

Tresch Attila, 2018.08.15.

Rengeteg okból kifolyólag sírtam már. Volt, hogy gyászból, szerelmi bánatból, fizikai fájdalom miatt, hogy megijedtem, bűntudatból, együttérzésből, máskor örömből vagy katarzisból. Nagyon különleges, hogy nemcsak a fájdalom, hanem a végtelen jókedv is könnyeket csalhat elő belőlünk, a gyakoribb azonban, hogy mély szomorúságból sírunk. Ha egyedül vagyunk, akkor nem esik nehezünkre átadni magunkat az érzésnek, viszont társaságban általában szégyelljük, és próbáljuk leplezni. Nem tudom, hogy mi miatt viselkedünk így, de talán a gyengeség jelének tartjuk, vagy túl intimnek, hogy ennyire megnyíljunk bárki más előtt. Bármelyik is az oka, nem jó, hogy így van. Gyermekként nagyon könnyedén adtam át magam neki, és nagyon természetesen jött elő belőlem. Tizennégy éves koromig nem volt olyan focimeccs, hogy ne sírtam volna, ha veszítettem. Egyáltalán nem izgatott, hogy tele a játszótér gyerekekkel. Fájt valami, és hagytam, hogy a testem és a lelkem ösztönösen meggyógyítsa a bánatomat. Nem álltam az útjába. Felnőtt fejjel, ráadásul férfiként, sajnos ez már nem megy ennyire könnyen. Ha belegondolok, a filmeket leszámítva még sohasem láttam az életben férfit sírni. Sem aput, sem a testvéremet, sem a papámat, sem senki mást. Megdöbbentő. Tényleg jobb lenne a fájdalmat alkohollal csillapítani – ahogy ezt mi férfiak tesszük –, mint azzal a velünk született csodával, amelyet a könny nyújt számunkra? Annyi iskolába járunk egy élet alatt. Talán sokkal hasznosabb lenne olyanba beiratkozni, ahol hálát adni, mosolyogni, vagy éppen sírni tanítanak meg minket.

Mit érzünk minden esetben sírás közben? Kellemetlen vagy kellemes? Utána rosszabb vagy jobb? Növekednek általa a terheink vagy megkönnyebbülünk? A választ biztos vagyok benne, hogy jól tudjuk. Utána mindig sokkal jobban érezzük magunkat. Vajon a „könny” és a „könnyű” szavunk között van kapcsolat? (Ismét hálát érzek nyelvünk szépsége miatt.) Nyilvánvalóan van, de többségünk bele sem gondolt, vagy ha esetleg igen, mégsem törődött vele. Vajon miért? Olyan lények vagyunk, akik varázstárgyakat kaptak ajándékba, pontosan úgy, mint a számítógépes játékokban. Bármikor használhatjuk őket, és általuk csodákat tudunk tenni önmagukkal és a környezetükkel. Legyen az egy mély lélegzet, egy kedves szó, vagy egy elhullajtott könnycsepp. Sajnos „nemtudásban" élünk, és bár cipeljük ezeket az áldásokat magunkkal, mégsem használjuk őket tudatosan önmagunk megsegítésére.

A katolikus egyház hatodik szentsége a gyónás, amelynek a funkciója az elkövetett bűneink miatti bűntudatunk csökkentése. Célja, hogy ne cipeljük tovább terheinket, hanem letegyük azokat. A vallási hatalom háttérbe szorulásával ez a funkció megszűnt, és a világi hatalomban a kábítószer, az alkohol, a cigaretta, az adrenalinfüggő tevékenységek és a túlhajszolt életmód léptek a helyébe. Egyetlen céljuk, hogy ne legyen időnk érezni és gondolkodni. Sajnos azonban ezek a tevékenységek egyáltalán nem tudják a valós problémát káros következmények nélkül enyhíteni. Arra csak életünk hatodik áldása, a könny lehet egyedül képes. Ha tehát sosem sírunk, akkor egyszerűen nem lehetünk egyensúlyban. Picit olyan ez a lelkünknek, mint a testünknek, ha sosem fürödnénk, vagy látogatnánk meg az illemhelyet. Elöntene minket a szenny.

A csakra a „harmadik" szemünknél található – a két szemünk közötti mélyedésben –, és az érzékszervekkel van kapcsolatban. Fő tudati feladatunk az elfogadás, amelyben a sírás és a könny lehet az egyetlen valós támaszunk. Életünk hatodik szentsége tehát a könny, az együttérzés tiszta harmatcseppje, amely a szeretetből táplálkozik. Mély fájdalmunkat nem csak az idő gyógyítja meg, hanem az is segít, ha sírunk...

Csakra	Test	Tudat	Lélek
6.	Érzékszervek	Bölcsesség ajándéka: elfogadás	Sírás és a könny

A 47. vers címe:

Sírni akarok

Az élet egy sivatag,
a könnyem az oázis,
bármerre menni minek,
hisz' célban vagyok máris.

De nap szédíti koronám,
délibáb hív, hogy „erre!",
csillogó-villogó vágyak,
árnyék nincs semerre.

Úttalan utakon bolyongok,
száraz, tikkadt testem hörög,
vándorló homokdűnék közt
bűnbocsánatért könyörög.

Nincsenek itt hidak, folyók,
csakis egyetlen fénylő kút,
minden lépés hozzá vezet,
mert a könny maga az út.

Fájdalom vagy bánat,
katarzis vagy öröm,
keresztjük közepén bújik
e mennyei özön.

Sóvárgom a záporesőt,
melynek vize bennem csobog,
miért szégyellném hullajtani,
hisz' szemem felhőjén kopog.

Tudás, szorgalom oly kevés,
könny nélkül semmi, szörnyű,
bármi, mi súlyos, nehéz,
csak általa lehet könny-ű.

Fogadd meg a tanácsomat:
sírjál, ha jó, és sírjál, ha fáj,
megfeneklett életedet
felszabadítja a dagály.

Vele eljő majd a megváltás,
végül átszakad a gát,
egy nap leteszed terheid és
hagyod, cipelje önmagát...

Tresch Attila, 2021.04.05.

Az energiaközpontnak van még egy nagyon különös sajátossága. Testünk itt minden érzékszervvel szoros kapcsolatban áll. Tudatunk ebből leginkább a szemre figyel, ám lelkünknek nagyon mély és szoros kapcsolata van a hangokkal is. Észleltük már, hogy a veszekedések többsége nem azért indul, hogy mit mondunk, hanem sokkal inkább azért, ahogyan? Szinte bármit mondhatunk, ha azt szép dallammal tesszük, de szinte semmit sem, ha nem. Ahogy a szívcsakra végtelenül szoros kapcsolatban áll a légzéssel, úgy a hatodik lelki csakra a hangokkal.

Azt mondják, hogy a zenehallgatás és a matematikai tudás között van kapcsolat. Beethoven képes volt a hallásának teljes elvesztése után is csodálatos darabokat komponálni. Hogyan volt lehetséges mindez? Talán azért, mert a zene szó szerint mozog a fejünkben. Én szinte mindig csukott szemmel hallgatom a zenét, és soha sem pusztán háttérnek. Ilyenkor a teljes figyelmem erre a csodára összpontosul. A tevékenység közben mindig az az érzésem, hogy a hangok le és föl mászkálnak egy létrán. Kirajzolódik az alakzatuk. A hang úgy tűnik, hogy egyben vizuális inger is. Sokszor még a kezünkkel is megragadjuk és utánozzuk a dallamot. Nézzük csak meg a gyerekeket vagy egy karmestert. Ha például a lenti két görbére nézünk és el kellene döntenünk, hogy melyik egy békés pillanat mögötti zene és melyik egy thrilleré, akkor mindenféle zenei képzettség nélkül ki tudnánk választani a megfelelőt, igaz? Vagy vannak bárkinek kétségei ebben? Nem hiszem.

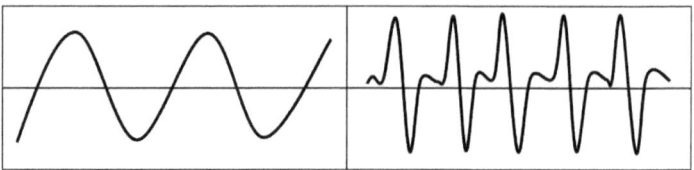

Meggyőződésem, hogy a hang és a zene nagyon szoros és mély kapcsolatban van a lelkünkkel. Nem véletlen, hogy egy jó filmzene annyira magával ragad minket, hogy akár a teljes film sikeréhez is vezethet. Vagy gondoljuk, hogy a zenének nem volt kiemelkedően komoly szerepe a következő filmek világhírűvé válásában: Volt egyszer egy vadnyugat, A Jó, a Rossz és a Csúf, A keresztapa, Tűzszekerek, Titanic, Hegylakó, Nagy utazás, Rocky, Hair stb.?

Lehet, hogy a hang és a zene bizonyos szempontból gazdagabb kommunikációs forrás, mint a vizuális ingerek, és általuk több érzelmet lehet áramoltatni? Szerintem igen. Ha kételkedünk ebben, akkor tegyük fel magunknak a következő kérdést, melyikre reagálunk jobban: egy olyan rajzra, amely valami borzalmat ábrázol, vagy egy sikolyra?

Ha tudjuk, hogy a hatodik csakra fő feladata a terheink elfogadása, amelyben sokat segíthet a könny, annak kiváltásában pedig a hangok, akkor nincs is más dolgunk, mint időnként rátalálni a megfelelő zenékre és az azt követő csendre...

A 48. vers címe:

A hang és zene

A test és a tudat világában
a szem egyedül uralkodik,
de halhatatlant nem nyújthat,
abban bizony fukarkodik.

Minden születik és pusztul,
ha itt többet keresel, hiába,
le kell szállnod a mélybe,
a forma alatti világba.

Testvér! A hang a kulcs,
hogy visszatalálj a véredhez,
az ének és zene az,
mi átjáró a lélekhez.

E hídon túl szabad vagy,
múlt, jelen és jövő egyben,
örök bősége zúdul,
s te fürödhetsz e kegyben.

A fény inkább információ,
a hang sokkal több: érzelem,
színtelen, mégis gazdagabb,
s vele feltárul a végtelen.

Túl megannyi háborún és
szerelmi történeten,
néhány bim-bamban benne
az egész történelem.

Beszélhetsz róla örökké,
fájdalmad mégis titokban,
vajon mennyi szó van hát
egyetlen sikolyban?

Nem tudod lerajzolni,
tartsd kérlek észben,
hogy mennyi öröm bújik meg
egy hangos nevetésben.

Hányan dúdolták ugyanazt,
mi minden van egy dalban,
közös sorsunk kel életre,
ha felcsendül egy dallam.

Egy film hangok nélkül idegen,
amit látunk, előttünk történik,
de ha belső járatainkban zeng: más,
mert amit hallunk, velünk történik.

A zene tehát jó helyre visz,
félútra a szellemvilágba,
angyalok és démonok csókolnak,
s kinyílik a lélek virága.

A szem mindig elvisz,
hát vakon, csendben kérjél,
a zenét, hogy repítsen,
s vele hazatérjél.

S ha a hang is elhallgat,
ahol már semmi sincsen,
ott van a határod,
ott kezdődik Isten...

Tresch Attila, 2020.09.20.

VII. 7. Lélek – 7. csakra – az itt és most békéje

Nem tudom, te hogy vagy vele, de ahogy idősödöm, egyre jobban szeretem a telet. Nos, nem a hideget, sem a betegségeket, hanem a nyugalmat. Egyre kevésbé hiányzik a nyári őrült száguldásban ráégni az országútra, és éjszakánként a füllesztő melegben párologtatni a zajos gondolatokat. Vágyom a csendet és a mozdulatlanságot. Nem folyton úton akarok lenni, hanem egyszer végre megérkezni. Csak kuporogni akarok egy sarokban, nézni a szenvedélyt a kandalló tüzében és beleolvadni a csendbe. Vajon mi ropog ilyenkor? A fa, vagy esetleg más is? Lehet, hogy a tűz összetöri félelmeim és ragaszkodásom csontjait? Akárhogy is, segít nekem békére lelnem. Mind a négy őselem, mint a szüleim ringatása, megnyugtatnak engem. Legyen az a tűz, a tenger vagy egy szelíd tó, a csillagok vagy az erdő. Általuk hazatalálok.

Ha szinonimákat keresnénk a békére, akkor a következők jutnának várhatóan az eszünkbe: nyugalom, csend, harmónia. A szó jelképe a fehér galamb. Ez onnan származik, hogy Noé a vízözön után egy galambot küldött ki, hogy kiderüljön, létezik-e már a közelben szárazföld. A madár egy olajággal tért vissza, kifejezve, hogy Isten már nem haragszik, és beköszöntött újra a béke közte és az emberek között. A béke tehát a háború ellentéte, így nem létezhet, ha nincs teljes egység a felek között. Nagyon szépen kifejezi ezt az angol nyelv, ahol a béke (peace) és az egy darab (piece) nagyon hasonlóan ejtett szavak. A belső békéről tehát csakis akkor beszélhetünk, ha a három „én", a test, a tudat és a lélek teljes egyensúlyban és egységben van egymással, azaz egyetlen darabot alkotnak. Nagyon különös, hogy a békének 1958 óta van egy másik szimbóluma is, ami a következőképpen néz ki:

A dolog érdekessége, hogy Gerald Holtom (a szimbólum megalkotója) több magyarázatot is ad a jelkép értelmezésére, de ezek között nem szerepel a három „én" verzió. Ennek ellenére elég egyértelműen megjelenik benne a három fekete vonal összeolvadása eggyé, azaz lehet, hogy véletlenül ugyan, de témánk szempontjából is nagyon kifejező.

Eckhart Tolle „A most hatalma" című könyve minden idők egyik legfontosabb spirituális alkotása. Kihagyhatatlan kötelező olvasmány. A szerző fő üzenete, hogy a béke csak az itt és a mostban található meg. Ha ülünk egy padon, általában gondolkodunk, és nem vagyunk képesek észlelni a jelen áldásait. A múltba révedünk, és szép vagy éppen fájdalmas emlékeket idézünk fel, vagy a jövőt tervezzük, félünk vagy álmokat dédelgetünk. Sajnos a múlt halott, a jövő mozgásban van, így csak az itt és a most létezhet valóban számunkra. A békére sem lelhetünk máshol tehát, mint a jelenben. Ez a jelen ajándéka, amely nagyon szépen megjelenik az angol nyelvben. A két szót, mint jelen (present) és ajándék (present) ugyanúgy írják és ejtik. Mit gondolunk, egy átlagos nap mennyi időt szentelünk az adott pillanatnak, hogy tényleg csak a másodperc áldásaira figyelünk? Nincs múlt, nincs jövő, csak a most hatalma. Sajnos megdöbbentően keveset. Az életünk a jelenben zajlik, de mi nem vagyunk ott mégsem. Hihetetlen. Sokan öntudatlanul azért keresik az adrenalinfüggő tevékenységeket vagy a légszomjjal járó sportokat, mert azok megteremtik a kapcsolatot a pillanattal. Ha éppen „készülünk" megfulladni, akkor elengedjük az egyéb gondolatainkat és rátalálunk önmagunkra, és belső fényünkön keresztül a mindenségre. Ha nem vagyunk a jelenben, akkor életünknek csak felszíne van, és nincsenek mélységei. Olyan ez, mintha a fát csak két dimenzióban látnánk. Volt, hogy végre tényleg megálltunk egy fa előtt, és csak néztük? Mit vettünk észre? Rácsodálkoztunk, hogy mi minden árad felénk ilyenkor belőle. Nos, ilyenkor lépünk bele a forma alatti világba, ahol mindennel összekapcsolódunk. Itt nincsenek veszélyek, se fájdalom, se félelem, se elmúlás. Az itt és a mostban soha semmilyen problémánk nincsen. Belefekszünk a végtelen Univerzumba és érezzük, hogy mind egyek vagyunk.

Az „itt és a most" az az ajtó, amelyen keresztül beléphetünk a négy nemes lakhely birodalmába. Hogy mit jelent a négy nemes lakhely? A buddhizmus szerint az Univerzumban a teljesen „kifejlődött" lélek számára négy egészséges érzés van. Ezek a béke, a szeretet, az együttérzés és az öröm (hála, humor). Ha nem ennek a négy érzésnek a valamelyikét érezzük bármikor, akkor valamit még rosszul csinálunk, és fejlődnünk kell. Minden más érzés a testnek vagy az elmének a csapdája, amelybe beleestünk. Jack Kornfield „A bölcs szív" című könyvében a négy nemes lakhelyet így fogalmazta meg:

„A békés szívből szeretet fakad. Ha a szeretet fájdalommal találkozik, együttérzés lesz belőle. Ha boldogságot lát, öröm."

Hát nem érdekes, hogy a négy nemes lakhely pont a lélek negyedik, ötödik, hatodik és hetedik csakrája? A negyedik a szeretet, az ötödik a hála (öröm, nevetés), a hatodik az együttérzés (könny), és a hetedik a béke. Az egybeesés egyáltalán nem véletlen.

Ha lerajzolnánk az időtengelyt és sajátosságait, akkor én a következőképpen tenném:

Tresch Attila: A mennyország illetve a szabadság kapuja

CSAPDA 1
MÚLT

ITT ÉS
MOST
KAPUJA

CSAPDA 2
JÖVŐ

Rossz és jó emlékek
EGO: 'énkép' és fájdalomtestek
védelme mindenáron

BÉKE

Álmok és vágyak
A majd egyszer minden
tökéletes lesz tudat.
De sosem jön el.

SZERETET

EGYÜTTÉRZÉS   **ÖRÖM (HÁLA, HUMOR)**

Hát tényleg olyan vonaton utazik az emberiség, ahol szinte senki nem néz ki oldalt az ablakon? A nagy többség vagy az utolsó kocsiból réved a múltba, vagy vezetőként a távolban lévő hegyeket bámulja...

347

A 49. vers címe:

Suhanó vonat

Vágtat, lüktet, remegtet
A sínen zakatoló gépezet.
Gondolatok forgácsolják fejemet,
Szívem kalimpálja testemet.
Fülembe zúg egy ős ütem,
Melyet emberiség dobosa mindenkinek üzen:
Minden, ami van, a múltba szalad,
s a suhanó vonat mögött halad.

Tresch Attila, 1997.07.06.

Emlékszünk még a Holt költők társasága (1989) című nagysikerű filmre? Rám hihetetlen hatást tett. Tizenöt éves voltam, éppen csak elkezdtem a gimnáziumot, amikor moziban láttam a barátaimmal. Emlékszem, hogy elképesztően izgatottan, más emberként jöttem ki a teremből és azt suttogtam magamban: „carpe diem", azaz élj a mának! Magamban akkor fogadalmat tettem, hogy jól fogom felhasználni a film üzenetét és vigyázni fogok arra, hogy ne vesztegessem el az életemet. Sajnos a sikerre rávetette magát a média és azóta hasonló tartalmú szlogenek ezreit ültette és ülteti el a fejünkben nap mint nap. Vajon az „élj a mának" és a „most hatalma" ugyanazt jelenti? A két üzenet egymásnak a szinonimája, vagy van köztük különbség? Én úgy vélem, hogy teljesen más a jelentésük, és célszerű megérteni az eltérést. A „carpe diem" arra sugall minket, hogy bakancslistákat írjunk és tegyünk az álmaink és vágyaink valóra válásáért. Cselekvésre szólít fel minket. Üzenete az, hogy egy nap meg fogunk halni. Pusztulásunk előtt „szívjuk ki az élet velejét". Tegyük meg, amíg még nem késő. Ezzel ellentétben a „most hatalma" pont az ellenkezőjét jelenti. Arra tanít, hogy mindig is megvolt mindenünk. Ha képesek vagyunk a pillanatban élni, akkor rájövünk, hogy sosincsenek gondjaink, az élet örök és végtelen tánca zajlik, amelynek elválaszthatatlan részei vagyunk. Az itt és a mostban árad felénk a béke, a szeretet, az együttérzés és az öröm. Nincs szükségünk semmi másra. Általa révbe értünk. Vigyázzunk tehát a két fogalom használatával és ne keverjük össze őket!

A katolikus egyház hetedik és egyben utolsó szentsége a szent kenet, vagy utolsó kenet. Értelmezésem szerint fő feladata számot vetni az életünkkel, és kegyelmet kérni bűneink miatt. A szentség célja, hogy általa megbékéljünk a halállal és az elmúlással. Hiszem, hogy a szentség mindennapi életre vonatkozó párja a béke.

A tudatunk hetedik csakrája a hit. Nincsenek bizonyítékaink arra, hogy létezik-e Isten vagy a túlvilág, hogy van-e jó és rossz, hogy volt-e értelme az életünknek vagy sem. Mardosnak ezek a kérdések minket, és fő feladatunk, hogy egy nap kívülről ránézzünk az életünkre, és lelkünk hetedik csakrájának segítségével képesek legyünk békére lelni. Fontos, hogy ki tudjuk mondani, hogy mindent jól csináltunk, mert ez volt a mi utunk…

Az 50. vers címe:

Az én utam...

Hosszú sorban sorsolt sorsok,
vagy valami nagyon más?
Isten vagy egyéni döntések?
Íme, egy lázas vallomás.

Ha visszagondolok, hogy volt
– emlékeim közt révedek –,
szép, büszke életet látok,
s álmokat, nem rémeket.

A télben is a tavaszt láttam,
a fagyban díszes jégvirágot,
lenyűgözött a szépsége,
imádtam élni, s e világot.

A belső hang mindig tiszta volt,
amely lefedte a szememet,
saját vizem felszínén jártam,
a lelkem tótükre vezetett.

Mentem, amerre hívott,
nem rettentett fény, se árnyék,
hiába húztál vissza, félsz,
suttogva, hogy várj még.

S ha közénk állt az idő,
csak úgy rohantak az évek,
én nem adtam fel céljaim,
hiába a nyomós érvek.

Mindig tudtam, mi helyes,
ezért könnyedén döntöttem,
az előttem álló akadályt,
ha kellett, szétdöntöttem.

S ha egyszer megfogtam kezed,
vakul bízhattál bennem,
közös életünk kísérte
jó szándék, humor és jellem.

Volt utamon minden:
gazdag mező, kis patak,
máskor nélkülözés:
kopár, sivár sivatag.

S ha nagyon vonzott egy vágy,
hiába hívott, hogy égjen,
ha tévútra vitt volna,
hagytam ragyogni az égen.

S ha jöttek a pofonok,
fájdalom és sötét átok,
próbáltam úgy fogadni őket,
mint tanítót és barátot.

S ha valamit kitépett
kezemből az élet karma,
könnyem, vérem, fogam nyoma
látszik majd örökké rajta.

Álmok s szerelmes levelek,
dúsan virít a vágyak bokra,
homály fedi lombos ágait,
de emlékszem az összes csókra.

De felüvölt lassan a búcsúszó,
születéstől követ e kísértet,
követem sorsom a végsőkig,
megszokta, kit farkasok kísérnek.

S ha egy nap bárki kérdi,
úgy mégis miért, Uram,
így volt jó minden lépés,
mert ez volt az én utam.

A megtett út szinte végtelen,
értem jól, hogy mit miért tettem,
közel már az otthon, mi képtelen,
s hazafelé tartok énvelem...

Tresch Attila. 2019.01.26.

VII. 8. Lélek – Összefoglalás

A következő táblázat a lelki csakrák elnevezéseit tartalmazza:

Csakra	Szentség	Lelki csakra elnevezése
7.	Utolsó vagy szent kenet	Az itt és most békéje
6.	Gyónás	Könny (zene)
5.	Bérmálás	Hála, öröm, mosoly, nevetés
4.	Oltár szentsége	Szeretet
3.	Papi hivatás	Sikerélmény
2.	Házasság	Csók
1.	Keresztelkedés	Rítusok és ünnepek

- Az alap lelki csakra azt a gyökeret képviseli, ahogy kapcsolódunk a bölcsőnkhöz, azaz a természethez, a mindenséghez és az abban megtalálható őselemekhez. Az emberek rítusait, közös ünnepeit foglalja magában.
- A második csakra kulcsszava a kapcsolat. A testben ez a víz elemmel van összefüggésben, azaz azzal az elemmel, amely szinte mindenhez hozzátapad. A tudatunkban ez a vágyainkban manifesztálódik. Az életösztön után a legerősebb vágyunk a szerelem és a szex. A test közösül, a tudat álmokat próbál valóra váltani, azaz hatalmi és egyéb szerepjátékokat játszik, ám a lélek szeretkezik. A lélek ragyogásának második energiaforrása a csók.
- A mindennapi életben a harmadik lelki csakra áldása a végzett tevékenységeink során átélt sikerélményben jelenik meg. Ebből meríti részben a tudat az önbizalmát, illetve a test azt az életenergiát, amely nagyban csökkentheti a függőségeinek kialakulását.
- A szeretet az éntelenséget jelenti; azt, hogy nem a saját önző nézőpontunkból szemléljük a világot, hanem mindenkiéből. Bármi, amit teszünk, csak akkor sorolható ide, ha a szándékunknak és tettünknek semmilyen közvetlen kapcsolata

sem létezik a saját érdekünkkel. A negyedik szentség az oltár szentsége, ami a szeretetet jelenti és a negyedik lelki csakrában, azaz a szívben található meg. Ez testünk középpontja, főhadiszállásunk. Halálunk előtt ide húzódik vissza az élet, és innen is távozik el. Hiszem, hogy a belénk égetett jóság lényünk alapvetése, amely a szeretetet sugározza magából szüntelen. Ez a legbelső kör, természetünk hagymájának közepe, a mag. Születésünk pillanatától fogva azt suttogja nekünk, hogy minden egy. Feladatunk tehát nem kiemelkedni a tömegből – amit a tudat oly hevesen akar –, hanem beleolvadni a mindenségbe. Ami a testünkben a légzés, a tudatunkban az áldozatvállalás, az a lélekben a szeretet. Tudatunk szintjén nem létezik szeretet, csak áldozatvállalás saját céljaink érdekében. A szeretet lelki csakrával bármikor kapcsolatba tudunk kerülni, ha veszünk néhány mély lélegzetet. Nincs az a feldúlt pillanat, amikor a személyes ragaszkodásunk okozta frusztrációt ne szüntetné meg azonnal a lélek ragyogása, amihez nem kell mást tennünk, mint megtölteni a tüdőnket oxigén táplálta életenergiával. Használjuk hát tudatosan és gyakran légzésünk áldásait. Ez akkor is nyitva áll előttünk, ha még tudatunk börtönében élünk.

- Ha átjár minket a hála, akkor a többi már jön magától. Képesek vagyunk a jóra és a szépre koncentrálni, ami örömmel tölt el bennünket. A pohár nem félig, hanem teljesen tele van. Visszatalálunk gyermeki mosolyunkhoz és ellazulunk. Ebben a környezetben oly könnyedén tör elő belőlünk a humor és a nevetés, ami megtöri a problémák jegét, legyenek azok akármilyen vastagok. Az ötödik lelki csakra a hála, öröm, mosoly és nevetés.
- A hatodik csakra tudati feladata az elfogadás, amelyben a sírás és könny lehet az egyetlen valós támaszunk. Életünk hatodik szentsége tehát a könny, az együttérzés tiszta harmatcseppje, amely a szeretetből táplálkozik. Mély fájdalmunkat nem csak az idő gyógyítja meg, hanem az is segít, ha sírunk. Mivel lelkünk legérzékenyebb érzékszerve a hallás, ezért a zenével sokat tudunk segíteni magunkon.

- Énképünknek szüksége van a múltunkra. Az EGO nem hagyja, hogy a jelen pillanatában legyünk, mert a múltunk történeteiből merítjük azt, akik vagyunk. Ez életünk első nagy csapdája, amelybe mind beleesünk és vergődünk. Ha sikerül is ideiglenesen kilépnünk innen, általában a jövőbe utazunk (második csapda). Elhisszük, hogy boldogságunk már karnyújtásnyira van, csak meg kell még valósítanunk hozzá egykét dolgot. Újabb és újabb álmok jönnek, csak a várva várt béke és nyugalom kerül el minket egy életen át. Nem csoda, hiszen rossz helyen keressük. A béke csak az itt és a mostban található meg, ami lelkünk hetedik áldása.

Ha megállnánk egy pillanatra és pontoznánk életünk lelki csakráit egy hetes skálán (1 – gyenge, 7 – nagyon gyakran átérzett életenergia), akkor mit állapítanánk meg? Jól csináljuk a dolgokat? Helyesen élünk? Lelkünk ragyog?

Én úgy ítélem meg, hogy általánosságban magányosan élünk, a természettől „távol". A rítusok nem részei a mindennapi életünknek. A szenvedélyes csók a párkapcsolatok udvarlási szakaszának jellemző eleme, később inkább csak az előjáték része. Egyre többen végzünk olyan munkát, amely sablonos, betanított, és alig-alig van benne kreativitás. Magánéletünkben próbáljuk pótolni a sikerélményben tapasztalt űrt. Szerencsére többségében a család erős támasza lelkünknek. Sajnos túl gyakran a problémáinkra koncentrálunk, arra, ami nem tökéletes. Elkerül minket a hála és az állandó mosoly és nevetés. Fájdalmunkat magunkba temetjük és túl keveset sírunk. A múltban vagy a jövőben élünk, és nem találunk rá az „itt és a most" békéjére.

Ha pontoznom kellene, én „érzésből" kettest adnék a magyar lakossági átlagra hat esetben, kivéve a szeretetet, ahol ötöst a hétből. Így tizenhét pontot kapnánk a negyvenkilencből, ami harmincöt százalékos teljesítmény. Háromszor ennyire is ragyoghatnánk. Javaslom, gondolkodjunk el azon, hogy magunknak az egyes lelki csakrákra hány pontot adnánk!

VIII. A mítoszok

Hányszor hallottuk már életünkben azt a kijelentést, hogy „az első gondolat mindig helyes"? Valóban így lenne? Én másképpen tapasztalom. Mivel három „én" él bennünk, amelyek minden helyzetben állást foglalnak, eleve rögtön lehet több, egymástól eltérő véleményünk. Vajon melyikre fogunk hallgatni közülük, ha ösztönösen cselekszünk? Valószínűleg arra, amelyik a legerőszakosabb és leghangosabb, azaz jellemzően az EGO-nk útmutatásait fogjuk követni. Vak bizalmunk tehát sokkal gyakrabban fog totális katasztrófához vezetni, mintha csendben figyelünk és meghallgatjuk a lélek suttogó hangját is. Talán ezt a bölcsességet őrzi a „ha nem szóltál volna, bölcs maradtál volna" kifejezésünk.

Mítosznak hívom azokat az életvezetési alapelveket, amelyeket általában megkérdőjelezés nélkül elfogadunk, holott hamisak. Vegyük sorra őket, és szörnyülködjünk el picit azon, hogy szinte minden igazán fontos dologban általában óriásit tévedünk. Ismét felhívom a figyelmet arra, hogy EGO-nk azon fáradozik majd – a múltbéli döntések védelmében –, hogy megtámadja a valóságra vonatkozó állításaimat. Irányítsuk rá a fényünket, és halljuk meg az igazságot! Ne az enyémet, hanem a saját belső hangunkat! Neki már talán hinni fogunk.

Első lépésben nézzük meg a kilenc szörnyet, azaz a legnagyobb kárt okozó tévedéseinket!

Ha nem tudjuk, hogy kik is vagyunk valójában, akkor hogyan is élhetnénk jól és helyesen? Általában sajnos nem tudjuk.

<u>Mítosz:</u> **A testem és a gondolataim vagyok én.**
<u>Valóság:</u> **Két igazság van: létezik is én, meg nem is.**

Egy egészséges ember test, tudat és lélek. A test és a tudat az „én" nézőpontjából vizsgálja a dolgokat, de a lélek mindenkiéből. Akarjuk vagy sem, ha az önzés útját követjük, lelkünk nem hagyja majd, hogy boldogok vagy szabadok legyünk. Utunk nem lehet más, mint annak megértése, hogy egyensúlyt kell, hogy találjunk az „én" és a „mindenség" szolgálata között. Aki magával törődik, az a világgal törődik, és aki a világgal törődik, az magával törődik. Azért van ez így, mert a dolgok legmélyén mind összekapcsolódunk. Van egy részünk, amely beleolvad a mindenségbe, forma alatti, és így elpusztíthatatlan. Minden, ami bennünk igazán értékes, mint például a humor, az áldozatvállalás, a kedvesség, a szorgalom stb., vajon elpusztulhat? Nem. Ami igazán értékes, az örök, így mi magunk is. Ebben rejlik a Teremtő békéje. Természetesen az is nyilvánvaló, hogy a testünk és a tudatunk egy nap meghal. Ha egy nap megértjük, hogy kik is vagyunk valójában, onnantól már könnyű dolgunk lesz. Hiszem, hogy életünk nem más, mint a halhatatlan lelkek társasjátéka egy-egy életre kölcsönkapott testben. Ha ezt egy nap átérezzük, óriási megkönnyebbülést érzünk majd, hiszen a részbeni halhatatlanság ajándékát kapjuk általa. Nincsenek többet ellenségek, sem háborúk. Mindenki a barátunk. Mind egy hatalmas család vagyunk.

Ha nem tudjuk, hogy kik is vagyunk, énközpontú nézőpontunk mások támogatása, szolgálata helyett az élvezetek korlátlan lehetőségének kialakítása felé irányítja figyelmünket. Rossz célt választunk.

Mítosz: A pénz boldoggá tesz.
Valóság: A jólét csak az egyik pillére életünknek a négyből.

Hamar ráébredünk, hogy hedonista életünkhöz rengeteg pénzre van szükségünk. Mindez felébreszti bennünk a túlzott versengést a javakért. Nincs többé középút. Minél nagyobb vagyon kell. A pénz ugyan fontos része világunknak, de életünk négy pillérének csak az egyike. Súlyos hiba – ha nem feltétlenül szükséges – feláldozni miatta egészségünket, kapcsolatainkat és szabadidőnket. Ha a figyelmünket valamire irányítjuk, mástól szükségképpen elvesszük. Ami pedig nem kap figyelmet, az pusztul. Tényleg többet ér a pénz, mint az egészségünk és a kapcsolataink? Valóban a szülők figyelmének kizárólagosan gyermekeik pályaválasztására kellene koncentrálódnia, semmi másra?

Oly sokan azt a döntést hozzák, hogy néhány évig a karrierre koncentrálnak, utána a családra, és majd lesz idejük sportolni és megélni a hobbijukat idősebb korban. Felismerik és próbálják érvényre juttatni életükben a fontos szempontokat, de rossz időegységre terveznek.

Mítosz: Az életünknek összeségében kell egyensúlyban lennie.
Valóság: Minden napnak egyensúlyban kell lennie.

Pont úgy, ahogy nem lehet felhalmozni az alvást és az oxigént az életünkben, úgy az örömöt, szeretetet és a mozgást sem. Egyszerűen nem így működik az ember. Napi szinten szükségünk van a sportra és a pihenésre, illetve a kapcsolataink táplálására. Nem lehet pénzen szeretetet vásárolni. Hiába biztosítunk családunknak jólétet, párunknak és gyermekeinknek arra is szüksége van, hogy mindennap időt töltsünk velük. Ahhoz, hogy ezt megfelelő hangulatban tehessük meg, pihentnek kell lennünk. Hogy lehetnénk képesek erre, ha folyton dolgozunk, és fejben mindig az elvégzendő feladatainkon gondolkodunk? Ha nem sportolunk vagy biztosítunk önmagunk számára némi énidőt, akkor hogyan is remélhetnénk, hogy a valószínűleg fáradt és frusztrált testünk és elménk önfeledt örömöt fog sugározni környezetére? Ha életünkben – akár csak pár évig is – a karrier fontosabb lesz, mint a másik három pillér, megromlott egészség és házasság lehet az eredménye. Megéri mindez számunkra?

Emlékszem, voltam olyan állásinterjún, ahol kedvesen jeleztem, hogy először én szeretnék kérdezni. Tudni szerettem volna, hogy az adott pozíció éves szinten várhatóan hány nap külföldi tartózkodást jelent majd. Mikor megtudtam, hogy három hónapot, megköszöntem a lehetőséget és távoztam. Tudtam, hogy életem egyensúlyának feladása pénzben nem megfizethető.

Ha a gondolatainkat nem kontrolláljuk, csak a tetteinket, akkor belső ellentmondást alakítunk ki magunkban. A háború bennünk dúl majd, és frusztrációhoz illetve betegséghez vezet. Milyen más élethez vezethetne mégis, ha mást gondolunk, mint amit teszünk?

Mítosz: A gondolatok nem, csak a tettek számítanak.
Valóság: Gondolat = tett = szokás = jellem = sors.

Jogi értelemben a tettek számítanak. Óriási tévedés ebből azt a következtetést levonni, hogy akkor bármit gondolhatunk. Jogilag persze szabad, de károkat okozunk magunknak. Ha szidunk bármit vagy panaszkodunk, önként mérgezzük magunkat. Ha olyan álmokat engedünk meg, amelyek elérhetetlenek számunkra, a fájdalom magját ültetjük el saját testünkben.

Pénzen nem tudunk venni időt, egészséget és szerelmet. Ha megszoktuk, hogy sikeresek vagyunk az anyagi javak megszerzésének harcában, nem tanultunk meg lemondani. Bármit feláldozunk majd az állítólagos „szent" érzésünkért, legyen az akár a gyermekünk, csakhogy beteljesítsük önző vágyainkat.

Mítosz: A szerelem azt jelenti, hogy mindent meg akarok adni neked. Egy „szent" érzés, amelynek hívó hangját mindenáron követni kell, és feláldozni érte bármit.
Valóság: A szerelem azt jelenti, hogy mindent meg akarok kapni tőled. Szeretetnek álcázza magát. A szerelem egy csodálatos érzelem, ugyanakkor rendkívül önző is. El kell tudnunk engedi az érzést, meg kell tanulnunk áldozatokat hozni, ha az érintett felek érdekei összességében úgy kívánják.

Ezt ez előző fejezetekben kifejtettem, ezért nem írok itt többet róla.

Az ember az igazságért folytatott harcnak állítja be a saját énképéért folytatott önző küzdelmét, amelyben nem is figyel, csak porba tiporja mások érzéseit, miközben beszélgetésnek hívja mindezt. Nem ez az út.

__Mítosz:__ **Mindig egyvalakinek van igaza.**
__Valóság:__ **Mindig mindenkinek igaza van. Érzelmekkel nem lehet vitatkozni, márpedig minden beszélgetésben érzelmek is jelen vannak.**

Soha senkitől sem szabad elvenni a jogot, hogy másképpen gondolja. A beszélgetések célja, hogy mi magunk gazdagodjunk, aminek nem az az eszköze, hogy elnyomunk másokat, mindenáron meggyőzve őket saját igazunkról. Meg kell tanulnunk hallgatni, figyelni, és akár saját kiinduló álláspontunkon változtatni, nem pedig megsértődni. Ha megszólalunk, tudatosítsuk magunkban, hogy „mindig mindenkinek igaza van, és hogy érzelmekkel nem vitatkozunk".

Az életben mindig minden változik és nincs állandóság. Minden pillanat egyedi és megismételhetetlen.

__Mítosz:__ **A dolgokat lehet birtokolni. A dolgok nem igazán változnak.**
__Valóság:__ **Mindig minden változik. Nincs olyan, hogy állandó. Nem létezik „enyém". Csak az itt és a most létezik.**

Élhetünk úgy is, hogy fényképezzük a naplementét, vagy úgy is, hogy leülünk és gyönyörködünk benne. A jelent nem lehet hazavinni. Legyünk tudatában annak, hogy ha túlságosan sokat révedünk a múltba, akkor elvesztegetjük az életünket. Vagy az itt és a mostban vagyunk, vagy nem is élünk igazán.

A párkapcsolatainkban hajlamosak vagyunk elfelejteni, hogy az határozza meg az érzelmi minőséget, hogy a szépet és jót látjuk-e a másikban, vagy mindazt, ami nem tetszik.

Mítosz: Ha a párom boldog velem, akkor az az én érdemem. Ha én boldogtalan vagyok a kapcsolatomban, akkor az a párom hibája.
Valóság: Ha a párom boldog velem, akkor az főként az ő érdeme. Ha én boldogtalan vagyok a kapcsolatomban, akkor az az én hibám.

Nyilván azért vagyunk együtt párunkkal, mert a kiindulópont nagyon tetszett számunkra. Ha most nem így érezzük már, akkor mi és hogyan romlott el? Párunk változott meg, vagy a fájdalmainkra, sértődöttségünkre és hiányérzetünkre koncentrálva élünk benne a kapcsolatunkban? Meg kell tanulnunk a jóra és a szépre koncentrálni egy életen át.

A kapcsolatainkban nagyon gyakran a másikat tesszük felelőssé és magunkat felmentjük.

Mítosz: A kapcsolataim minősége mindkét fél közös felelőssége.
Valóság: A kapcsolataim minőségéért főként én magam vagyok a felelős.

Sajnos az EGO rendkívül sértődékeny. A legkisebb nézeteltérés esetén azonnal a másikat tesszük felelőssé, amit éreztetünk is vele. A másik fél ugyanígy érez. Egyetlen apró „hiba" tehát kapcsolatok megromlásához vezethet, és gyakran vezet is. Utána pedig az életenergiákat nem arra fordítjuk, hogy meggyógyítsuk, hanem hogy védőbeszédet gyártsunk saját viselkedésünk igazolására és a fájdalomtestünk táplálására. Radikális felismerésre és elhatározásra van szükségünk tehát:

- minden kapcsolatban kölcsönösen hatunk egymásra
- az egymásra ható negatív és pozitív érzelmek egyensúlya fogja meghatározni a kapcsolatunk természetét
- ha tehát elég erős bennünk a szeretet, egyoldalúan eldönthetjük bármely kapcsolatban, hogy kölcsönösen szeretni fogjuk egymást.

Vagy így állunk hozzá és felelősséget vállalunk a kapcsolatainkért, vagy higgyük el, hogy mindig a másikat tesszük majd felelőssé (ő kezdte). Vagy egyoldalúan felelősséget vállalunk értük, vagy egyszerűen nem fognak működni. Ez a gondolat az én emberi hitvallásom.

A folyamatos változás része, hogy én is sok mindent másképpen gondolok, mint tettem azt egykoron. Remélem, most már sokkal közelebb vagyok az igazsághoz. Az alábbi vers őrzi a fiatal énem és a mostani énem beszélgetésének élményét.

Egy szobában

Egy szobában ülök magammal,
kezdődjék hát a „viadal",
az egyik éppen most vagyok,
a másik nagyon fiatal.

A jelenben tör elő
a sok-sok élő emlék,
hogy mit gondolok most,
s tettem nemrég.

Az ifjú versenyre készül,
a harc az egyetlen célja,
a vén csak örömmel játszik,
ez a kudarc elleni páncélja.

A tini szentül hiszi,
hogy mindig neki van igaza,
az aggastyán tudja: téved,
a megnyugvás a vigasza.

A kölyök, mint másodperc,
az órán körbe-körbe forog,
az öreg lassabban ketyeg,
de valahogy mélyebben dobog.

A suhanc folyton tervez,
jövője a múltba szalad,
az idős a pillanatban él,
élménye tartalmas marad.

A serdülő azt hiszi,
hogy csak róla szól az élet,
az éltes, hisz' kereste,
mennyországot remélhet.

Az ifjonc zászlaján
hatalom és szépség,
a vénén jólét, béke,
szeretet és egészség.

A gyermek hisz az ideákban,
hogy minek hogy kell lennie,
a koros tudja: minden változik,
amit figyelembe kell vennie.

A kamasz folyton beszél,
a bölcs hallgatja csendben,
de csak együtt erősek,
tudják már mind a ketten.

Tudás és életerő
nem duruzsol párosan,
idősre és ifjúra,
mindkettőre szükség van.

Mások mégis együtt fejlődnek,
hiszen közös életük a tét,
fiatal öreget, agg pedig
gyermekéből választja mesterét.

Tresch Attila, 2019.07.22.

A fejezet végén szeretnék még felsorolni néhány egyéb mítoszt is azok kifejtése nélkül:

Mítosz	Valóság
Gondolkodom, tehát vagyok.	Ez a spirituális világ szerint tévedés, és nem igazság. Volt erről szó a tudatról szóló részben.
Az élet célja a boldogság.	Az élet célja a megvilágosodás, és önmagunk legyőzésével a szabadság megtalálása.
Az élet célja kiemelkedni.	Az élet végső célja belesimulni, eggyé válni. Ezt jelenti a szeretet.
Az élet célja a folyamatos verseny és küzdelem.	Az életet csak játszani lehet, megnyerni nem.
Az első reakció általában helyes.	Sajnos az ösztönös reakció általában nem helyes, mert az EGO irányítja (sértődés, düh, agresszió stb). Akkor lenne jó, ha a szív hangja lenne.
Eskü: lehetséges a jövőt, ami nem a miénk, másnak adni.	A jövőt nem adhatjuk másnak. A fogadalmat minden pillanatban tesszük le.
Elég csak a testet ápolni.	A tisztálkodás, diéta és böjt mellett (test) a tudatnak meditációra, a léleknek könnyre van szüksége a megtisztuláshoz.
Sírni lányos dolog.	Mindenkinek szüksége van a könnyekre.
Élj a mának!	Az itt és a most hatalma a helyes, amelynek a célja a béke.
A cél szentesíti az eszközt.	Csak a szeretet eszközeivel küzdjünk bármely célunkért.

Bízom benne, hogy a fejezet által sikerült picit átgondolnod, hogy ezekben a fontos kérdésekben mit is gondolsz valójában. Nem baj, ha nem értesz velem egyet, de ígérd meg, hogy időnként újra átgondolod. Bárhogy is vélekedsz, tarts ki az értékrended mellett egy életen át! Ha nincsen értékrended, amely mellett mindenáron kitartasz, semmi vagy.

Az ígéret

Köhög a nap,
asztmás a szél,
horkol a hold,
és olvad a tél.

Jobbra gondolsz, de
balra az útjaid,
tenyered itt, de
máshol az ujjaid.

Nincs állandóság,
meggyengült morál,
vérzik világunk,
és romokban áll.

Hegyek leborulnak,
csak mocsarak és lápok,
tartás helyett vágyak,
pitypang-házasságok.

De nincs minden veszve,
két lépésre vár,
hogy boldog lehess,
ne csak indián nyár.

Első, hogy a gyengének
a kitarás adja át a helyet,
így válsz majd jellemmé,
korábbi önmagad helyett.

Később, hogy elfogadd terheid,
mire átjár téged a béke,
felemelkedsz és rájössz,
vele minden küzdelemnek vége.

Tisztának lenni büszkén,
nincs már többé kórság,
örömmel viselni terheid,
ezt jelenti a méltóság.

Indok mindig tengernyi,
bármi súgja: „mondj nemet",
de ha egyszer megígértem,
tudd, akkor én ott leszek...

Tresch Attila, 2020.04.10.

IX. Összefoglalás: a 21-es törvény

- Mi, emberek nem egyetlen dolog vagyunk, hanem három önálló lény folyamatos párbeszéde. Ők a test, a tudat és a lélek. A belső konfliktus köztük sokkal valószínűbb, mint az egyetértés és az egyensúly. Ez az oka annak, hogy folyamatosan frusztráltak vagyunk, és úgy érezzük, hogy egymással ellentétes célok szakítanak szét minket.
- Már gyermekkorban a tudat a másik két „én" fölé nő, és elnyomja azok hangjait. Onnantól fogva nem figyelünk kellőképpen testünk és lelkiismeretünk jelzéseire. Egy tanult társadalmi program parancsol nekünk, és átveszi helyettünk az irányítást.
- Tudatunk önvédelmi mechanizmusa (EGO) nem engedi, hogy a hibát magunkban keressük, hanem a külvilágra hárítjuk minden problémánkat. A panaszkodás lesz az otthonunk.
- Ennek eredményeképpen a hétemeletes ház alsó három szintjén rekedünk és éljük le a teljes életünket. Döntéseinket a félelem, a vágy, illetve az énképünk táplálása uralja.

Lásd a következő ábrát!

A felső szintek: a négy nemes lakhely: szeretet, hála, könny (együttérzés) és béke Életünk célja itt élni az alsó szintek helyett.

A HÁZ AMELYBEN ÉLÜNK

Cs.	TEST (ÉVA)	TUDAT (ÁDÁM)	LÉLEK (ÉDEN)
7.	Alvás	**Hit** Főbűn: lustaság Kérdés: Hiszed-e, hogy van értelme az életednek? Hiszed-e, hogy mindent áthat egyfajta jóság és kegyelem?	Béke (itt és most)
6.	Érzékszervek	**Bölcsesség (elfogadás, megbocsátás)** Főbűn: harag Kérdés: Elfogadod-e azokat a körülményeket, amiken nem tudsz változtatni? Képes vagy-e ezért a körülményekért megbocsátani mindenkinek?	Könny (hang és zene)
5.	Beszéd	**Tudás (döntések)** Főbűn: falánkság Kérdés: Ha döntési helyzetbe kerülsz, képes vagy-e dönteni, és döntésed következményeinek előnyeit és áldásait nézni, nem pedig veszteségeit és áldozatait?	Hála, öröm, mosoly, nevetés

		Az alsó szintek (itt él az emberiség közel 100%-a)
4. Levegő (oxigén)	**Áldozatvállalás** Főbűn: irigység Kérdés: Jelen van-e az életedben az áldozatvállalás és az önzetlenség? Képes vagy-e nemet mondani illetve segítséget kérni, ha áldozatvállalásod nincs már egészséges összhangban teherbírásoddal?	Szeretet
	A FAL, AMELYEN ÁT KELL JUTNUNK	
3. Étel (addikció)	**Önbizalom** Főbűn: kevélység Kérdés: Bízol-e önmagadban? Hiszed-e, hogy nem vagy különb és értékesebb másoknál?	Sikerélmény
2. Víz és szexualitás	**Vágy (szerelem)** Főbűn: paráznaság Kérdés: A vágyaid egészségesek, azaz lazák, könnyedek, ragaszkodástól mentesek?	Csók
1. Mozgás (sport és tánc)	**Félelem (pénz, siker, hatalom)** Főbűn: kapzsiság Kérdés: Elfogadjuk-e a fizikai körülményeinket és adottságainkat? Biztonságban érezzük-e magunkat?	Rítusok és ünnepek

- A javak felhalmozására (félelem), a hedonista életmódra (vágy) illetve saját különlegességünk bizonyítására (önbizalom) fordítjuk életenergiáinkat.
- A fájdalmunkba vagy a sikerélményeinkbe temetkezünk. A béke, az együttérzés, a hála és a szeretet általában elkerülnek minket.
- Életünk fő feladata az „egészség", azaz a három „én" egységének megteremtése lenne, amely elvezetne minket a szabadságunkhoz. Egy olyan állapothoz, amelyben átérezzük a kapcsolódásunkat a mindenséggel. Békében, szeretettel, örömmel és együttérzéssel a szívünkben éljük az életünket. Ez a nirvána. Ehhez azonban ki kell törnünk testünk és tudatunk börtönéből.

Ennek eléréséhez első lépésben figyelni kell a test jelzéseire, és egyensúlyt kell találni a hét szükségletében.

Ezek a következők:
mozgás,
vízfogyasztás és szexualitás,
táplálkozás,
légzés,
beszéd,
érzékszervek terhelése,
végül a pihenés.

- Ha ez sikerül, a test tele van életenergiával és támogatja a tudatot. Az első lakat kinyílik.
- Második lépésben meg kell világosodnunk, azaz meg kell értenünk, hogy nem vagyunk azonosak a tudatunkkal. Csak ezután lehet esélyünk a tudat hét feladatát teljesíteni. Ez egy rendkívül fontos próbatétel. Úgy gondolom, hogy itt buknak el a legtöbben, és csak kevesek állnak neki megküzdeni saját tudatuk démonjaival.
- Harmadik lépésben sikerrel kell, hogy megvívjuk tudatunk hét csatáját.

A félelmünket le kell, hogy győzze a bátorságunk.
Az önpusztító vágyainkat az elengedésünk.
A „másoknál kevesebbet vagy többet érünk" meggyőződé-
sünket a „minden lény egyformán lényeges" életérzésünk.
Önzésünket az áldozatvállalásunk.
Bizonytalanságunkat az erény belső hangját követő köny-
nyed döntéshozatalunk.
Haragunkat a megbocsájtó elfogadásunk.
Céltalanságunkat a létezésünk átérzett értelme.

• Ha ez megvalósul, a tudat lecsendesedik, a második lakat is
  kinyílik, és a lélek végre felszabadul. A fal ledől előttünk, és
  feljutunk a négy felső szintre. Ádám és Éva visszajut végre
  az Édenbe, ahonnan a tudat megszületésével kiűzettetett.
  Létrejön a három „én" egysége.
• Sajnos ez még mindig nem elég. Van egy utolsó feladatunk.
  Nem elég „csak" pislákolnunk, mint egy gyertya, hanem ra-
  gyognunk kell. Ehhez a lélek hét csakráját kell minél jobban
  táplálni életenergiával.

Ezt a következő tevékenységekkel tehetjük meg:
Töltsünk minél több időt a természetben! Rítusok segít-
ségével gyakran kerüljünk kapcsolatba az őselemekkel!
Ünnepeljünk! Járjunk társaságba!
Csókolózzunk!
Legyen hobbink! Végezzünk olyan tevékenységeket, ame-
lyek sikerélményt nyújtanak számunkra!
Szeressünk!
Legyünk hálásak mindenért!
Sírjunk, ha fájdalmat érzünk!
Éljünk az itt és a mostban!

• Életünknek a megvilágosodás mellett összesen tehát hu-
  szonegy feladata van, ahol a test, a tudat és a lélek hét-hét-
  hét kihívásával kell megküzdenünk.

Ennek áttekintésére készítettem egy másik ábrát is.

ÉLETÜNK HUSZONEGY FELADATA - A 21 SZOBA

A HÁROMFEJŰ SÁRKÁNY

A TEST PRÓBATÉTELEI	A TUDAT PRÓBATÉTELEI	A LÉLEK PRÓBATÉTELEI
7. SZOBA - a pihenés próba	**14. SZOBA - a hit próba**	**21. SZOBA - a béke próba**
Sötétség	Sötétség	Sötétség
kevés vagy	pesszimizmus	múltban élés
sok alvás	kishitűség	jövőben élés
fáradtság	halálfélelem	élj a mának!
	nihil	bakancslisták
Világosság	Világosság	Világosság
minden reggel	remény	**itt és a mostban**
kipihent test	bizalom	**élés**
vitalitás	vigasz	
	létezés értelme	
6. SZOBA - az érzékszerv próba	**13. SZOBA - a bölcsesség próba**	**20. SZOBA - a könny próba**
Sötétség	Sötétség	Sötétség
túl sok inger	düh	nem sírunk
sok TV, zaj stb	harag	
	apátia	
	depresszió	
Világosság	Világosság	Világosság
szem, egyéb	érzelmi kontrol	**rendszeresen**
érzékszervek	konfliktuskezelés	**sírunk,**
kimélése	elfogadás	együttérzés
"wellness"	megbocsátás	empátia
"badness"		
5. SZOBA - a beszéd próba	**12. SZOBA - a tudás próba**	**19. SZOBA - a hála próba**
Sötétség	Sötétség	Sötétség
némaság	zavaros	pohár félig üres
fecsegés	értékrend	panaszkodás
	halogatás	szomorúság
	feladás	frusztráltság
Világosság	Világosság	Világosság
megfontoltság	erény ismerete	a pohár tele van
értelmes	döntések	**hála**
mondanivaló	célorientáltság	öröm
	kitartás	mosoly, nevetés
4. SZOBA - a légzés próba	**11. SZOBA - áldozatvállalás próba**	**18. SZOBA - a szeretet próba**
Sötétség	Sötétség	Sötétség
sok apró	irigység	a "szerelem"
lélegzet	önzés	mindent legyőz
feszültség		az Én fontosabb
idegesség		mindennél
Világosság	Világosság	Világosság
mély lélegzet	nagyvonalúság	a "szeretet"
nyugalom	önzetlenség	mindent legyőz
	altruizmus	**Minden nézőpont**
		egyformán fontos

A HÉTFEJŰ SÁRKÁNY (az egyes szintek szoros kapcsolatban vannak egymással)

374

ÉLETÜNK HUSZONEGY FELADATA - A 21 SZOBA

A HÁROMFEJŰ SÁRKÁNY

A HÉTFEJŰ SÁRKÁNY

A TEST PRÓBATÉTELEI	A TUDAT PRÓBATÉTELEI	A LÉLEK PRÓBATÉTELEI
3. SZOBA - a táplálkozás próba	**10. SZOBA - az önbizalom próba**	**17. SZOBA - a sikerélmény próba**
Sötétség: alul- vagy túltápláltság "éhes szellem" függőségek	Sötétség: önbizalom hiány kevélység verseny rugalmatlanság	Sötétség: unalom fásultság hobbi hiánya
Világosság: mértékletes evés éhségérzetkor időszakos diéta böjt	Világosság: felelősségvállalás spontaneitás határozottság nyugalom	Világosság: sikerélmény hobbi szolgáltatás szemlélet
2. SZOBA - víz és szexualitás próba	**9. SZOBA - a vágy/szerelem próba**	**16. SZOBA - a csók próba**
Sötétség: kevés vízfogyasztás, szexfüggőség	Sötétség: ragaszkodás türelmetlenség szenvedés paráznaság	Sötétség: a csók csak az előjáték része
Világosság: megfelelő vízfogyasztás harmónikus nemi élet	Világosság: könnyedség rugalmasság elengedés hűség	Világosság: a csók élvezete
1. SZOBA - a mozgás próba	**8. SZOBA - a félelem próba**	**15. SZOBA - a rítusok próba**
Sötétség: mozgáshiány	Sötétség: pénz, siker, karrier és hatalom éhség kapzsiság	Sötétség: magány elszigetelődés
Világosság: sport (tánc)	Világosság: megvilágosodás bátorság együttérzés önmagunkkal	Világosság: kapcsolat a természettel, őselemekkel közösségi élet

- Szerintem a jóléti társadalmakban a nyolcas szoba a legborzasztóbb, majd a kilences, végül a tízes. Ezen szobáknak a kihívásait csak nagyon keveseknek sikerül teljesítenie.

- Huszonegy szobában küzdünk tehát a fennmaradásunkért, a boldogságukért. Hiszem, hogy ez a huszonegyes játéknak illetve a blackjacknek a megfejtése, amely kérdésfelvetéssel ez a könyv kezdődött. Ha ezekben mind sikeresek vagyunk, akkor elnyerjük szabadságunkat. Ehhez nem kell mást tennünk, mint hogy a legkisebb, jószívű fiú (aki megtestesíti a test, a tudat és a lélek egységét) levágja a hét-, illetve a háromfejű sárkány fejeit.

A könyv megírását az a cél vezérelte, hogy ebben a küzdelemben legyünk sikeresebbek.

Hadd búcsúzzam a következő sorokkal:

Szabadon

Megállt az idő végre,
visszazártam a szelencét,
Pandora nem ketyeg többet,
diadalom a jelenlét.

Érzem kitágult határom,
a lényem először éntelen,
a horizont magához ölel,
s egy velem a végtelen.

A szerepekből elég volt,
a szívemből feltört a hő,
elégtek az álarcok mind,
a szikláról lehullt a kő.

A verseny és küzdelem hajtott,
de a harc örökre véget ért,
a bölcsesség kardja győzött,
ki el se ment, ma hazatért.

Múlt és szánalmas sikerek,
emlékekbe csomagolt rabok,
engem már csak a most érdekel,
nem emlékszem, hogy ki vagyok.

Nincsenek többé kínzó vágyak,
mi a lényemnek csak átok,
a béke felnyitotta szemem,
most végre lélegzek és látok.

Tudom, hogy minden múlandó,
nem vagyok már félelmek foglya,
az egész lángban áll és változik,
az első pillanattól fogva.

A forma épül, majd pusztul,
kérdeztem, hogy ez miért van,
de mi picit is szép és fontos,
hiszem, már régen kész van.

Öröm és hála jár át,
birtokolni mind rabság,
szelíden szolgálva szeretni,
ezt jelenti a szabadság.

Vélemény nélkül, meztelen
itt ülök az örökkel csendben,
megsimogat szelíden,
s azt súgja: minden rendben.

S ahogy lüktet előttem,
mutatva mosolyát és ráncát,
hallom az egész dübörgését,
s ahogy nekem járja táncát.

Törékeny és gyenge vagyok,
egy halandó porcelán,
de először vagyok szabad,
hát veled hullámzom, óceán...

Tresch Attila, 2021.03.05.

Találkozzunk a felső szinteken! Hiszek bennetek, és várni fogok rátok...

Attila

Felhasznált és javasolt szakirodalom

- Jack Kornfield: A bölcs szív
- Eckhart Tolle: A most hatalma
- Eckhart Tolle: Kísérő Eckhart Tolle A most hatalma (útmutató a megvilágosodáshoz) című könyvéhez
- Eckhart Tolle: A most hatalma a gyakorlatban
- Deepak Chopra: Az élet hét törvénye – a teremtő gazdagság forrása
- Deepak Chopra: A jóga hét törvénye – a test, a szellem és az elme egybefonódása
- Deepak Chopra: Szenvedélybetegségek – önpusztító szokásaink elengedése
- Deepak Chopra: Buddha – egy fiatalember útja a megvilágosodásig
- Anodea Judith: A csakrák bölcsessége
- Dan Millman: A békés harcos útja
- Dan Millman: A békés harcos szent utazása – Az elveszett évek
- Dan Millman: Erre születtél
- Dan Millman: A szellem törvényei – Egy átalakulás története
- Dan Millman: Szókratész utazásai
- Caroline Myss: Az erő láthatatlan tettei
- OSHO: Az EGO könyve
- Robert Lawson: A lélek útja
- Jack Canfield: Élj a vonzás törvénye szerint
- Rhonda Byrne: A varázslat

Értékelje
ezt a könyvet
honlapunkon!

www.novumpublishing.hu

A szerző

Tresch Attila Komlón született 1974.10.06-án.
Felsőfokú tanulmányait a pécsi Janus Pannonius
Tudományegyetemen végezte. 3 diplomás, jogi
szakokleveles közgazdász. Szakmai karrierje során több
mint húsz éve projektmenedzsmenttel foglalkozik
multinacionális vállalatoknál. Házas, három gyermek
édesapja. Hobbija a sport és a keleti kultúrák
tanulmányozása. A csakrákkal 2005-ben került először
kapcsolatba, amelyek rögtön magával ragadták.
Hatására tanulmányozni kezde a buddhizmust és az
Ájurvédát. Lassan már húsz éve azon fáradozik, hogy
megfigyelje saját testének, gondolatainak és érzelmeinek
működését, és ezáltal megértse belső boldogságának
összetevőit. 2018. nyarán eldöntötte, hogy tapasztalatait
olyan rendszerbe foglalja, ami könnyedén átlátható és
megérthető. Így született meg a Boldogságtérkép című
könyve. Célja az emberek tudatosságának növelése
boldogságuk és szabadságuk megtalálásában.

A kiadó

Aki feladja,
hogy jobbá váljon,
feladta,
hogy jobb legyen!

E mottó alapján a novum publishing kiadó célja az új kéziratok felkutatása, megjelentetése, és szerzőik hosszútávú segítése. Az 1997-ben alapított, többszörösen kitüntetett kiadó az egyik legjelentősebb, újdonsült szerzőkre specializálódott kiadónak számít többek között Ausztriában, Németországban és Svájcban.

Valamennyi új kézirat rövid időn belül egy ingyenes, kötelezettségek nélküli kiadói véleményezésen esik át.

További információkat a kiadóról és a könyvekről az alábbi oldalon talál:

www.novumpublishing.hu